学前 巡回支教的理论与实践

VOLUNTEER TEACHING FOR PRESCHOOL EDUCATION
IN REMOTE AND POOR AREA THEORY AND PRACTICE

张 俊 主编

社会科学文献出版社
SOCIAL SCIENCES ACADEMIC PRESS (CHINA)

前　言

为贯彻落实《国务院关于当前发展学前教育的若干意见》（国发〔2010〕41号）精神，根据《教育部　财政部关于印发〈支持中西部农村偏远地区开展学前教育巡回支教试点工作方案〉的通知》（教基二〔2011〕5号）要求，结合对贫困地区儿童发展工作的总体部署，我国开展了中西部农村偏远地区学前教育巡回支教试点工作，各地招募了优秀普通高校的毕业生和非在编幼儿园、小学教师作为巡回支教志愿者，为没有学前教育的地方提供学前教育服务。

根据《教育部　财政部关于印发〈支持中西部农村偏远地区开展学前教育巡回支教试点工作方案〉的通知》（教基二〔2011〕5号）要求，2012年，教育部和财政部在辽宁、河南、湖南、贵州、陕西5省启动实施中西部农村偏远地区学前教育巡回支教试点工作，取得了积极成效。按照加快贫困地区儿童发展的总体部署，为深入推进试点工作，探索适合农村偏远地区有效增加幼儿接受基本学前教育机会的新模式，提高农村学前教育普及程度，2013年试点工作实施范围新增河北、内蒙古、福建、江西、广西、云南、甘肃、青海8个省份，此项工作探索了教师能力建设的有效途径，不仅有利于幼儿教师教学水平提高和专业发展，还有利于缩小乡村学前教育质量差距，实现教育资源的均衡配置及教育公平。

支教老师弥补了农村学前教师缺口，解决了部分偏远地区适龄儿童入园难的问题，但是，他们接受的培训多是"自上而下"的培训，缺乏对农村学前教育实际状况和现存问题的把握，这种培训很难对一线巡回支教老师的教学行为产生影响。在社区层面从事有关早期养育和发展服务工作的老师，面临的一大挑战是支教课程、专业知识、技能局限于幼儿园内的正式课程的训练，和家庭养育、亲职教育脱节。

"自下而上"的做法是教学一线实践工作者常用的做法。幼儿教师和园长们不乏对自己工作的改革热情，也有丰富的实践智慧，但由于缺乏先进理论的指引，各种改革尝试常处于"摸着石头过河"和零敲碎打状态，缺乏系统性和深度。我们和学前教育理论工作者、一线的幼儿教师和学前巡回支教志愿者，一起完成了以儿童发展结果为导向的有关社区养育和发展的亲职教育课程，为没有幼儿园的地方提供亲职教育，不仅能够改善乡镇中心幼儿园和社区的关系，而且能够提高幼儿教师的教学能力，由此我们假设这本"以结果为导向的学前巡回支教课程指南"，有利于将最低标准的学前教育服务提供给家长和儿童，就农村幼儿教育而言，其是一个更为可行、有效、可持续的模式。

在没有幼儿园的地方，在社区建立幼儿教育的运行机制，是为了最大限度地发掘儿童的身体、社交、情感和认知的潜能，为儿童未来的学习做准备。我们常常忽视幼儿教育的一个重要组成部分：亲职教育。家长在儿童早期养育和发展阶段中所起的重要作用不亚于幼儿教师，如何将正规的学前教育活动与课程，通过支教服务，转移到家长的行为和态度上，是我们撰写本课程指南意在突破的重点，体现在具体的服务上，亲职教育是非正式的和补缺型的学前教育。这本指南是为了在社区培养一个稳定的家庭教育组织，强化家庭在儿童发展中的社会价值、监护人的权利和义务，使家长能够学会通过日常的交流和亲子活动，提高儿童的学习积极性和语言水平，锻炼儿童的思维能力，培养儿童的自我意识，用最低的成本去达到幼儿发展的基本目标。

我们相信每位幼儿的家长和支教老师都关注其成长，编著这本指南的目的是让家庭中的每一个人，让为幼儿服务的每一个志愿者、每一位教师都承担起有关早期养育和发展的责任；让普通家长掌握有关早期养育和发展的简单知识和信息，使他们在家里就能够处理儿童养育和发展的问题，甚至比专业的幼儿教师做得还好；使巡回支教志愿者和家长不仅掌握一些非正式的、简单的、清晰的有关早期养育和发展的知识和信息，还要使其知道在遇到幼儿生存和发展的问题时如何处理。

编著这本指南时，我们尽量尊重巡回支教老师和家长的需求，尊重社区的语言、习俗和养育方式，以最低的成本让儿童享有最低标准的早期养育和发展的服务。这本指南还可以作为学前教师、社区家庭教育人员和社区儿童之家管理人员的培训材料。

这本书的出版是在陕西农村早期养育和发展参与式教师培训课程建设课题研究（立项号：11JK0322）的基础上，结合陕西学前师范学院 2014年重大课题（2014IMP005）和重点学科建设（心理学）的研究，特别是在陕西妇源汇性别发展中心的支持下，基于陕西开展的宁强早教大篷车项目、山阳儿童之家项目、陕西农村社区全纳教育的儿童早期养育和发展教育项目的实践和行动研究，在各位参与作者的共同努力下创作的成果。我们非常感谢嘉道理基金会和北京三一公益基金会对我们在农村社区开展行动研究的支持。衷心感谢刘如平、信忠义、鲁肖麟、张智华、张琦和赵彬的帮助，特别要感谢王晓卿女士为这本书的出版所做的努力和贡献。

张　俊

2019 年 6 月 16 日

目 录

第一部分　学前巡回支教的理论

第二部分　有效的学前巡回支教

第三部分　亲职教育

第四部分　支教课程中的游戏

I 第一部分
学前巡回支教的理论
Part

// 第一章　社会文化建构主义的学习观 //

第一章　社会文化建构主义的学习观*

当代学习科学的一个重要理论基础是建构主义，建构主义学习理论涉及两个关键的学习要素，一个是社会因素，另一个是文化因素，即社会关系和文化背景对儿童的学习起着关键的作用。社会文化建构主义理论建立在学习的认知理论基础上，但又超越了早期的认知理论，在这个理论基础上，生成了相应的教学策略和教学方法，包括探究性学习、基于问题的学习、合作学习、认知师徒制和服务学习。

一　学习科学

（一）学习科学

学习科学是一门交叉学科，即关于学习的跨学科的研究，包括心理学、教育学、计算机科学、哲学、社会学、人类学、神经科学等，这些都在研究学习，研究工作记忆、信息的呈现和加工过程、图式和认知结构、元认知、问题解决、思维和推理、学习的迁移等，但所有研究学习科学的学者都关注人是如何更深入地获得知识的过程，并将所获得的知识应用到现实情境中。

---

* 本章作者张俊，硕士研究生，陕西学前师范学院副教授，主要从事儿童发展和儿童保护研究。

（二）学习科学的几个基本假设

学习科学有以下五个假设。

1. 专家拥有更多的、深刻的概念化的知识

在幼儿园和社区活动中心，指导儿童学习的教师、支教志愿者和儿童之家的管理人员应该掌握更多的事实性知识、程序性知识；掌握事实性知识和程序性知识还不足以完成对儿童的指导，他们还要掌握如何将这些知识"付诸行动"，能够在现实情境中应用知识，发现现实情境中的问题和解决现实情境中的问题。

2. 学习的发生来自学习者自己

再好的教学也不能保证将教师对知识的理解转化和迁移到儿童对知识的理解上，儿童不是知识的接收者和信息的接收器，儿童是主动的知识建构者。

3. 幼儿园和家庭必须营造一个有效的学习情境

有效的学习情境能够使学生积极主动地形成他们对知识的理解，并能够应用所学的知识，分析、推理和解决现实情境中的问题。

4. 先前的知识和经验是关键

儿童走入幼儿园的时候，是带着先前的知识、经验和信念来的，他们用自己的视角看生活环境和周边世界，有些知识和经验是对的，有些是部分正确的，而有些是错误的，如果幼儿园的活动和课程不是来自儿童已有知识、经验和信念，那我们就无法改变儿童的认知。

5. 在行动中反思能够深化儿童对概念的理解

在幼儿园的活动和课程中，儿童通过对话、画图、游戏、报

告、表演等方式，来呈现和发展他们的概念性知识，但这些活动还不足以加深儿童对概念性知识的理解，他们还需要反思和分析来深化和发展他们对概念的理解和新知识，即我们所说的培养儿童的元认知技能。

（三）具身认知

具身认知是当代有关认知和学习科学的新理论，认为认知的发展来自儿童实时的、目标导向的身体和环境的互动。为了实现目标，儿童呈现信息和反映世界的思维方式源于儿童实时的和现实世界的互动，包括身体的活动方式、身体的感觉、运动的体验、身体和环境的互动方式，这些因素决定了儿童怎样认识和看待世界。具身认知同传统的认知观点不同，传统的认知观点认为，身体仅仅是对外界刺激的感受器和行为反应的效应器；具身认知认为，我们的认知是被身体与环境的活动方式塑造出来的，即身体在塑造认知和思维中，起着决定性的作用，具有决定性的意义。这和皮亚杰对儿童认知发展阶段的解释相似，感知运动在儿童的认知和思维发展中起着决定性的作用，即思维的早期出现，来自婴幼儿对世界的感知和运动，来自外部的声音、图像、感知的线索，来自儿童身体对外部世界的反应和互动。例如，一个儿童到幼儿园去，顺着路右边行走，要路过一个池塘、三所房子和一个小树林；如果幼儿教师据此用符号绘制一幅地图，包括一条小路、一个池塘、三所房子和一个小树林，这个孩子就能够通过身体的感知来理解地图上的符号，并应用符号和使用地图来指导自己的行为。儿童的学习是行动在先，符号在后。儿童先感知自己的脸，才能画出自己的脸，再通过符号、词语描绘自己，即写自己的名字，然后形成自我意识和自我认知。

由此，从具身认知的视角看幼儿的发展，我们可以得出以下结论：

（1）认知是建构性的；

（2）认知是情境化的，发生在现实世界中；

（3）认知是实时的，具有时间的压力；

（4）环境是认知系统的一个部分，可以帮助我们储存认知信息；认知系统可以扩展到包括身体在内的整个环境；

（5）认知是为行动服务的，认知的根本目的是指导行为。

二 认知和社会建构主义的学习观

建构主义的学习观是在皮亚杰、维果斯基、格式塔心理学和布鲁纳的理论研究，杜威等学者的哲学思想的研究基础上，形成的一套学习理论，到目前为止，没有一套公认的建构主义理论，但所有的建构主义的学习理论都同意以下两点：

（1）学习者积极主动地建构他们的知识，理解和赋予信息以意义；

（2）在建构知识的过程中，社会的交往与互动发挥着非常重要的作用。

建构主义的知识观认为，知识不是人对现实的纯粹客观反映，而是人们对客观世界的一种解释、假设，将随着人们认识程度的提高而不断变革、深化，出现新的解释和假设。

建构主义的学习观认为，学习是学习者根据自己的经验，对外部信息进行主动的选择、加工和处理，对所接受到的信息进行解释，生成对个人的意义或者说自己的理解。这表现在早期养育和发展阶段，儿童需要游戏、机会和练习、知识的表征和演示。

1. 游戏

儿童是知识的积极主动的学习者和建构者，而游戏是儿童知识建构的一个很好的方式，游戏不仅对语言、健康、社会、科学、艺术等各个领域的发展发挥着非常重要的作用，还可以通过游戏预测儿童的发展水平，为儿童提供练习技能的机会，解决面临的问题。同时，儿童通过游戏表达他们的想法、感受，特别是在运用语言、符号开展游戏的时候，他们可以学习情感交流的技能、与同伴互动的方法、解决冲突的方法，从而培养他们的自我效能感、想象力和创造力。图 1 - 1 展示了"过家家：儿童想象力和创造力的培养"。

图 1 - 1　过家家：儿童想象力和创造力的培养

资料来源：田园拍摄。

2. 机会和练习

儿童需要练习的机会，迎接新的挑战，他们会不停地尝试直到自己能做，能完成任务。如果儿童不停地体验失败，他们就将不再尝试；如果不停地重复相同的活动，他们就将感到厌烦。多数儿童喜欢接受的任务是经过努力而能够完成的任务，"支架"能够帮助儿童实现目标，并启动下一步的学习。

3. 知识的表征和演示

儿童以他们自己理解的学习方式呈现知识和技能。第一个孩子可以以记忆和复述的方式在班里背诵一首诗，第二个孩子可以描述和欣赏这首诗，第三个孩子则可以通过舞蹈和肢体语言展示这首诗的内容。图 1 - 2 展示了"学会自由的表达和展示自己的想法"。

图1-2　学会自由的表达和展示自己的想法

资料来源：田园拍摄。

三　建构主义的教学观

教学要基于儿童已有的知识和经验，不能简单地、强硬地从外部对学习者实施知识的"填灌"，而应该把学习者原有的知识和经验作为新知识的生长点，引导学习者在原有的知识和经验基础上，主动建构新的知识和经验。教学不是知识的传递，而是知识的处理、评估和转换。教师与学生、学生与学生之间需要共同针对某些问题进行探索，并在探索的过程中相互交流和质疑。

在小学化了的幼儿教育中，我们发现儿童缺乏创新能力和实践能力，也就是说，小学化了的幼儿教育限制了儿童能力的发展。

许多研究结果已经证明，人们解决新的、不熟悉的问题以及在处理具有挑战性的学习任务时，要具有四种能力倾向，这四种能力倾向如下。

（1）具有良好组织的、灵活的和可存取的专业知识，包括：事实、符号、定义、算法、概念、关系和规则。

（2）启发式策略，即寻求问题分析和问题转换的策略（如将一个问题分解为不同的子目标来解决），这虽然不能保证问题解决的方法一定正确，但是引入系统的方法就能够提高解决问题的准确性。

（3）元认知，一方面，它是指一个人对关于自身认知知识的掌握；另一方面，它是指对自身认知活动进行自我调节的技能（例如，对问题解决过程的计划和监控）。

（4）情感状态，像信念、态度和情绪，这些均能反映出一个人在某个领域内的学习和问题解决中所表现的情感性反应、情感投入的程度，即从信念上的异常冷漠到情绪上的热情参与。

许多观察表明，在小学化了的幼儿园中，我们的儿童掌握的大多是陈述性的知识，虽然儿童根据要求能够应用和回忆所掌握的知识，但是他们并不知道如何自发地将这些知识运用到理解新信息、解决新问题的情境中。换句话说，就儿童而言，在幼儿园里仅仅获得确定的概念和一些运算技能是不够的，他们还应该具有对任务情境的感受能力，这种感受能力与已有的经验、概念、技能在实时的问题情境中的应用和互动相关。

四　元认知活动对熟练学习和问题解决的影响

元认知是关于自身思维过程的知识，元认知包括三类知识：陈述性知识、程序性知识和自我调节的知识。大量的实证研究表明，元认知是成功学习和熟练思考的决定性因素。如就专家而言，他们总是花大量的时间去分析、理解问题的性质，为解决问题制订计划，还不断地反省他们在解决问题过程中的状态。在解决问题的努力中，元认知的自我调节活动占相当大的比重，但在许多儿童身上几乎没有。在传统的幼儿园里，可以经常观察到儿童们典型的认知策略：阅读（问题陈述），决定（做点什么），然后在没有任何变化的情况下继续寻找答案，甚至当无法进行时，还要做下去。

道尔贝和林尹在1985年对电脑程序设计做过研究，拿专家和新手进行比较，程序设计专家明显地将更多的时间和精力放在元认知活动上。像在编程前，程序设计专家先构思和设计问题的答案；新手和低水平的操作员则倾向于马上展开编写程序的工作。

不同领域内的研究都表明元认知对学习和问题解决有着重要的影响，但在我们的幼儿园活动中，对此没有给予足够的重视，特别是系统地加强对元认知技能的培养。

五　信念对学习和问题解决的影响

在幼儿园的活动中，更容易被人们所忽视的不是元认知知识和技能，而是有效学习和思维的情感性特征，如儿童在某个学科领域所持有的信念。儿童对守恒概念的信念和认识多来自生活的经验，这些经验常常是模糊的，有时对他们的学习有着负面的和抑制性的影响。这类信念能不能找到一个问题的答案，主要是运气问题。如果你已经花了几分钟仍不能找到一个问题的答案，花再多的时间也没用，你最好放弃它。

信念一旦形成，往往是很难改变的，儿童一旦从结构好的问题解决方案中形成某种解题的信念，遇到结构不好的问题时，就会强烈地拒绝改变他们的信念。在我们的幼儿园里，教师很少重视和培养学生去树立正确的信念，例如遇到下列问题："女孩比男孩安静，男孩比女孩调皮，帅帅是男孩，芳芳是女孩，芳芳比帅帅更调皮吗？"这类问题可以诱发儿童的学习，帮助他们树立正确的社会性别信念。

六　在幼儿园的游戏和活动中强化有效学习过程，促进儿童能力倾向的形成

什么样的学习过程能够促进儿童能力倾向的形成？关于学习的研究表明，儿童在有效学习的过程中，会表现出一系列特征，这些有效学习的特征，可以从以下几方面反映出来。

（一）学习是建构过程

学习者不再是被动的信息接收者，而是通过和环境的相互作用，通过

自身心理结构的重新组织，积极地建构他们的知识和技能。

在这方面，有些学者认为，所有的知识具有主观的、纯粹特异的认知结构。相反，另外一些学者则考虑中介学习的可能，即在适当的干涉和指导下的学习。不管理论观点上的差异如何，结构主义者认为，获得知识和技能要求学习者有一个主动的认知加工过程。因此，教师在教学中应成为学生建构知识的帮助者。

（二）学习是累积过程

强调先前知识在后续学习中的作用。学生积极加工处理新信息的活动要建立在他们已有的知识和能力基础上，然后才能引出新的意义和获得新的技能。但是，学生有时会因为先前的错误观念而备受困扰，这会对未来学习带来负面的和抑制性的影响。教师要注意的是，已经形成了的误解很难改变，因而，在教学中要消除这种负面的和抑制性的影响，增强学生的判断力，促进学习的正迁移。

后续发展的知识和能力要建立在先前的知识和技能基础上，例如，在儿童阅读要学习的内容和理解词语之前，他们必须先获得听懂这些词语的能力。

先前的知识和经验，既可以对后续学习发挥积极作用，也可以有消极作用，但都会影响到儿童的学习效果。例如，一个在幼儿园掌握了社会交往技能的、自信的儿童，能够在小学认识和结交更多的朋友，这些经验增强了儿童的社会交往能力；而一个在幼儿园被其他小朋友歧视和排斥的儿童，则在小学面临更高的辍学风险，甚至成为社会法制的破坏者，长大成人后，会面临更多的心理健康问题。

（三）儿童发展的不同领域之间的相互影响

一个领域的发展会影响到其他领域的发展，例如一个发展迟缓的儿童，可能在和其他儿童沟通和交往过程中存在困难和障碍，这必然影响到这个孩子对社会的情感；同样，发展迟缓会降低儿童的智力水平。

(四) 学习是自我调节的过程

自我调节是指学生对自身知识建构和技能习得过程的管理和监控，它和元认知的活动是一致的。熟练的自我调节有利于在学习中制定正确的决策（如查阅一个公式或定理，重新思考或构造一个问题情境，对期望的结果做一个尝试性的估计、判断），实现对当前学习过程的监控。

有研究发现，在遇到新的学习任务和解决新问题时，高水平的元认知活动能够促进学生已有知识和认知技能的迁移。换句话说，拥有较好元认知技能的学生，能够以多种方式进行自我调节以解决不熟悉的问题和适应不熟悉的环境。教师的任务是培养学生的元认知技能，实现学生的自我调节，进而促成学生的有效学习。

(五) 学习是目标导向的过程

有效的和有意义的学习是意识明确的和目标导向的学习。由于其具有建构性和自我调节的作用，当学生选择和确定了目标以后，他们的学习将更具有创造性。在我们的课堂上，通常的教学目标是由一个教师、一本教科书、一个电脑程序等设定的，学生虽然可以获得学习上的进步，但是，这种学习目标不是"内生"的，只有那些由学生自己确立和追寻的学习目标才能成为现实的学习目标，即内生的学习目标。因此，教师在组织儿童的游戏、其他活动和教学过程中，应该考虑组织儿童参与有关目标设置的活动，这有利于提高儿童的学习效率。

(六) 学习是情境性的和合作的过程

情境观认为，学习和认知是发生于某种情境中的学习和认知，认为学习是在社会、文化背景及其"文化产品"的交互作用下发生的，换句话说，学习和认知过程不是"独奏"的活动，实质上是学习者的学习资源分配活动，即学习的时间、成果被分配到学生个人身上，分配到学习环境中的同伴身上，甚至分配到学生所使用的工具上。当把儿童的学习定位在生动、真实的社会和自然环境中的时候，儿童在表征问题情境的时候，将不得不运用自己已有的知识和技能。

教师在组织教学的过程中，应明确有效学习的合作性，这种合作性可以表现在诸如思想交流、问题解决策略比较、讨论不同观点等课堂活动中。在情境中的交互作用和合作会引发学生的反思，促进他们的元认知知识、元认知技能的发展，以及进行自我调节。

维果斯基认为，社会文化是影响认知发展的要素，社会文化包括风俗习惯、宗教信仰、衣食住行、历史、社会制度、行为规范等，它们构成了儿童发展的文化世界，因此，儿童的发展是"外化—内化"的过程，来源于社会关系，植根于社会文化。维果斯基还认为，儿童认知能力的改变受到文字、语言和交谈形式的影响，例如，儿童自我中心的语言是调节思维和行动、促进思维发展的重要因素，如自言自语："笔在哪里？我需要一只蓝笔。没有关系，没有蓝笔，用红笔好了。用红笔画画，然后用水把它打湿，使它变暗些，看起来就像蓝色。"儿童遇到困难时，自我中心的语言就会增多。

一个在更加丰富的文化背景中成长的儿童的学习能力会强于在单一文化背景下成长起来的儿童。教师要意识到家庭、社区、社会文化影响自己对儿童的期望，非常典型的是社会性别的刻板印象会影响教师对男孩和女孩的期望，这种期望又会通过家庭文化、社区文化、校园文化呈现在儿童的成长情境中，这会阻碍儿童的发展，如一个残疾儿童很可能被社区和其他儿童排斥和歧视。

（七）学习存在个别差异

学习过程和结果的不同是由能力倾向多样性造成的，如学习的方法、学习的潜能、先前知识水平、兴趣、自我价值等。

有研究表明，采用不同的学习方式（如表层学习法和深层学习法）和认知策略会带来不同的学习效果，采用深层学习法的学生倾向于理解学习材料，尝试着将新信息和先前知识联系起来，并寻求新旧知识间的关系。相反，采用表层学习法的学生被动地接收信息，强调对知识的记忆、再现，如小学化的幼儿园让儿童"死记硬背"地学习，因此，教师在课堂上要注重培养学生掌握认知方法和技能，形成认知策略。

维果斯基指出，学习潜能是构成学生临近发展区的一个指标。学生不能自主地获得成就，但能在教师和同伴的帮助、支持下获得成就。教师在教学中应该注意学生的临近发展区，而不是已有的发展水平和学习成就，即传统智力测验和成就测验所测量出来的东西。这意味着在我们的课堂教学中，教师应该做到：

（1）在不同的发展阶段，帮助学生独立完成这个阶段的临近发展区的作业；

（2）通过培养新的临近发展区来促进学生学习的进步。

每个儿童发展的水平不同、快慢不同，同时也存在发展不均衡的问题。我们可以观察到，一个一岁大的孩子可能将所有的能量都放在学习走路和攀爬上，同时也会掌握一点简单的词语；而另外一个一岁大的孩子，则可能开始学习说话，模仿周围成人的行为，但不关注学习走路。

当前有关早期养育和发展的内容在具体操作和实践层面存在较大的差异，这种差异的实质是一种学习观念上的差异，传统上的教学认为学习主要存在于知识的转换和对知识被动的吸收中，表现在课堂上，教学是去情境化的，"独奏"替代了情境中的活动、合作和资源的分享；忽略了学习的主体作用，认为在教室里对儿童学习的管理和监测是教师的主要任务，也就是说，教师的外部调节优于学生的内部调节或自我调节。

（八）教师提供启发式策略和元认知策略的训练

在儿童感知活动和具体问题情境的互动中，在儿童解决问题的过程中，教师发挥"支架"的作用。表现在具体的活动指导中，教师要经常地问学生：

（1）你在做什么？

（2）你为什么要这样做呀？

（3）如果你现在这一步做对了，那下一步怎么帮助你完成任务，找到解决办法或正确的答案？

问这三个问题有两个目的：一是鼓励儿童形成他们自己的策略，反省自己的学习活动；二是激发和培养学生的元认知知识和技能。

在营造有效的教学情境中，教师不一定给学生提供现成的解决问题的方法，也不必把问题解决的策略强加给儿童，但是，教师要帮助学生具有清晰地表达、讨论和解决问题的信念，帮助学生反省他们解决问题的方法和策略，帮助学生内化有价值的自我监控技能。学生不是在学习某个学科知识，而是探究、应用先前的知识和技能去解决问题，这包括学习怎样使用工具。在儿童探究的过程中，教师可以采用认知师徒制的方式，为儿童提供支持。认知师徒制是指专家指导知识、经验和技能水平低的儿童，去获取新知识和新技能。认知师徒制有以下特征：

（1）教师演示，儿童观察；

（2）教师通过提供线索、反馈、演示和提示，以教练的方式指导儿童完成任务；

（3）教师帮助儿童"搭支架"，当儿童能够胜任和独立完成工作时，逐渐撤除"支架"；

（4）儿童进行练习，儿童以自己的理解，逐步整合知识；

（5）对照专家（教师）的演示，儿童反思练习的过程、解决问题的过程；

（6）教师要求儿童尝试新方法，即探索没有用过的方法以解决问题。

（九）基于社区的学习

儿童的发展和学习最好是植根于所在的社区，一个让儿童感到安全和给儿童带来价值的社区能够促进儿童的发展。例如，儿童必须生活在一个满足健康需要、安全需要和营养需要的社区；儿童需要生活在心理上安全，稳定、有情感关怀的家庭和可预测的环境中；儿童还需要在社区中拥有伙伴，以发展和培育与他们的友谊。

七　为儿童提供复杂的学习情境和真实的任务，促进儿童的有效学习

复杂的学习情境和真实的任务有利于学生具有创造性学习、创造性思维和解决问题的倾向，特别是结构不好的问题能刺激儿童的学习，并促使其成为有效的学习。因此，教师在设计课堂教学活动时，要注意以下几点。

（1）一方面要保持教与学之间的平衡，即儿童个人的发现学习、个人的探索和教师系统的指导之间的平衡；另一方面要注意学生之间的差异，如能力上的差异、需要和动机上的差异。

（2）有效的学习与刺激情境应该使学生的学习过程建立在可信和真实的现实背景中，学生所学的知识和技能不仅能解决有效学习情境中具有代表性的问题，而且能够将其应用到未来的学习、生活中。因为我们要培养的能力倾向存在于各种不同的现实场景中。

建构主义强调学习者的主体作用，认为学习是积极的、合作的、自我调节的知识建构过程，但是，这种知识的建构过程建立在学生自己的经验基础上，即那些可靠的、真实生活情境和背景中的经验。因此，那些"去情境化"的教学，使学生仍然无法摆脱被动的"信息的吸收者"的地位，更谈不上发挥主体的作用了。我们所说的营造有效的学习情境，首先要求的是教师的角色应有一个很大的改变。教师不再是一个信息源，其要在课堂上营造一个有刺激性的激发儿童智能活动的氛围，建立学习和解决问题的模式，提出诱发性的问题，通过训练和指导给学生以支持和帮助。图1-3展示了"探究型学习：观察小白兔"。

图 1-3 探究型学习：观察小白兔

资料来源：田园拍摄。

八 社会文化建构主义理论指导下的学前教育巡回支教课程体系

（一）学前教育巡回支教课程的三个目标

学前教育巡回支教课程的三个目标：

（1）为儿童未来生活的成功做准备；

（2）为儿童未来在学校的成功做准备；

（3）为儿童开展发展适宜性实践。

具体的学习领域表现在四个方面：身体的发展；社会情感的发展；认知发展/思维能力的发展；语言发展和社会交流技能的发展（见图 1-4）。

身体的发展
社会情感的发展
认知发展/思维能力的发展
语言发展和社会交流技能的发展

图 1-4 具体的学习领域

（二）课程目标1：为儿童未来生活的成功做准备

巡回支教的项目是为偏远地区提供有关早期养育和发展的服务，这些服务要回答以下问题：如何在早期发展阶段阻断儿童"贫困的代际传递"？如何使儿童养成好的习惯，并成为合格的公民？儿童顺利地完成学校的学业需要积累哪些知识和经验？为了成就儿童的未来，我们需要提供哪些机会、知识和技能？

当儿童和家长完成了我们的课程训练后，应该实现以下具体目标：

（1）儿童享有全面的、目标导向的、自我调节的、鼓励和欣赏的活动环境；

（2）提高儿童的社会能力，包括幽默感、沟通技能、同情心等；

（3）提高儿童解决问题的能力，包括提出问题和定义问题的能力、抽象思维的能力、创造力和发散思维的能力、自我反思的能力；

（4）提高儿童自我学习的能力，包括独立性、自我监测和调节、自我认知、自我效能和对成就的渴望；

（5）提高儿童的语言能力，包括在特定家庭和社区文化背景下，儿童用语言、音乐、数学和技术等表达思想和感情的能力；

（6）提高儿童创造性思维的能力，包括培养儿童强烈的好奇心、发散思维的能力；

（7）提高儿童探索各种问题解决方案的能力，包括找对问题和定义问题的能力；

（8）提高儿童有效沟通的能力，包括培养儿童的团队精神、合作意识、有效沟通的技能、对自己和社会的责任心。

（三）课程目标2：为儿童未来在学校的成功做准备

儿童在学校成就的水平，受小学一年级学习成就的影响，因此，幼儿园和小学的衔接阶段对儿童的学业成就发挥着重要的作用。特别是那些来自贫困家庭和偏远地区的儿童，在进入小学学习的时候，存在很多学习问题和对环境不适应的问题，包括有限的语言技能、营养不良、社会情感交流障碍等，这些问题都会影响儿童的学习成就。

确保儿童在小学阶段取得持续的学习成就，就要确保在早期养育和发展阶段，他们拥有获取成功的机会和获取成功的能力。一些基金会支持的早期养育和发展项目的研究表明，儿童在小学阶段的学业成就是可以测量的，测量的指标不仅可以评估儿童的学业成就，还可以衡量老师的教学成就。

1. 身体和运动发展

儿童进入小学学习的成就水平，受到先前的知识和经验的影响，包括儿童健康状态、生长发育状况、粗动作和精细动作技能、注意的状态，以及学习的个别差异。建立在社区的儿童早期养育和发展中心，如儿童之家，设置在小学内的学前班、托儿所、儿童成长家园等单位，都扮演着促进儿童发展的重要角色，帮助儿童健康成长。可以通过户外的活动和游戏，促进儿童粗动作的发展；通过室内的精细动作的活动和游戏，训练儿童手指肌肉和促进儿童精细动作的发展，并使其养成良好的卫生习惯。儿童身体和运动发展指标（室内）见表 1－1。

表 1－1　儿童身体和运动发展指标（室内）

儿童	教师
粗动作技能	**粗动作技能：户外游戏**
·展示基本的运动技能，包括跑、单腿跳、跳绳等	·确保活动场所整洁，没有尖锐的石头和器物
·运动中保持平衡	·画出清楚的活动边界，并标明安全标识，标明安全风险点
·通过肢体语言表达自己的感受	·当儿童发现老师喜欢玩的时候，他们会玩得很有趣
·在荡秋千、抓绳索、攀爬或移动玩具时保持协调与平衡	·教会儿童学会面对输赢，即让儿童明白一个人不可能总是赢和总是输，要赢得起，输得起
·演示投掷、抛、踢和抓的动作	
精细动作技能	**精细动作技能**
·控制手和手臂的肌肉活动，包括倒东西、砍、描绘、扭、捻、绕、搓、插入、系解绳带、拉解拉链、连续击打动作	·为儿童提供大量的小而有趣的能够拾起来的玩具和物品：能够铆合的物件，能够堆积的物件，能够编织的绳带，各种小容器

续表

·手眼协调动作 ·使用工具书写和绘画 **健康的卫生行为** ·饭前便后洗手 ·营养的膳食 ·清洁的饮用水 ·全程免疫 ·补充维生素 A	·给儿童机会,让他们自由玩耍 **健康的卫生行为** ·提供清洁的饮用水、洗手设施和肥皂 ·为家长提供健康、营养和卫生知识讲座,传授预防腹泻、疟疾和营养不良的知识和技能 ·提供维生素 A、驱虫药、铁含量高的食物,其中包括营养包、铁强化酱油和铁强化面粉

2. 社会和情感发展

社会和情感发展是儿童认知发展的基础,如果儿童在学校里拥有朋友和友谊,自信,尊重他人,帮助同伴,没有羞怯和攻击性等正向的社会关系;体验到的是积极、愉快的正向情绪,就可以促进儿童认知的发展。儿童社会和情感发展指标(教室)见表 1-2。

表 1-2 儿童社会和情感发展指标(教室)

儿童	教师
1. 发展自我意识 　·调整自己适应新环境的能力 　·识别和恰当地管理自己的感受 　·适当地信任成人 　·自信地表达自己的需求 2. 对自己和他人负责 　·表现自我和具有独立性 　·对自己的行为负责 　·爱护课堂环境、爱护公物和教学材料 　·遵守课堂规则 3. 发展积极、正向的社会行为 　·能和同伴一起玩耍 　·了解同伴的感受,并给予适当的反应 　·尊重他人的权利 　·以尊重的语言和方式解决冲突	1. 叫出每位儿童的姓名 2. 树立相互尊重的榜样:说话友好并有眼神的互动,没有攻击性,做错事会道歉,帮助孩子 3. 营造安全和欣赏的环境 4. 保证每位儿童至少拥有一名好朋友 5. 以纪律促进儿童自我管理和发展 　·公平;帮助儿童表达感情 　·以建设性的方式,如遵循逻辑的结果,指导儿童纠正不恰当的行为 　·邀请儿童一起讨论问题,达成共识 　·当一个规则或纪律不被儿童遵守的时候,能问儿童:我们的问题是什么? 如何解决这个问题 　·教儿童学会欣赏彼此的差异

3. 语言发展

幼儿阶段的语言发展水平可以预测儿童在小学的学业成就，语言的能力涉及口语表达、词汇量、解码文字、对读物的感知、认识字词、用词造句、讲故事、用绘本对话等。帮助儿童拥有书面表达和口语交流的能力，可以促进儿童表达思想和感情、提高与同伴互动和交流的水平。语言发展指标（教室）见表1-3。

表1-3　语言发展指标（教室）

儿童	教师
·和别人谈话，表达自己的想法和感受 ·描述物体、事件和关系 ·使用词语表达感情 ·喜欢翻书和讨论与书相关的话题 ·倾听别人的谈话，并能够根据自己的理解复述谈话内容 ·注意到声音的差异 ·学习新的词语 ·在教室给物体贴标签或制作标签 ·通过涂、画、描来发展书写的技能 ·口语表达 ·结合字形和发音识字 ·书写自己的姓名 ·认识一些字词 ·喜欢用语言表达	·和儿童对话 ·使用母语，母语是儿童构建环境和发展智力的基础，先教会儿童使用母语"说"，然后是"写" ·有兴趣听儿童"说"，并响应儿童的"说" ·通过节奏和歌曲表达词语 ·成为故事大王 ·每天组织和开展三次语言活动，即每天保持45～60分钟的语言活动 ·逐渐推广普通话

4. 思维能力和学习策略发展

图1-5展示了"比大比小：我和妈妈一样高？"

认知发展包括语言的发展、数理逻辑的发展、科学和艺术的发展、创造性地表达和解决问题。教师通过每天鼓励儿童识别差异和类同，每天提出问题和寻找解决问题的方法，每天帮助儿童获取新知识和新信息并建构新知识的意义，每天鼓励儿童保持好奇心、创造性、独立与合作精神，坚持探究，能够促进儿童在学校获得更大的学业成就。思维能力和学习策略发展指标见表1-4。

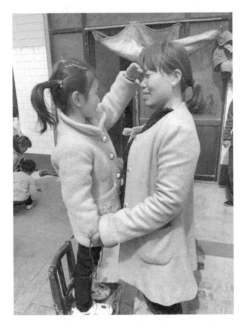

图1-5 比大比小：我和妈妈一样高？

资料来源：赵静拍摄。

表1-4 思维能力和学习策略发展指标

儿童	教师
·做出选择和决策：决定做什么和不做什么 ·观察环境并对周边的事物好奇 ·提问：是什么？为什么？怎么做 ·在持续解决问题过程中，进行推理并说明做法 ·运用已有的知识和经验，理解、解释和适应新环境 ·进行角色扮演或者扮演物体 ·和同伴讨论问题，并参与决策	·减少死记硬背式的机械教学活动 ·为儿童提供选择的机会 ·鼓励儿童大胆猜测 ·鼓励儿童进行推理活动，例如，当儿童开展个人游戏和活动时，让其大声地说出活动、角色、游戏材料之间的逻辑关系 ·鼓励儿童发挥创造力和想象力 ·作为小组成员，和儿童一起讨论，共同决策 ·启发式提问，促进儿童进行逻辑推理 ·学生回答问题时，要有耐心

（四）课程目标3：为儿童开展发展适宜性实践

发展适宜性实践由全美幼教协会（NAEYC）提倡的关于适宜婴幼儿发

展的一系列核心观念与重要原则组成，基本原理是：教育要适宜婴幼儿的发展水平，婴幼儿的教育要突出适宜性、目的性和开拓性，教育方式则强调体验式教学。我们很难用一种教学方法去应对三岁、八岁和十二岁儿童的不同需求、兴趣、能力和发展水平。小学化的学前教育往往以"填鸭式教学"的方式向儿童灌输知识，结果不仅扼杀了儿童，也扼杀了教师的发展兴趣、好奇心和创造力，这样的教学方式不是从"动手"和"动心"开始，而是从"动脑"开始，一旦遇到挫折和失败，对儿童和教师而言，就都将失去学习的热情。图1-6展示了"认识边角：把边边角角打扫干净"。

发展适宜性实践是替代"小学化"教学的一个更加有效的教学方式，这意味着教师的教学方式要根据儿童的年龄和经验而改变。发展适宜性实践有三个基本特征。

图1-6　认识边角：把边边角角打扫干净

资料来源：田园拍摄。

1. 适宜儿童个人的发展水平

适宜儿童个人的发展水平，需要考虑以下四点内容。

（1）所有的儿童的发展都有阶段性，每个儿童的发展阶段不同。

（2）每个儿童都有自己的学习方式、个性特征和家庭背景。

（3）学习是互动的过程，包括儿童的思维活动和先前知识、经验的互动以及和学习材料、他人的思想和社会的互动。

（4）减少儿童早期发展阶段的集体活动和班级式教学活动。

图1-7展示了"数量和分类"。

图1-7 数量和分类

资料来源：赵静拍摄。

2. 适宜儿童的年龄特征

适宜儿童的年龄特征，需要考虑以下四点内容。

（1）教师的教学内容必须遵循和符合儿童的发展规律和不同年龄阶段的学习特点。

（2）儿童的成长和变化是可以预测的，并且遵循发展结果的顺序原则，即当前发展的结果基于先前的结果。

（3）儿童的成长和变化发生在以下四个领域：身体的发展、社会的发展、情感的发展和智力的发展。因此，为幼儿开展的教学活动要聚焦这四个领域，而且设计教学活动时要使其适宜每个领域内儿童的发展水平。

（4）儿童的发展不是一蹴而就的，教师营造的问题情境和设计的教学活动既应挑战儿童已有的知识和经验，又要激发儿童的兴趣和促进儿童的进步。

3. 适宜儿童构建新知识和赋予已有知识新的意义

适宜儿童构建新知识和赋予已有知识新的意义，是为了促进儿童有意义的学习，具体内容如下。

（1）鼓励和欣赏儿童动手实践，儿童动手实践可以获得具体材料和经验（主动学习）。

（2）鼓励和欣赏儿童真实的生活经验（实境学习）。

（3）鼓励和欣赏儿童和同伴互动、成人互动、环境互动，让儿童自己理解世界（建构主义的学习观）。

（4）将儿童在四个领域的发展落实和整合到一个活动中，例如一个搭积木的活动，可以同时促进儿童寻求社会发展的意义、智力发展的意义、身体发展的意义和情感发展的意义（整体学习）。

（5）鼓励和欣赏儿童动心和动情，兴趣和兴奋点能够促进儿童对学习活动的投入（内部动机）。

（五）怎么做：家长、其他监护人和巡回支教的教师如何协助儿童的学习

1. 家长和其他监护人是确保儿童发展和学前巡回支教质量的第一责任人，他们首先要知晓儿童成长、发展的知识，掌握儿童发展的规律，理解儿童学习的特点，然后再帮助儿童在每天的学习和生活中发展基本的生活技能和学习技能。

2. 教师和儿童互动是确保儿童发展和提高学前巡回支教质量的关键，直接影响到儿童的自尊和学习效果。教师和儿童的互动包括响应式谈话，或者非结构性对话，建立亲近的关系，增加儿童的词汇量和提高儿童说话的技能。教师还要掌握提问的技巧，不提死记硬背的问题，用稍微高于儿童认知水平的问题提问，即多问挑战性的问题，以刺激儿童思考，促进其

思维能力发展，同时还要鼓励儿童提问。

3. 及时反馈和响应儿童的活动是促进儿童发展的另外一个重要因素。有些教师的反馈可以促进儿童学习和思考，有些教师的反馈则让儿童感到失望。有效的反馈是指积极和正向的反馈，包括表扬、鼓励、欣赏、指导，而不是批评、指责。当孩子搭积木时，我们要说："想一想，怎么能够让积木搭得很高，而且不倒下？"而不是给一个评论："你积木搭得非常好！"可以对儿童说："你的画看上去非常有趣，说说你画的画！""你可以叠被子了，真棒！说说看，你把被子叠成了几份？"图1-8展示了"学习分数：被子可以折成几块？"

图1-8 学习分数：被子可以折成几块？

资料来源：赵静拍摄。

4. 协助儿童发展的有效方法

（1）非结构性对话

·营造和儿童对话的自然氛围，不要粗暴地打断儿童的讲话，鼓励儿童多说。

·倾听儿童的讲话，并响应儿童所说的内容。

·刺激、鼓励儿童主动地思考："告诉我你的想法……，你为什么这样想？还有新的想法吗？"

（2）提问的技巧

使用开放性的问题提问，而不是封闭性的问题。开放性的问题可以促使儿童说出自己的想法，而封闭性的问题则很快结束了双方的谈话，例如"告诉我你对刷牙的看法？"是开放性的问题，而"你今天早上刷牙了吗？"则是封闭性的问题，回答完问题，谈话就结束了。

·提出的问题要基于儿童已有的经验，并稍高于儿童的认知水平，即让儿童能理解问题。问题对儿童来说是有挑战性的问题，以促进提高儿童的思维和逻辑推理能力。

·追问："还有吗？可以告诉我你更多的想法吗？"

·根据回答问题的对象，分类监测问题数量和问题类型：问女孩和男孩问题的数量和类型、问少数民族儿童问题的数量和类型、问能力强/能力弱的儿童的问题数量和类型。

·鼓励儿童提出自己的问题。

·针对某一个观点和想法，找出同意意见的儿童和反对意见的儿童，无论是同意还是反对，都请儿童说明理由。

·当一个儿童不回答问题的时候，一是可以将问题换成简单的问题，包括封闭性的问题，如是和否的问题、选择题；二是重复提问；三是延长等待时间，直到儿童回答问题为止；四是给儿童提供线索，鼓励全班参与回答。

（3）利用"停顿"的时间，鼓励学生思考

提问前，停顿3~5秒钟，然后用10秒钟以上的时间提出挑战性的问题。

·停顿的第一个效果是促进儿童思考和反应。

·停顿的第二个效果是鼓励更多的儿童参与回答问题和参与活动。

·停顿的第三个效果是激发全体儿童的参与热情，特别是当教师习惯性地表扬那些第一个举手发言的孩子时，停顿可以唤起其他儿童的参与。

（4）鼓励、表扬和欣赏

·对所有儿童使用正向、积极的肢体语言，如鼓励的眼神、拍拍儿童的肩膀、一个拥抱。

·营造一个安全的、可以分享思想观点的情境。

·提供非评判性的语言和标签。

·对儿童一视同仁，采用正向、积极的响应方式。

（5）做总结和"搭支架"（反馈）

·回顾和反思儿童都说了哪些意见和观点。

·告诉儿童，老师的确倾听了他们的意见，不仅听了，而且总结出了要点。

·自己厘清思路，并帮助儿童厘清他们的想法和观点。

·帮助解决儿童之间的冲突和问题。

·提炼信息和事实，并呈现给儿童。

·向儿童示范如何组织信息。

·响应儿童的意见和观点，并唤起儿童进行更深入的思考。

II 第二部分
有效的学前巡回支教
Part

成功地学校教育始于孩子进入小学一年级之前。有研究表明，儿童由于教育差异而带来的成就上的差距，至少有一半的原因发生在幼儿园阶段。如果希望孩子在小学获得成功，就必须在早期教育阶段为他们提供成功的机会，发掘其潜能。巡回支教老师的工作不同于幼儿园老师的工作，他们的工作是否有效，取决于巡回支教活动中心能否实现 0~3 岁和 4~6 岁儿童的发展目标。为了实现儿童的发展目标，有效的巡回支教志愿者要具有以下特征。

（1）和儿童建立起紧密的关系。

（2）对自己的工作和儿童能表现出热情和奉献精神。

（3）熟知每个孩子的习性。

（4）能鼓励、欣赏和表扬孩子积极、正面的行为。

（5）能观察、制止孩子负面的行为，并为儿童指明正确的行为方向和做法。

（6）合理安排每日常规活动，来增加儿童有效的学习时间。

（7）减少儿童死记硬背式的学习，多为儿童提供选择机会和选项，鼓励开发儿童的创造力和想象力。

（8）使用促进思考的提问方法，促进对儿童批判性思维能力的培养。

（9）能耐心地等待孩子给出问题的答案。

（10）提供能延伸学习的反馈。

（11）鼓励孩子独自把事情弄清楚，进行推理思考。

表现在孩子身上，支教老师的工作是否有效，不是验证老师的教，而是验证儿童的变化，特别是要观察孩子们是否表现出以下人格特征的变化：

（1）独立；

（2）有责任感；

（3）有好奇心；

（4）有主动性；

（5）有合作性；

（6）注意力集中；

（7）有创造性；

（8）有毅力；

（9）自信；

（10）有智谋。

第二章 建立巡回支教点[*]

一 建立以中心幼儿园和小学学前班为中心的巡回支教点

大量研究证实，幼儿阶段的经验和发展对儿童未来学业和人生的成功至关重要，而家庭和社区对幼儿的影响又是决定性的。当家庭和社区不能满足幼儿发展所有需求时，巡回支教点提供的服务可以作为非正式的、补缺的学前教育来补充和支持没有幼儿园的地方和家庭开展幼儿教育活动，以促进儿童成长和发展。

高质量的巡回支教项目为儿童提供一个愉快的成长环境和学习机会，让儿童体验有益的、愉快的学习过程。建立社区管理的巡回支教点包括两方面的内容：一是支教点本身的建设，诸如创设活动环境、课程，巡回支教志愿者和幼儿教师的技能培训，巡回支教点的管理、监测和评估；二是创设学习环境，包括营造社会/情感氛围、开展各个领域的主题活动、与儿童及家长的互动、活动场所的管理。

二 建立社区幼儿托管中心或学前班是建立巡回支教点的必要条件

创办巡回支教点，要考虑到以下条件：有明确的目标和计划、清楚的

---

[*] 本章作者张俊，硕士研究生，陕西学前师范学院副教授，主要从事儿童发展和儿童保护研究。

并可量化的评价指标和运作标准；教育行政部门能够提供资料和支持；有安全、有趣的体育活动设施，充足的活动空间（每个儿童拥有 1.5 平方米的活动空间），充足的照明和通风，安全的户外活动场地；配有肥皂和水的洗手池或洗手间；拥有一块能够容纳 25～30 名儿童开展活动的区角；设置涉及儿童学习、成长的基本课程；能为儿童提供有趣味的学习和玩耍材料；有合格的巡回支教志愿者，其应符合选拔条件并接受过培训；对巡回支教志愿者能进行常态督导，包括指导、监测、评估和重视课程反馈、社区的参与。

三 建立社区幼儿托管中心或学前班管理的巡回支教点的步骤

巡回支教点的设置要根据每个村子的实际情况加以分析，有的村子是自然村，离行政村或乡镇的中心幼儿园较远，因此，选点是提供巡回支教服务的第一步，这一步还涉及确立具体的工作目标、预期实现的结果和项目受益人。第二步，确定一线工作人员，即巡回支教志愿者，使他们成为亲职教育的培训者、支教点的管理者和育儿顾问。我们建议一位巡回支教志愿者可以管理 10～15 个社区的支教点。每个社区的支教点，要选出一位关心幼儿教育的家长作为志愿者的助手，以协助其完成支教点的活动。第三步，在目标社区与 6 岁以下儿童的家长会面并讨论相关需求、支教点的好处和儿童的兴趣。第四步，和家长讨论，明确他们的角色和支教点的管理内容。第五步，确立支教活动课程表，建议一周 5 天开展活动，其中，下午可以开展亲职教育活动。第六步，准备游戏/学习材料，建议对所有 4～6 岁的儿童开展相同的活动，每个年龄组不要分班。这样既有助于志愿者对支教点的管理，又有助于跨年龄儿童的沟通和交流。第七步，对巡回支教志愿者进行为期 5 天的通识培训。第八步，社区要根据相关标准挑选巡回支教点的活动场地，区角的大小对选择场地十分重要，上限为容纳

25～30名儿童，女童和男童的比例要平衡，他们的年龄为3～5岁或4～6岁，不要把3～6岁的孩子编在同一组，要特别照顾孤儿和残疾儿童。第九步，社区应根据制定的标准选择儿童，应该首先考虑一年后即将入学的儿童。如果儿童6岁入学，则建议在第一年为5岁的儿童开展幼教项目。第二年为4岁的儿童开展项目，而针对3岁儿童的区角可以在同一时间平行开展活动。第十步，设立巡回支教中心，社区幼儿托管中心和学前班应该为巡回支教点提供基本的学习材料、活动课程和工具，以方便家长和社区进行管理和参与。巡回支教志愿者和家长一起收集、补充学习材料，制作玩具和设计游戏。第十一步，社区应该建立家长委员会来管理巡回支教点的活动，并保证支教点能够持续运转，包括确保出勤率、进行设施维护、得到村委会的支持、召开每月例会等。第十二步，巡回支教志愿者要收集儿童和家庭的资料及案例样本以作为研究和推广的依据。第十三步，注意负责监测和评估整个巡回支教项目的进展情况和质量。

四　与家长合作

家长是儿童的第一任和最重要的老师。巡回支教志愿者要认识到，父母照顾和激励儿童的方法会影响到他们的孩子在学校的表现。当儿童的语言能力和认知能力偏低时，家长和志愿者或幼儿教师的通力合作能促使儿童改变。最理想的养育和对发展的支持和服务应该在儿童出生前就开始了。巡回支教志愿者应该每月和家长进行有关区角的讨论，以帮助儿童具有适应未来学校生活的能力，这对于那些语言和逻辑思维能力提高速度较慢的儿童尤为重要。通过家长和志愿者的共同努力，儿童可以和家长一起分享故事、进行手工艺品制作、唱歌和口述历史，这不仅可以丰富儿童的学习内容，也可以促使早期养育和发展项目具有文化的传承基因。图2-1展示了"家长帮助儿童认识鸡蛋的数量"。

图 2 – 1　家长帮助儿童认识鸡蛋的数量

资料来源：田园拍摄。

五　与小学合作

大家都知道，学前教育对于正规的学校教育有着重要的意义。随着学前教育的普及和三年学前教育规划的制定，很多学前教育内容被纳入小学教育的准备阶段。每个乡镇都会设置和开办中心幼儿园，人口大村也会开办村幼儿园，但在偏远的自然村，低龄幼儿无法像大龄幼儿那样在寄宿制学校中学习，由于体力和安全因素，幼童也不能长时间步行上学。若在小学开办学前班，则住得相对近的儿童可以在学前班学习，而那些住得较远的儿童在学前班学习则不太现实。撤校并点政策、农村人口的流动和减少使很多小学转岗老师开始负责小学学前班的教学活动，他们往往没有掌握有关幼儿教育的知识和技能，也没有接受过幼儿教育培训。学前巡回支教是一个学前教育的支持网络，以乡镇中心幼儿园或小学学前班为圆心，巡回支教志愿者服务于散落在自然村组和社区内支教点的幼儿。如果一所小学的一年级有 150 名儿童，则需要设立 4～5 个提供支持的巡回支教点。在小学中设立的学前班可以促使小学教师更加了解有关幼儿教育的活动、游戏的方法，这些方法同样适用于小学一、二年级的儿童。与家长和学校合作事项清单见表 2 - 1。

表 2 - 1 与家长和学校合作事项清单

· 帮助巡回支教中心或学前班建立支教点
· 定期参加巡回支教点的活动,观察幼儿活动,发现儿童取得的进步
· 通过开展传统游戏,歌谣、手工艺品制作活动和讲故事,参与到儿童的学习过程中
· 巡回支教志愿者和家长每月召开碰头会
· 鼓励家长在家里尝试新的活动、做游戏来培养儿童的能力,包括如何思考问题、解决问题,讨论每天的活动和体验等
· 确保适龄儿童进入小学一年级学习
· 就儿童的需求和在幼儿园(支教点或学前班)的表现和家长沟通、交流
· 就儿童的需求和在校表现与家长、教师沟通和交流

第三章 巡回支教点的选择和场所布置

一 巡回支教点选点标准

为了减少在社区里对幼儿教育的基建投入，将有限的资金更多地应用到教师培训和购置更多的幼儿学习、游戏材料，巡回支教点可以选择在小学，也可以选择在村委会，还可以选择社区里一间宽敞房间或阳台有顶棚的民宅作为场地。有的村庄将村委会会议室腾出来，在上午无人开会的时候将其作为支教点，以便让家长、儿童开展支教活动。无论将支教点选择在哪里，都要考虑以下几条基本的选址标准：

（1）巡回支教点应该在参与项目活动的儿童家庭附近；

（2）有足够的空间，即能够容纳 25~30 个儿童，或者保证每个儿童有 1.5 平方米的活动面积；

（3）通风和照明条件良好；

（4）有洗手设施和厕所，并有安全的饮用水；

（5）有干燥的地板、坐垫或椅凳；

（6）具有安全的户外活动场地（远离池塘、公路、市场等地点）；

（7）巡回支教点志愿者热爱儿童，对儿童态度友善。

图 3-1 展示了"足够的团体游戏空间"。

二 营造儿童友好的学习环境

儿童的发展有很多共同的规律，即共同点，但也存在学习上的个别

---

[*] 本章作者张俊，硕士研究生，陕西学前师范学院副教授，主要从事儿童发展和儿童保护研究。

图3-1 足够的团体游戏空间

资料来源：赵静拍摄。

差异。营造儿童友好的学习环境要满足以下四个条件：一是要符合儿童的成长需求；二是要让儿童感到安全和舒适；三是要给儿童提供既有挑战又有趣的学习体验；四是为儿童提供多种多样的活动，让儿童既有机会独立玩耍、游戏和学习，又能加入区角和小组学习。儿童的发展经验可以来自三个方面：独自玩耍，与同龄人互动即与同伴一起学习，教师的指导。儿童既需要指导，也需要自主学习。通过对儿童游戏和活动的常规安排，可以帮助儿童建立安全感，培养儿童的独立和自主意识，也可以建立和培养儿童的团队合作精神，如悬挂海报和美术作品，相关建议见表3-1。

表3-1 悬挂海报和美术作品的建议

·找一根与墙壁等长的竹条或绳子
·绑在墙上使其易于拆卸
·把报纸条缠在竹条或绳子上
·用胶水或订书钉将海报和美术作品固定在报纸条上
·每天结束时将海报和美术作品取下
·将海报和美术作品叠放、卷起并储存，直到第二天再进行使用

图 3 - 2 展示了"洗手很重要"。

图 3 - 2　洗手很重要

资料来源：赵静拍摄。

营造对儿童友好的学习环境包括儿童友好的日常活动安排，儿童友好的学习材料，儿童友好的、成熟的实践活动，专业的班组管理方法。具体要求如下：

（1）提供清洁、令人愉快的环境；

（2）进行有关学习的海报和儿童作业的展示；

（3）提供没有灰尘和泥土的干燥的座位；

（4）营造安全温馨的氛围；

（5）有积极的、符合逻辑结果的规定；

（6）有经常性的热烈的互动，如教师与儿童、儿童与儿童的互动；

（7）张贴活动日程表，并严格遵守；

（8）有合理的、紧凑的时间安排，不要长时间地让儿童等待；

（9）无论男童还是女童、贫穷还是富贵、汉族还是少数民族，都要得到公平的对待；

（10）开展的活动应涉及儿童成长的相关领域，并鼓励儿童进行积极思考；

（11）为分组活动的孩子提供有趣的资料，为独自玩耍的孩子提供适合的游戏和活动；

（12）为儿童提供在集体活动的机会、在区角活动的机会和单独活动的机会；

（13）为儿童提供讲述和倾听的机会；

（14）活动应该符合当地的文化传统和习俗，包括使用方言等；

（15）沿着三面墙挂上绳子，并在绳子上挂上海报；

（16）为每个类别的学习材料准备一个工具箱，儿童在每天完成运动和游戏后，要将运动和游戏材料按类别收拾并放入工具箱中；

（17）有必备的张贴物，即带有口袋的考勤表、字母旗、识字卡、数字画、日历；

（18）在地板上铺设垫子或者颜色鲜艳的大型网状塑料布；

（19）按五类区角游戏摆放运动和游戏材料（建议分为以下几个区域：积木建筑角、棋盘游戏和拼图角、读书看图角、想象力角、玩沙戏水角）；

（20）将肥皂放置在洗手池旁边，并要求儿童到班后，或完成运动和游戏后，立刻洗手。

日常安排建议见表 3 - 2。

表 3 - 2　日常安排建议

上午	
8：30	晨会
8：45	语言和游戏
9：45	小组和区角活动
10：35	户外游戏和活动
11：00	科学和数学活动
11：45	每日活动总结和放学
下午	
亲职教育	

第四章 巡回支教志愿者的选拔
与协作技巧[*]

一 巡回支教志愿者的选拔

巡回支教志愿者可以从所服务的农村社区产生，也可以从社会上招聘，特别是招聘年轻人作为巡回支教志愿者，也可以是小学教师转岗下来的幼儿教师。挑选巡回支教志愿者是社区幼教活动中心开展工作的第一步。从实践的经验上看，我们鼓励从社区中挑选父母/养育者和年轻人作为社区幼教活动中心的老师，从当地社区产生的巡回支教志愿者有以下好处和优势。

（1）家长们了解信任这样的老师，他们可以与其共享价值观，同时他们也会受到尊重；

（2）家长们不愿让小孩子相信陌生人而愿意让他们相信熟悉的社区志愿者；

（3）从社区中挑选的巡回支教志愿者可以成为社区幼儿发展的专家，并且由他们将幼教知识在社区分享；

（4）社区培养的巡回支教志愿者会成为儿童保护和发展的"路标"；

（5）社区产生的巡回支教志愿者的费用更低且更加稳定，社区巡回支教志愿者会将自己的职业定位为社区学前教育的服务提供者；

＊ 本章作者张俊，硕士研究生，陕西学前师范学院副教授，主要从事儿童发展和儿童保护研究。

（6）社区产生的巡回支教志愿者能让家长更好地参与到学前教育管理中，制作学习用具，参加志愿者活动（如文化日活动），此外，这些教师也组成社区中一支可持续的有丰富育儿经验的人才队伍；

（7）年轻人是尚未开发的资源，特别是返乡青年，他们可以成为优秀的幼儿教师助理；年轻人更容易陪儿童玩耍，给课堂带来活力，他们在社区里可能比儿童的父母有更好的读写能力；

（8）睿智成熟的爷爷、奶奶和充满活力的年轻妈妈可以组成一个优秀的幼教团队。

巡回支教志愿者的选拔标准见表 4 - 1。

表 4 - 1 巡回支教志愿者的选拔标准

· 年龄为 18 ~ 40 岁
· 能很好地同儿童一起工作（友善地对待儿童）
· 已完成学前教育的基本培训课程
· 得到社区和家长的信任
· 言语表达自如、流利
· 愿意每天工作 4 小时，每月参加一天的培训
· 愿意以半志愿者身份工作（得到少量报酬）

二 巡回支教志愿者的素质要求

（一）优秀的巡回支教志愿者应当具有的素质

从社区中挑选一位家长或返乡青年作为巡回支教志愿者有很多优势：家长们了解信任这样的老师，其可以共享价值观，同时他们也会受到尊重。这些本土产生的志愿者会逐渐成为儿童发展的"土专家"，并且他们的幼教知识可以保留在社区，供大家分享。教师与儿童的互动内容见表 4 - 2。

表4-2　教师与儿童的互动内容

非命令的谈话和交流是成年人帮助儿童培养智力和思维技巧的最重要的方式之一
· 倾听儿童并鼓励他们讲话
· 对儿童的话语做出回应
· 增加与儿童的对话
· 利用自由活动时间与儿童进行互动
· 提出一些需要思考的问题
· 等待儿童回答时要有耐心(至少等待5秒)
· 提出后续问题,如"再跟我说说……"
· 鼓励儿童提问
· 使用热情、积极的肢体语言
· 保持微笑

　　一名优秀的巡回支教志愿者知道如何和儿童、家长互动,并运用教学技巧激励儿童思考、解决问题,且在游戏中学习。如果巡回支教志愿者或幼儿教师,知道如何开发儿童的读写能力、培养儿童的数理逻辑思维能力,那么他们就能更好地胜任具有挑战性的正式的、幼儿园的有关儿童养育与发展的工作。

(二) 巡回支教志愿者和幼儿教师的职业发展

　　对于巡回支教志愿者和幼儿教师,也要安排专业的培训。专业的培训,可以保证他们不仅有工作热情,而且有足够的能力来指导儿童的学习。制订一个培训计划,首先,要明确巡回支教志愿者和幼儿教师的哪些核心知识和能力可以帮助儿童在当今世界成为一个成功的儿童。其次,要保证巡回支教志愿者和幼儿教师能够获得相应的有关早期养育和发展的知识、技能以实现儿童的发展目标。

　　如果巡回支教志愿者和幼儿教师能够回答下列有关基础训练的问题,那么他/她就已经初步具备了相应的资格。

1. 教育是和经验相联系的

　　列举出教师的生活经历并联系相关话题展开讨论,例如,在你上学期间，对于那些非常严厉的体罚儿童的教师，你会注意到什么？儿童在这样的班级里能否学到更多的知识？为什么？

2. 知识是和实践相联系的

教师必须有学习的机会，然后把所学知识在同龄人和儿童中分享，再把反馈的信息应用于课堂实践和促进教师自身水平的提高上。例如，教师学习了如何通过讲故事扩大儿童的词汇量并锻炼儿童的思维能力。随后教师用这一方法给自己的同龄人或家长讲故事。家长或同龄人参与其中，并提出建议。4~5名家长可以组成一个区角，其中一位家长用相同的教学法给居住在附近的儿童讲一个故事，其他家长则可以观察和学习。最后，大家一起思考自己学到的东西及如何增加活动乐趣、提高儿童的成绩。课堂上最重要的内容是教师与儿童的互动。

建议和家长一起开展活动（每半天一个题目），以初步了解巡回支教项目。明确幼儿教育的目标和教师的作用。解释说明优秀幼儿教师的哪些素质能帮助儿童取得成功。幼儿课程的结构涉及如何组建课程管理小组、制订课程运作计划、招收社区儿童数量（每组25~30人）、确定志愿者、社区提供的最小活动空间标准、运行时间等。

（1）学习环境。学习如何建立学习空间、制订日常计划、筹备各种活动、营造安全温馨的氛围、让教师与儿童互动。

（2）健康。涉及发展的目标、指标、活动、资料和材料、互动和反思。

（3）科学与数学。涉及发展的目标、指标、活动、资料和材料、互动和反思。

（4）社会情感。涉及发展的目标、指标、活动、资料和材料、互动和反思。

（5）语言。涉及读写能力培养，发展的目标、指标、活动、资料和材料、互动和反思。

（6）儿童主导的游戏时间。涉及自主活动的目标、指标、活动、资料和材料、互动和反思。

3. 外部支持与管理

（1）10～15 个社区的支教点可以组成一组，由一名巡回支教志愿者负责管理。乡镇幼儿园可以提供技术和管理上的支持。

（2）巡回支教志愿者和管理者应该来自社区。这样可以提高社区有关早期养育和发展项目的水平，也能保证其连续性。

（3）巡回支教志愿者和管理者应该为实现共同的幼儿发展目标而努力，相关指标应记录在册，以供教师、家长和管理者参考。

（4）巡回支教志愿者和管理者的任务，不仅是和家长、儿童开展活动，而且要根据相关的发展指标和标准进行观察、监测和咨询。

（5）巡回支教志愿者和管理者每月至少访问社区幼教活动中心一次，内容包括用一上午时间对家长和教师的课堂活动进行观察、与家长和教师共同开展儿童教育区角活动。

（6）巡回支教志愿者和管理者用四天时间整理资料，制作、收集学习材料，并筹备每月的补充培训活动。

（7）巡回支教志愿者和管理者是各个社区幼教中心的联系人，可以分享好主意、好方法，其能够发现问题，并在每月的教师培训中，提出新的问题、新的需要和解决办法。

（8）巡回支教志愿者和管理者的工作效果可以通过家长和幼儿教师的反馈来进行评估。

（9）巡回支教志愿者和管理者的工作为有偿的、全职的工作。

4. 巡回支教志愿者的扩展学习：培训

培训是为了持续不断地拓宽和提高教师的知识范围及其水平。教师们每月将集中参加为期一天的专业扩展学习区角活动。在这里，教师们回顾过去一个月的教学经历，扩展知识面，并学习促进儿童全面成长的新技能。教师每月将制作实用的材料，并带着它们和新的想法来丰富下一个月的学习内容。这种每月扩展学习培训能帮助教师在日常工作之外认识到自己对于儿童生活的重要作用，以及在促进社区发展方面的重要性。

5. 教师如何促进儿童学习

巡回支教志愿者和幼儿教师应该具备有关促进儿童成长和学习的知识，掌握进行日常安排的技能，来帮助儿童培养必要的生活和学习能力。

教师与儿童的互动非常重要。它会对儿童的自尊心和学习产生影响。有积极回应的交谈或者非指令性的谈话有助于教师与儿童关系的发展、儿童词汇量的扩充和语言能力的提高。教师应该多向儿童提问。如果教师学会运用更高层次的问题而不是死板地提问，那么儿童的思维能力就会得到发展。儿童也应该被鼓励多提问题。

反馈是促进学习的另一个重要内容。教师的有些反馈能促进儿童的学习和思考。另一些反馈会使儿童感到恐惧和失落。正确的反馈能帮助儿童看到新知识与自己已有知识的联系，或者帮助他们从错误中学到新东西。很多教师这样表扬儿童，如"图画真漂亮"或"真是个聪明的女孩"等。其实如果教师的评论能落到儿童作品的具体内容上，那么表扬会有更好的效果。例如，我们不要说"积木搭得很棒"，而说"你想出了将积木堆得很高却不会倒塌的方法"。又如，"你画的画里有很多有趣的东西，给我讲讲好吗？"得到这种反馈的儿童会更好地发展。巡回支教志愿者和幼儿教师应该做到的内容及为其提供的条件见表4-3。

表4-3　巡回支教志愿者和幼儿教师应该做到的内容及为其提供的条件

巡回支教志愿者和幼儿教师应该做到的内容	需要为巡回支教志愿者和幼儿教师提供的条件
·和孩子的关系密切，对孩子有耐心，采用正确的肢体语言和微笑 ·表现出热情、精力充沛、奉献精神 ·很好地了解每一名儿童并称呼儿童的名字 ·鼓励儿童具有独立性和自信 ·强化儿童的正确行为，纠正儿童的错误行为	·基础培训 　·促进儿童学习和成长 　·提供关于授课内容的知识 　·提供关于文化传统的知识 　·营造良好的语言环境 　·帮助身心有缺陷的儿童

续表

·倾听儿童并加强与儿童的交流、和朋友分享自己生活中的故事 ·鼓励儿童提问 ·用高水平的问题促使儿童思考,等待儿童回答时要有耐心 ·提供能够扩展儿童学习内容的反馈 ·提供选择,减少儿童学习中的"死记硬背",鼓励儿童创新和思考 ·制定日常安排来提高儿童学习时段的效率 ·参加专业培训 ·在课堂上应用新知识 ·对实践进行思考从而不断提高教学水平	·提供给同龄人示范和尝试新技能的机会 ·能对咨询进行监管 ·延伸学习的机会 ·每月及时支付报酬 ·社区对教师的工作予以肯定

三 巡回支教志愿者和幼儿教师应该掌握的技巧

巡回支教志愿者和幼儿教师是社区幼儿教育成功与否的关键人物,因此,对他们有很高的要求。首先,巡回支教志愿者和幼儿教师要具有正确的态度;其次,巡回支教志愿者和幼儿教师要具有根据实际情况采取灵活、多变的组织方式;最后,巡回支教志愿者和幼儿教师要有把握全局的能力,根据实际情况,采取各种方法调节现场气氛,确保研讨会或培训按照预定目标和方向前进。

(一) 态度

1. 应该加强的态度

保持中立 具体表现在:介绍和引入讨论的题目、确定谁发言和谁不发言、打断或终止不相关的干扰、打断或结束一个发言、发出指导语、给出小组工作的指示,都要求巡回支教志愿者和幼儿教师保持中立的态度。

使用叙述性的语言 应该避免对参与的家长和孩子做判断和评价。当使用判断性的语言方式表达思想的时候，听话的人往往会做出自我保护性的反应，或者感到愤怒。需避免使用的判断性语句包括"你错了""你一点用也没有""这是怎么回事"等。我们用下列表达方式来描述问题或问题情境会更好些，比如，当人们不想参与活动时，可以说"这个活动的效果太小，或者活动效果不明显"，也可以说"大家参与的程度不够"。

非指令性的谈话　与儿童展开自然的交流并鼓励他们交谈；倾听儿童并对他们所说的话做出回应；鼓励儿童思考，例如对儿童说："请跟我说说你的想法。"

开门见山和直截了当　如果巡回支教志愿者和幼儿教师开门见山和直截了当，或者直奔主题，他们在会议上和培训中所出现的不同想法、差异和观点就容易处理并且容易达成一致观点，其不会跑题。如果巡回支教志愿者和幼儿教师说出了模棱两可的话，或指示不清楚，就会产生混乱。

时间利用的最优化　在开展活动时，巡回支教志愿者和幼儿教师不能喋喋不休地演讲，这样会浪费宝贵的时间。让一名儿童回答之前，等待 3~5 秒。当问题需要更高层次的思考时，给其 10 秒或者更长的思考时间。要知道等待会得到思考得更加成熟的回答。要知道等待能鼓励更多的儿童参与其中。要知道等待会带给儿童惊喜。相较于教师习惯性地向那些迅速举手的儿童示意，等待会吸引整个班级更多儿童的注意力。

保持轻松和愉快的节奏　巡回支教志愿者和幼儿教师必须牢牢记住，她/他的角色不是教师，也不是站在家长和群众面前的演讲者，而是协助员。如果巡回支教志愿者和幼儿教师说得太多，讲得太久，参与的家长会感到厌烦，会失去参与的兴趣，进而会影响会议的节奏和欢快的气氛。如果会议需要巡回支教志愿者和幼儿教师详细叙述一个主题和活动，她/他应该采用简单和具体的方式描述活动，要避免进行含糊不清的说明。

提问　采用开放式的问题；提出需要进行思考的高水平的问题；使用后续性的问题，如"再多说一些"。在针对男孩或女孩、少数民族儿童和能力较高的儿童提问时，要控制问题的数量和类型；找出有多少儿童支持或反对某一观点，并要求儿童对自己的观点进行辩护；当某个儿童不能回答出问题时，提一个较简单的，如判断类的问题，做出选择，然后重复之前的问题，等待更长时间，或者提供一个线索让所有的儿童都参与其中。

练习的说明和指导语　在许多的幼儿园活动中，常常需要做小组练习和小组活动。为了使这些小组练习和小组活动的效果积极而有效，巡回支教志愿者和幼儿教师应该给予清晰、明确的指导语，最好提前准备好指导语。请注意：第一，准备的指导语应该言简意赅，如果必要的话，可以举例说明；第二，协助员要确保每个参与的家长都准确无误地明白指导语。

鼓励　对所有儿童使用正确的肢体语言；创造一个安全的交流思想的环境；不要做出批判性的评价；对于所有儿童都做出相同类型的回应。

总结　在安排家长或儿童的小组讨论时，为实现小组讨论的目标，巡回支教志愿者和幼儿教师对小组讨论结果要及时总结。这是协助员的一个重要任务。总结包括：汇总每个参与成员对会议的贡献、总结小组讨论的成果、对讨论的议题所达成的共识及时反馈，并将讨论的全过程介绍给参加活动的家长。

为了更好地总结，有必要整理出大家讨论的核心要点，然后一条不落地展示给与会人员。如果协助员打算缓和过长的讨论或无休止的争论，她/他可以定时地提醒和重复已经概括出的要点；回顾并复述儿童的发言；向儿童和家长表明，教师的确在认真听儿童发言；进行阐述澄清，以化解争端、解决问题，并收集信息；展示组织活动、汇总信息的方法；对儿童的发言做出回应并鼓励他/她做进一步的思考。

指导学习小组有成效地讨论　巡回支教志愿者和幼儿教师是唯一清楚每次活动所要达到的目标和结果的人。她/他应该时刻铭记每次活动的目标，使参与培训的家长和孩子们的活动指向这些目标。对悬而未决的问题，她/他应该给予及时的反馈。协助员应能够清晰地判断出哪些讨论背离了目标，并及时纠正与实现目标不相关的讨论和活动。

2. 应该避免的不良态度

巡回支教志愿者和幼儿教师作为保持中立的协助员，她/他应该避免以下内容。

将标准强加于人　协助员不应该对活动中的每件事情做出最终的裁判。参与的家长常常不能做出正确的说明和理解，甚至发表一些无知的言论，然而，这只是会议中的例外事件，协助员要有耐心，要引导小组成员自己干预和结束这种讨论。如果小组在这种情况下保持沉默或者没有人反对这些观点，那么就需要特别安排讨论这些言论和观点，使大家通过讨论有所收获，从中受益。协助员为了达到最终目标，要尊重每个参与家长发表的任何意见，不能仅仅支持自己喜欢的意见，或以自己的想法和方式主导会议。

无所不知　一个协助员不是一本便携的百科全书或一个天才，因此，没有必要在研讨会上，针对每一个问题和议题发表意见或者高谈阔论。如果在讨论期间，协助员对某个主题的确不知道和不理解，不要想办法去补救它，或者不懂装懂，而要把它当问题提出来，让有经验的人研究和讨论。

裁判家长们的观点或者评估他们的感受　作为主持一个研讨会的协助员，最重要的品质是避免当裁判，即使你完全不同意家长们的观点和意见，也不要"裁判"家长们的观点和意见。如果参与者的意见是有用的，则可以把这些意见作为注解和补充放到培训文件中，这样可以使会议和讨论不至于由于家长们的不同意见、破坏性的言论和观点而停滞和混乱。

（二）分组技巧

小组合作学习对家长和儿童的培训往往很有效，这个过程也往往是一个"分分合合"的过程。

把家长、学员和孩子分成小组有很多种不同的方法，它们大都很简单。重要的是如何不断地变换分组的方法。由于培训中会经常分小组，因此分小组的方法越是不同，每个参与者就越会觉得这个活动有趣。

以下是分小组的几个方法。

报数分组　让参与者一个接一个报数，如可以报 1、2、3、4，或者报甲、乙、丙、丁，或者报任何可以确认的一组符号。然后将报相同数字等的家长分到一组中，编号 1 号组、2 号组……

用卡片分组　准备一组可以由参与者自己选择的卡片。他们可以在卡片上写上数字 1、2、3、4（分别组成 1 号组、2 号组、3 号组、4 号组），或者字母 A、B、C、D（分别组成 A 组、B 组、C 组、D 组）；也可以按水果名称（如南瓜、苹果、香蕉、菠萝）或者角色名（如孙悟空、唐僧、猪八戒、沙和尚）分组（对应的小组名分别为南瓜组、苹果组、香蕉组、菠萝组、孙悟空组、唐僧组、猪八戒组、沙和尚组），或者使用不同颜色（红色、橙色、黄色、绿色）的卡片分组（组成红色组、橙色组、黄色组、绿色组）。

用现场可以找到的东西分组　将瓶盖（各种各样的瓶盖）、木棍、钢笔、豆子、玉米粒等更多的可以收集到的小东西放在篮子里、帽子里或者小盒子里，让家长和其他参与者随机选择。一定要仔细地数以确保这些小东西能在参与者间均匀分配。例如，拿到 4 个瓶盖的组成一组，就是"瓶盖组"，拿到玉米粒的参与者就组成"玉米粒组"，拿到钢笔的家长就组成"钢笔组"，依此类推。

同质小组分类法　让志愿者或家长选出小组长，然后由小组长挑选他的小组成员。协助员也可以设定一个组合的标准，然后由小组成员按标准组成一组，例如：（1）请和你不认识的人组成一组；（2）请穿蓝衣服的人组成一组；（3）请 8 月出生的人组成一组；（4）请身高为 1.6～1.7 米的人组成一组。

利用参与者的个人特点分组　可以根据参与者的籍贯分组、按性别分组、按血型分组，或按其他特点分组，利用这些特点将类似的参与者分在一个小组里。

（三）参与式儿童工作方法

参与式儿童工作方法有很多，具体选择和使用哪一种方法要根据培训的目标和内容来确定。以下是一些培训的方法，这些方法可以促进大家的讨论和参与，使学习过程变得生动有趣，同时，也使参与培训的家长和儿童得到及时的反馈和指导。

为了使培训富有成效，培训者应熟练掌握如何使用这些方法，这些方法能使参与活动的儿童、家长积极地参与到学习过程中。

1. 头脑风暴

头脑风暴也叫"脑力激荡"，这一方法是鼓励参与者积极地和富有想象地投入活动中，放心和大胆地提出自己的想法，丰富和提高参与者的知识和技能。在这个过程中，不允许有批评，但可以补充别人的意见。协助员的角色就是鼓励所有参与者说出闪现在他们头脑里的想法，使他们的想法和观点持续不断地涌现出来。头脑风暴被用来澄清一个观点和活动，有助于引入一个新的讨论主题。

过程

协助员提出一个关于讨论主题的问题，参与者提出个人的看法、经验和观点，说出尽可能多的想法，越多越好。在参与者提出他们想法的时候，协助员把所有的想法都不加排斥地写在纸上。然后大家一起分析收集到的信息。例如：孩子拉肚子怎么办？由大家想办法，想的办法越多越好。

优点

针对问题寻找解决办法有利于促进和激发创造性。尤其是开放性的培训对建立目标、开展活动和确定标准非常有效。

2. 案例分析

这一方法鼓励参与者分析可能面临的实际情景，然后讨论和决定采取什么样的措施。简单地说，案例分析就是在讲述一个详细的故事后，提出一些让参与者讨论的问题。别人家里孩子身上发生的问题、类似的健康问题、教育问题都会成为案例分析的好主题。案例分析时所选择的问题，要考虑到与参与活动人员的相关性，并且给他们留有足够的时间去阅读、思考和讨论。

过程

协助员分发写有案例（可以自己编写一个案例，或者使用已经编好的案例）的纸。家长或儿童阅读案例。根据案例，可以分小组讨论或者全体讨论。协助员协调大家讨论并提问，找出解决问题的办法。

优点

案例分析可以鼓励家长和儿童为解决他们家里和村里所面临的问题，提出解决方案。

3. 演示

这一方法使参与者明白问题是如何被解决的。演示使要阅读的文章、讨论或演讲的信息变得更为"活灵活现"。如一个关于如何抚摸"宝宝"或如何换尿布的单纯的讨论，就不如一个直接演示的效果好，参与者不但可以观察如何做，而且可以自己试着做。

过程

协助员应首先解释演示的目的。然后进行演示，要鼓励参与者提问和讨论。更重要的是让参与者有机会练习、模仿演示的内容。

优点

参与者尝试做协助员所演示的内容，从而正确理解协助员所演示的内容。这会帮助家长和其他参与者牢记他们学到的知识和技能。

4. 戏剧表演

当人们在一起演出一个剧目时，他们说的话比在正式的讨论中要多。戏剧表演是一个使人感到有趣的活动。最重要的是，通过戏剧表演突出一个主题，是让人们参与讨论和解决问题的有效办法。

过程

第一，大家确定一个生活中的问题，在确定问题后，所有参与者一起编写剧本。第二，分配表演的角色。第三，在培训班上或者村子里表演。第四，戏剧表演的内容应该反映问题的主要方面，但不包括问题的解决办法。第五，在表演之后，或者在表演过程中，表演的"孩子"、"爸爸"和"妈妈"可以征询解决问题的办法和建议。第六，演员和观众讨论问题，提出解决问题的办法。问题可以是简单的问题，也可以是来自村子里的现实问题，例如，孩子哭闹十分厉害，"爸爸"生气了，在孩子的屁股上打了一巴掌，"妈妈"不干了，和爸爸吵了起来，结果……问题也可以是很复杂的问题，如爸爸和妈妈都出去打工了，孩子由爷爷、奶奶或者姥爷和姥姥照管，孩子生病了，结果……

优点

协助员可以鼓励一家人或者全体成员了解这种培训的技巧。戏剧表演可以提高参与人员的兴趣，增加家长们参与的机会和勇气。他们参与了表演活动，往往就会尝试着自己做了。协助员甚至可以考虑使用戏剧表演的方法展开下一节课。

5. 看电影

给参加活动的"爸爸""妈妈"播放关于孩子活动和教育的电影。

过程

第一，协助员要根据不同年龄段的家长和孩子的兴趣，选择主题。第二，根据主题，选择电影。第三，在观看电影前，协助员要给参与者简要介绍一下电影的内容。第四，看完电影之后，组织大家对电影所反映的信息与内容加以讨论。

优点

第一，看电影很容易抓住参与者的兴趣。如果做得好，则可以在很短的时间内让参与者获得需在很长时间内学习的知识和信息。第二，活动的图像和文字要比协助员的讲解或阅读培训材料更具有说服力。

6. 鱼缸法

这一方法可以让外部的参与者看到一个问题是如何在内部解决的。参与者可以观察一个小组的"角色扮演"，或一个小组的"讨论"，或一个小组的"计划会"等实际活动。表演小组的成员类似于"鱼缸里的鱼儿"，其他人则是观众，以观察"鱼儿"是如何解决问题的。

过程

第一，协助员把参与的家长分成两个小组或者多个小组。其中有一个是表演小组（如一个家庭），表演小组类似于"鱼缸里的鱼儿"。第二，协助员根据问题和任务，要求"鱼儿"讨论一个问题，或组织一个活动。第三，其他小组成员则观察和分析他们讨论的问题，提出解决问题的办法。

优点

就像"鱼儿"放在鱼缸里一样，参与者可以观察到所发生的一切，然后讨论他们所看到的"鱼儿"的活动。

注意：鱼缸法既和戏剧表演有些相似，但又有所不同。戏剧表演注重角色扮演者的情感体验和反应。而鱼缸法则注重外部人员对"鱼儿"活动的建议、反馈、评论，即观察者对表演小组成员所提供的信息的反馈。

7. 游戏

游戏是有组织的活动，具有以下特征：有一定数量的表演者；在特定的情景下开展；为了完成一个具体的工作任务，必须依据一定的游戏规则。

过程

协助员可以发明一些简单的游戏，帮助参与游戏的家长了解科学养育孩子的知识，或者将其作为复习和练习的手段，强化其所学到的养育孩子的知识和技能。设计一个游戏要考虑以下建议。设计游戏一定要有很好的构思，如猜谜语、养育宝宝知识抢答，要构思好游戏的主题。如果给家长和孩子奖励的话，一定要给出正确的答案，并为正确回答问题的家长和遵守游戏规则的家长、孩子加分；如果答错了，或有人没遵守"游戏规则"，请不要扣分，因为扣分和惩罚会使家长和孩子失去参与游戏的积极性；尽量让参与游戏的家长和孩子参与游戏的开发和设计，例如，让他们提一些问题；把参与游戏的家长和孩子分成小组，这样可以使反应快的家长和反应慢的家长合作。

优点

游戏可以促进参与活动的家长巩固养育孩子的知识和技能，也可以帮助他们有效和有趣地练习所学到的知识和技能。好的游戏具有挑战性，它是促进家长和儿童参与活动的有效办法。

8. 拼图技巧

这一方法可以帮助参与的家长掌握一条条的信息，当这些不同内容的信息放在一块时，就会形成一个完整的主题活动。

过程

第一步，协助员要将参与者分成小组，给每个小组分配一个选定的主题，例如：第一组成员学习"拉肚子是如何产生的"，第二组成员学习"减少拉肚子的办法"，第三组成员学习"洗手可以预防哪些疾病"，第四组成员学习"如何正确地洗手"。

第二步，每个小组一起工作，使每一个小组成员都能够很好地掌握自己的学习内容。

第三步，每个小组成员将本组学习到的知识和技能教给其他小组成员，例如第一组成员教第二组成员"拉肚子是如何产生的"，第二组成员教第三组成员"减少拉肚子的办法"，第三组成员教第四组成员"洗手可以预防哪些疾病"，第四组成员教第一组成员"如何正确地洗手"。

第四步，依此类推，直到每一组成员都学会和掌握了四个主题的知识。

第五步，协助员和大家一起回顾、总结关于四个主题的活动过程。

优点

拼图技巧给参与活动的成员提供了一个学习主题，然后又由掌握了这个主题知识和技能的成员，再教给其他成员。这个技巧鼓励家长们合作而不是竞争。这个方法不仅能够帮助家长们掌握养育孩子的知识和技能，而且还能够提高和增强家长们的教学技能和学习信心。

9. 示范"厨房"

这一方法可以促进家长们一起分享他们学习到的养育孩子的知识和技

能，它是实地参观或访谈活动所衍生出来的一个方法，能够有效地转变家长们养育孩子的态度。

过程

第一，家长们在学习班里先学会一个养育孩子的方法，例如，家长们学会了对 7~9 个月大的孩子的"辅食添加"方法：每天两次，辅食每餐逐渐增加到大半碗；泥糊状食物包括米粉、烂面条、鸡蛋羹（这时候可以加蛋白了）、豆腐、鱼泥、肉末、肝泥、猪/牛血（血豆腐）、菜泥、果泥。

第二，挑选一个做得比较好的家长做示范，协助员可以以专家的身份给予点评或补充更多的信息。

第三，协助员可以带着家长到"示范户"家的厨房里，实地参观示范户是怎样进行"辅食添加"的。

第四，协助员组织大家一起讨论和分享"辅食添加"的经验。

优点

可以帮助参与人员掌握相关方法，并学习"示范户"成功地养育孩子。

10. 小讲座

小讲座的特点是简短，能够突出内容的要点。小讲座对于介绍一个主题活动和经验活动很有用。从时间上看，小讲座一般不会超过 15 分钟。

过程

第一，协助员检查或读一遍要讲的知识和技能。第二，写出要讲的要点和提纲。第三，考虑一下可以使用什么样的视觉辅助方式（幻灯片、大白纸、图片等）来更好地展示讲座的内容，确定了辅助方法后务必提前准备好。第四，确定哪些问题和讲座的要点可以让家长们参与，例如哪些问题可以讨论，哪些知识点可以提问。第五，掐着时间试讲，保证讲座在给定的时间内完成，如 15 分钟。第六，在开展小讲座的过程中，请注意参与的家长和孩子，看看讲座是否吸引他们的注意力。当发现参与的家长注意力不集中的时候，要采取措施。应使参与的家长认真听讲座，明白所讲的观点。

优点

小讲座能在很短的时间内为家长提供详细的知识与信息。

11. 角色扮演

这一方法鼓励家长或孩子通过表演探讨问题的解决办法。角色扮演体现在一个小型的、不经过排练的戏剧中，每个参与的家长或孩子要明确自己所要扮演的角色。参与的家长和孩子没有固定的台词，但是确定了故事的情景、表演者的表演位置，以及表演者要做的事情和表达的观点。

过程

第一，表演的角色可以由协助员指定，也可以由参与表演的家长自己决定；第二，表演的台词，既可以由角色扮演者自由表达，也可以来自事先准备好的故事脚本；第三，让参与表演的家长有一定的时间做准备；第四，参与表演的家长按照规定的角色或脚本表演；第五，表演结束后，联系生活中的实际情况，协助员请参与表演的家长和观看表演的家长一起分析和讨论。

优点

角色扮演结束后，围绕角色、观点和人物行为展开的讨论，可以避免对当事人的批评。这一方法既有娱乐性和教育性，也可以提高参与家长的表达技能和观察力。

12. 座谈会

这一方法可以让参与的家长从专家、学者或其他相关人员身上获得新的信息、知识和技能。在讨论一个话题时，鼓励参加座谈会的人员提出批评意见，或者允许家长提问，鼓励家长和专家互动。

过程

第一，针对要讨论的议题，邀请相关专家、学者或者其他相关人员；第二，协助员可以自己主持座谈会，也可以指定"座谈会协助员"；第三，协助员负责向专家提问，或者鼓励参与活动的家长提问。

优点

首先，邀请专家（一般可以邀请2~3名专家）参加座谈会，他们可以给家长提供专业的养育孩子的知识和技能。其次，参与活动的家长会将注意力集中在专家、学者和其他相关人员身上，而不是协助员身上。最后，专家的介入，有可能把家长培养成为养育孩子的"土专家"，使家长在座谈的过程中具有拥有感和成就感。

13. 同伴学习

这一方法可以让在养育孩子方面有专长的家长参与到培训过程中，让家长教家长。

过程

协助员在培训过程中，可以邀请家长协助培训，针对培训的主题，找到有养育孩子经验与技能的家长，并请他们做老师，来培训其他家长。

优点

互帮互教可以促进家长合作，并形成相互支持的学习网络。这个方法可以避免"专家"控制培训，而让家长和孩子在学习过程中发挥主导作用。

注意：尽管同伴学习有很多好处，但同伴学习的准备工作非常耗时间。

14. 模仿

模仿能够使参与的家长获得直接的体验和实践效果。这个方法也可以结合精心准备的游戏、鱼缸法、角色扮演，使所有家长参与其中。

过程

第一，协助员要设计一个希望家长体验的情景，例如你快要做爸爸了；第二，设计想让家长体验的活动和理解的问题，例如怀孕8个月的妻子洗衣服和做饭的感觉是什么样的？第三，设想如果是你，对这些问题会采取哪些行动，以及这些行动会带来什么结果，例如，让丈夫模仿怀孕8个月的妻子洗衣服和做饭，并说说感受；第四，让模仿者讨论，从模仿中学到了什么，体验到了什么。

优点

通过对现实生活情景中的真实模仿，参与的家长练习养育孩子的技能，也可以体验自己在同样的场景下，如何做出反应。模仿是培养家长解决问题的能力的一个好办法。

第五章　巡回支教课程管理[*]

优秀的巡回支教项目取决于两个方面：一是项目的活动结构，包括运动和游戏设施、课程、学习材料、区角规模、教师和志愿者的技能与培训、监管；二是儿童的学习环境，包括社会和情感氛围、运动、游戏和活动、互动（教师与儿童互动、教师与家长互动、儿童与儿童互动）、活动场所和课堂的管理（良好的纪律、合理利用时间、严格遵循日程表）。

一　幼儿游戏与活动课程

目前，90%巡回支教的场所是在小学附设的学前班，为了避免学前教育小学化的问题，需要巡回支教志愿者和教师按照如下要求设计和开展活动。

（一）环境布置：教室和活动场地

有序地布置教室和活动场地能够为孩子营造一个舒适的学习环境。教师大约需要30分钟来布置教室和活动场地。在儿童到达前，当天的学习活动和游戏材料应该安排就绪，这样可以防止浪费宝贵的时间，老师也可以将精力放在欢迎儿童的工作上。图5-1展示了"因地制宜的游戏"。

在儿童到达之前，教师应该做到：

（1）早到；

（2）确保教室和活动场地干净和清洁；

---

* 本章作者张俊，硕士研究生，陕西学前师范学院副教授，主要从事儿童发展和儿童保护研究。

（3）布置学习区角；

（4）确保洗手池旁边有肥皂和毛巾；

（5）从儿童的视角看，将活动的海报和儿童的作品挂在墙上，高度与儿童的眼睛持平；

（6）设立"今日之星"，通过移动标记来展示儿童的名字；

（7）在考勤表上放置好儿童的姓名卡；

（8）站在门口欢迎儿童和家长（要友好地先向家长打招呼，然后把注意力转向儿童）；

（9）保持微笑，称呼儿童的名字并可以向每个儿童谈一些个人的事情或聊上几句。

图 5 - 1　因地制定的游戏

资料来源：田园拍摄。

养成好习惯的一些内容见表 5 - 1。

表 5 - 1　养成好习惯的一些内容

好习惯是从小养成的
用肥皂洗手的好处
·降低患痢疾和皮肤病的可能性
·降低缺勤率

·养成好的生活习惯
帮助布置和打扫教室的好处
·提高艺术审美能力:将玩具、学习材料有序地摆放
·提高数学能力:将相似的物品分类
·增强责任感:养成有序、清洁、爱护物品的习惯,并学会帮助他人

在每天的活动开始前,儿童应该做到:

(1)值日的孩子负责准备学习材料,把材料摆放在学习角;

(2)用肥皂和清水洗手;

(3)如果脱鞋的话,请把鞋在门外摆成一排;

(4)找到自己的姓名卡,并翻转自己的姓名卡,使姓名卡背面的笑脸展示出来;

(5)找出"今日之星";

(6)和儿童打招呼、交谈。

教师要按时上课。按时上课可以让儿童学会准时到达学校,不浪费宝贵的学习时间,可以奖励准时到达的儿童,可以给迟到的儿童传达一个负面的信息:"你迟到了"。

图5-2展示了"认识门神"。

图5-2 认识门神

资料来源:赵静拍摄。

（二）制定日程表

日程表对于教师和儿童的行为管理都是有益的，它能保证教学活动的多样性以及每日为孩子们提供在区角活动、小组活动和单独活动的机会。当开展一个单项活动（例如，户外体育活动）时，日程表可以帮助教师在主持单项活动的同时，考虑到促进儿童其他方面的发展，包括社会与情感的发展、语言能力的培养及思维技能的训练等。

日程表由八个部分组成：问候与考勤、系统的读写活动、自由分组游戏、运动和户外游戏、系统的数学活动、系统的科学活动、文化节日活动、一日总结。

亲职教育的课程内容不包括以上八个部分，家长与家长、家长与儿童在下午的亲职教育活动中可以分享自己的知识、经验和技能。每一位家长都可以教给自己孩子相应的生活知识和技能，例如父亲也许可以告诉儿童如何钓鱼、编篮子或种玉米，奶奶可以讲故事或者教给儿童一个传统游戏，妈妈可以教给儿童一段传统舞蹈、讲故事或告诉儿童如何抓住小鸡。这部分活动内容可以融入当地的文化节日的活动中。

1. 制定日程表的注意事项

针对制定日程表，我们给出以下建议。

（1）准时与合理地利用时间。每一个班级应该配备一个时钟。

（2）保持平衡。活动的时间安排要保持教师主导的学习活动与儿童自主的学习活动的平衡。切记，70%以上的时间不可以由教师主导。

（3）张榜公布。在儿童的视线内张贴日程表并严格执行。日程表可以用塑料布制成或者过塑。

（4）更多地支持儿童的自主活动。在儿童自主开展活动的时段，为儿童提供多种有趣的材料和道具。

（5）与儿童一起做游戏。多设计教师可以参与的游戏，并且教师在游戏中对儿童进行观察，帮助儿童分配学习、活动材料，并和儿童谈论他们所做的事情。

（6）时间提示。在儿童开展户外自主活动和分组活动时，教师要提前5分钟向孩子们提示："还有5分钟，活动结束。"

（7）提问而不是"传道授业"。在教师主导的学习活动中，教师要提出略高于儿童发展水平和经验的问题，通过问问题来促进儿童思考和发现解决问题的方法。在儿童问答的过程中，及时对儿童的回答做出反馈，帮助和刺激儿童进一步思考她/他所说、所想的内容。

（8）保持活动之间的过渡平稳。从一个活动过渡到另一个活动时，注意活动之间的逻辑顺序和关系，活动过渡期间，要鼓励儿童整理和归类上一个活动的材料，并且分发新活动的材料。

制定爱护材料和环境卫生的规则。规则要教育儿童爱护材料，因为破损的材料会失去学习的价值。儿童遵循日程表、爱护学习材料，并能够打扫教室，会给儿童带来秩序感，让儿童感觉受到了保护。混乱的秩序、破损的材料、肮脏的环境会让儿童感到压抑，没有安全感。

2. 制定日程表的具体建议

日程表示例见表5-2。

表5-2　日程表示例

日程表	
上午	
8:00	活动1:教室和活动场地布置(由教师完成)
8:30	活动2:晨会
	问候/唱歌/填写考勤表
8:45	活动3:语言和游戏
	分享图画故事和新闻等
9:45	活动4:小组和区角活动(在五个区角内自我选择和自由玩游戏)
	积木建筑角、棋盘游戏和拼图角、读书看图角、想象力角、玩沙戏水角
10:35	活动5:户外游戏
	户外游戏和体育锻炼(每周4天)
	文化日(每周1天)
11:00	活动6:数学游戏活动
	数学(每周3天)
	科学(每周1天)

续表

11:45	活动 7:每日活动总结
	回顾一天的活动;计划明天的活动;储存材料
12:00	放学
下午	
14:30	亲职教育

（三）晨会

巡回支教老师安排晨会的目的有五个：营造一个安全、健康、稳定的环境；让每一名儿童感觉老师的重视；发展和培养教师与儿童间的信任关系；创造一种团队氛围和集体感；鼓励儿童每天出勤和养成守时的习惯。

开晨会的主要步骤如下。

1. 教师宣布："儿童们，早上好！现在时间是 8:30，让我们开始吧。"

2. 请儿童们迅速坐下并围成圆圈。

（1）教师向大家问好："你们都来了太好了，让我们一起来看看，谁是'今日之星'。"

（2）接下来，教师与儿童一起查看考勤表，共同计算缺勤的儿童数量。

3. 教师问有没有谁知道某个儿童为什么缺勤，并鼓励儿童放学后去看缺勤的儿童是否一切正常。

4. 和儿童一起计算出勤人数，然后：

（1）儿童站成两排或围成圆圈，使他们彼此面对；

（2）"今日之星"领唱欢迎曲或致欢迎辞，也可以使用每一名儿童的姓名唱歌；

（3）"今日之星"也可以组织一个小游戏，如"跟我学"或者"转圈拍手舞"。

游戏如下。

跟我学（模仿练习）

儿童面对面站成两排或围成圆圈。"今日之星"做出示范，发出指令，喊叫、拍手或移动，例如："向左倒"，同时自己的身体向左倾斜；"向右倒",同时自己的身体向右倾斜;做拍手、叫喊、跳跃等,其他儿童则需要模仿这组动作。每个人完成后,"今日之星"叫下一位儿童,让他做出一组新的动作,其他儿童再进行模仿。4~5名儿童做出示范后,游戏结束。

转圈拍手舞(数字练习)

儿童排成内外两圈。教师说一个数字。内圈向一个方向转,外圈向相反方向转。每过一个数,内外圈的儿童击掌一次。当最后到达教师说的数字时,儿童说出这个数字并向反方向重复刚才的动作,如1-2-3-4-5转向1-2-3-4-5。重复几遍这个过程。每天挑选1个新数字。规则和日程表的作用见表5-3。

表 5 - 3　规则和日程表的作用

规则和日程表的作用:让儿童感到踏实和安全
·家有家规,班有班规,教室和活动场地需要规则和清晰的日程表
·保证活动的顺利开展,并给儿童带来安全感和归属感
·请儿童参与制定规则
·保证每个人都知道制定规则的原因
·让儿童运用规则,参与到解决问题和化解矛盾的过程中

一个高质量的晨会能够让儿童学会尊重他人,这对教师和儿童都有一定的要求。

要求教师做出榜样:

(1)与儿童谈话时,弯腰降低到儿童视线的高度,或蹲下和孩子说话;

(2)直接称呼儿童的名字;

(3)尽可能地和儿童单独谈话;

(4)倾听儿童,并对谈话内容做出回应;

(5)平等地关注和照顾每一名儿童;

(6)有耐心,给儿童足够的时间;

(7)让儿童参与到制定课堂规则的活动中;

(8)清楚地告诉儿童,在区角活动时应该遵守哪些规定;

(9)清楚地告诉儿童,使用玩具时应该遵守哪些规定;

(10)尊重儿童,不要让他们一直等待;

(11)避免厌倦感,不要让一个游戏持续太长时间。

要求儿童做到：

（1）在学习、做游戏过程中，称呼儿童的名字；

（2）关注自己和同伴的感受；

（3）轮流负责开展活动；

（4）和同伴分享学习、游戏材料、玩具和时间；

（5）友好地对待每个人；

（6）主动邀请他人参与到学习和游戏中；

（7）共同解决问题；

（8）和其他儿童交谈，分析和分享自己的感受。

二　语言和游戏

　　语言能力的培养体现在每一项活动和全天的活动里，因此，要划出 45～60 分钟的时间让儿童参加有计划的读写活动。读写活动的重点在于听、说、读和写，包括分享新闻/图画故事，对话式的阅读和讲故事/读大字书，有关诗、歌曲和手指的游戏，利用字母表和生字卡的活动。图 5-3 展示了"源自真实生活的识字"。

图 5-3　源自真实生活的识字

资料来源：田园拍摄。

（一）儿童发展的语言领域

学前阶段是培养儿童初步读写能力的重要阶段。为了逐步培养和提高儿童的阅读能力和信心，儿童需要大量机会来训练、发展十个方面的技能（见表5-4）。

表5-4　儿童需要大量机会训练、发展的技能

技能	活动案例
1. 说与听 儿童通过听有趣的谈话和讨论他们的想法，来培养重要的初步阅读技能	"课堂展示和讲述新闻"：每天安排一名儿童展示和讲述。这名儿童站在全班面前，分享一些新闻，或者进行展示，或者描述一件物品，如他/她昨天做了什么，他/她家里发生了什么事，或介绍一块有趣的石头，或一只昆虫等。教师可以鼓励全班提问，这样会促进儿童认真听讲
2. 阅读材料 儿童需要学习和掌握正确的拿书方法和翻书的方法：先左后右。他们需要随时在自己的视线范围内看到印刷的字词，并能够明白他们说出的字词和听到的字词是相联系的	·每天为儿童提供阅读图画书或绘本的时间 ·找单词：发给每名儿童一张旧报纸，让他们圈出自己认识的单词 ·早晨消息：教师一边大声说，一边在黑板上写下这些简单的问候语或新闻 ·把教室里熟悉的物品做上字词标记 ·儿童喜欢制作关于他们所熟悉主题的学习材料，并把其中的词语念给教师听，还可以自己绘制插图和其他图画
3. 注意发音 儿童必须注意一些字词的发音；所有的字词由音节组成，一些字词有着相同的发音，一些字词有着不同的发音	·读出一个单词；从其他单词中找出相同的音节，如多少儿童的名字里有相同的音节 ·让儿童通过添加新的有韵律的单词来改编一首熟悉的诗或歌曲 ·教师读出三个单词，如果这三个单词有相同发音的开头，则儿童举手，根据发音或韵律相近原则将图片分组 ·音节大战——两个儿童或两组儿童将图片卡分成两堆，正面朝下，两边的儿童同时翻开图片卡，谁的图片卡上的音节多，谁就赢下对方的卡片
4. 学习拼音表 知道字母的发音和写法的儿童进入小学后学习更容易	·用泥或几根线制作1个字母 ·鸭子拼图——剪出10~12个鸭子，在鸭子上写上字母，并利用这些字母粘贴或绘制1幅或2幅画，让儿童将字母和画对应起来 ·井字游戏（说字母、扔沙包）——将班级分成"X"组和"0"组，用绳子交叉制作小方格，小方格中放入字母，每一组向小方格中扔沙包，说出字母并放入"X"组或者"0"组，3个相同的符号连成直线则该组得分

续表

活动领域	活动案例
5. 大声朗读 大声朗读是儿童掌握阅读知识最重要的单项活动。儿童文学作品是教师最有效的教学工具，因为一个好故事能帮助儿童在日常上课以外增加词汇量，接受新概念，并培养阅读兴趣	每天安排一定的时间阅读儿童非常感兴趣的优秀的儿童文学作品。故事读完后，向儿童提一个问题，让他们和自己的伙伴讨论，或者让他们画出故事的内容，或者说出最喜欢的角色，这样的话，每个儿童都能够在班里表达自己的想法
6. 识别符号 对于语音和书面语之间的关系的理解，是让儿童能够迅速地认出熟悉的字词，并指出他们没见过的字词。迅速地认出字词，意味着儿童可以把更多的时间放在理解他们阅读的内容上。每次活动只介绍少量字词，如果学前班的儿童能够识别 50 个常用字，并利用这些字做游戏，就能促进他们更好地发音和阅读	·将写有儿童名字的卡片根据姓分组，并用来帮助儿童学习和记忆姓的读音 ·乐透游戏：制作几块游戏板，每个板上各有 1 组 12 个不同的常用字 ·制作对应每一个字的卡片，看看哪名儿童最先找齐自己名字的卡片 ·掷骰子：用上文提到的字卡，正面朝下堆成一堆；投骰子确定拿多少张字卡；每读出 1 个单字或词得 1 分，不认识的单字放回卡片堆的底部
7. 写字 儿童需要有机会独立书写单字以及了解所写单字与发音的关系。儿童首先学习涂画。然后尝试着去写字，这也是促进正式进行书写的第一步	·图画故事：儿童描述自己的生活，话题可以自由选择，也可以指定，如果话题是指定的，那么教师可以写下一个短句子以供儿童模仿，然后儿童可以尝试着自己写其他句子，例如"这是我的奶奶" ·字典：给每名儿童一个笔记本来制作自己的字典；每学一个新字或词，儿童可以画出自己熟悉的物品并写下该字或词 ·在信封上印上一句话，并将这句话组成的字单个剪出且放入信封；让儿童看信封上的句子，并练习用单字将该句子拼出；然后翻转信封；让儿童尝试借助记忆拼写该句子
8. 流畅阅读 儿童需要学习如何有感情地、流畅地阅读（当他们缺乏信心和阅读技巧时，阅读过程会断断续续，字词也会变得没有意义）	·大字书常常包括短小而有趣的故事，因而儿童可以学着快速阅读。这能使儿童练习流畅地阅读，并增强信心 ·识字卡游戏：挑选一些常用字词，每一个字词写在单独的卡片上，进行字词记忆，或者配对的游戏（需要两套一样的卡片）

续表

活动领域	活动案例
9. 掌握词语 研究人员发现,儿童的词汇量、对阅读材料的理解程度、学业成绩三者之间有紧密的联系。阅读能力差的儿童往往没有掌握足够的词语。掌握词语多的儿童则能够更好地理解他们读到的东西	· 带着儿童考察路牌、商店的标志、广告牌,这能使儿童积累关于他们周围环境的词语 · 猜谜游戏:教师选择一个情景,如家庭用品、动物、班里的儿童等,由儿童编出一条谜语,如"一个物品有四条腿,你在它上面吃东西" · 扩大词汇量最好的方式是看故事书。通过故事书,儿童可以接触到自己日常生活以外的东西
10. 理解内容 儿童需要理解他们阅读的内容。儿童对听到的故事做出预测、提问、总结,可以为儿童独立地理解故事做准备。教师可以利用对话性的阅读练习,在讲故事的过程中讲述有关字词和概念。教师也可以评估儿童的理解程度,扩展儿童的理解范围,并帮助他们回顾学过的知识	教师给儿童讲完故事后,可以要求儿童画出故事的开头、经过和结尾,这可以反映儿童是否真正理解了故事,也可以为儿童进行角色扮演做准备

(二) 读写活动概述

教师在开展读写活动前,需要准备的读写材料包括写字板、写日记用笔记本、学字母表用笔记本、一般铅笔和彩色铅笔、故事书或绘本(每周 2 本)、图表、大字书(每月 1 本)。图 5 – 4 展示了"词语来自生活经验"。

教师在安排重要的读写活动时,要做阅读活动总结,做总结时的注意事项如下:

(1) 让儿童谈论自己的经历和观点;

(2) 让儿童陈述和说明逻辑关系,特别是物品之间、事件之间、物品和事件之间的逻辑关系;

图 5 - 4　词语来自生活经验

资料来源：赵静拍摄。

（3）让儿童用词语来表达感情；

（4）让儿童享受读书的过程，并引导儿童们进行讨论；

（5）积极地、耐心地倾听儿童的叙述（例如，能复述儿童说出的关键信息或事件），从而可以加深儿童对阅读材料的理解，并让儿童注意语音表达上的差别；

（6）让儿童学些新词语；

（7）让儿童学习使用标签，并为教室里的物品制作标签和贴标签；

（8）让儿童用绘画表达自己的想法，并培养儿童书写所需要的能力；

（9）将相关表述记录下来，整理后，让儿童重新阅读；

（10）让儿童认识拼音表；

（11）让儿童书写名字和拼音；

（12）让儿童通过观察，能识别一些单字；

（13）让儿童享受学习语言的乐趣。

每天的活动可以参照表 5 - 5 来安排。

表 5 - 5 日程表示例

项目	第 1 天 周一	第 2 天 周二	第 3 天 周三	第 4 天 周四	第 5 天 周五
时间	8:45~9:45	8:45~9:45	8:45~9:45	8:45~9:45	8:45~9:45
内容	分享图画故事和新闻	分享图画故事和新闻	分享图画故事和新闻	分享图画故事和新闻	分享图画故事和新闻
	今天星期几	今天星期几	今天星期几	今天星期几	今天星期几
	分享新闻 听力游戏	分享图画故事:思考并画出个人过去一天的经历	新闻/听力游戏	图画故事/思考并画出个人经历	就选定的主题和绘画作品展开课堂讨论
	a. 两人一组 b. "今日之星"挑选 2 号儿童;2 号儿童挑选 3 号儿童直至 4 号或 5 号儿童	a. 两人一组 b. "今日之星"分享图画故事,然后挑选 2 号儿童;2 号儿童挑选 3 号儿童直至 4 号或 5 号儿童	同周一	同周二	教师把听到的课堂话题记录下来,或儿童尽可能地抄写关键词或关键句
	教师写下并朗读关于晨讯的句子	早晨消息	早晨消息	早晨消息	儿童一起朗读听记的句子或关键词
时间	10:00~10:45	10:00~10:45	10:00~10:45	10:00~10:45	10:00~10:45
内容	故事书	讲故事	故事书	讲故事	大字书
时间	11:00~11:25	11:00~11:25	11:00~11:25	11:00~11:25	11:00~11:25
内容	诗或歌曲	诗或歌曲	诗或歌曲	诗或歌曲	诗或歌曲
时间	11:25~11:40	11:25~11:40	11:25~11:40	11:25~11:40	11:25~11:40
内容	字母表	字母表	字母表	字母表	字母表

(三) 分享图画故事和新闻

分享图画故事和新闻能够帮助儿童建立信心,即建立能够描述日常生活事件的信心,并学会倾听他人。不同于用绘画表达思想,儿童开始学习使用符号来表达经历和想法。教师可以在固定的时段安排两天和孩子们分享新闻，这涉及说和听，但不涉及写。教师还可以在固定的时段安排两天和孩子们分享图画故事。分享的步骤是：首先，请儿童通过绘画来表达和说明他们过去一天的经历，发生的故事，然后就绘画内容进行讲述。图画故事主题讨论可以安排在最后一天，所有儿童讨论同一个话题，可以用绘画记录下听到的句子。

图画故事和新闻是促进儿童表达的一个有效工具，图画故事和新闻可以用来促进具有不同语言能力的儿童之间互相学习和提高写作水平；帮助儿童进行自我认知，并培养他们做决定的能力；让儿童在一群人面前大声说话，增强信心；能够增加儿童对他人生活的兴趣；能帮助儿童和老师一起建立集体意识。

指导儿童分享图画故事和新闻，需要以下材料：

（1）一般铅笔、蜡笔或彩色铅笔；

（2）一本普通的笔记本，或一本事先印上页码的特制笔记本；

（3）如果是特制笔记本，要求在每页的顶部留出空白位置，以用于贴图片，在页面的底部，画上横线以用于写字母或单字；

（4）每周计划使用两页，用来记录图画故事；

（5）笔记本的背后可以设计一本儿童的"个人字典"；

（6）留出空白页，供儿童写下自己学习过的单字，或画出以该单字或字母开头的物品；

（7）留出 8~10 个单字/词的位置，以及画图的空白，每一页的空白大小应该相同。

教师组织儿童分享图画故事和新闻的注意事项如下。

（1）分享图画故事和新闻，要以儿童的经历为出发点，在儿童已有的经验基础上，培养他们的听、说、读、写技能。

（2）活动多样化，教师在一周中每天组织的语言和游戏可以不同，让儿童用不同的方式分享图画故事和新闻，这可以让儿童保持较高的兴趣，避免产生厌倦情绪。

（3）活动顺序相同，遵循同样的顺序，按部就班地开展活动，儿童很快就能知道接下来该做什么。

（4）每天都以"今天星期几"的问题开始教学。教师总是问儿童："今天星期几？"并把答案写在黑板上，指向该词且读出来。教师可以接着问儿童："昨天星期几？那明天又是星期几呢？我相信，今天每个人都有可以分享的新闻和故事，让我们开始分享吧。"

（5）分享的重点在于描述自己的生活，讲述有关自己的故事。

（6）儿童从中可以学习到如何使用复杂句，并有逻辑地阐述自己的观点。

（7）儿童能学会用绘画或单词等符号表达自己的想法。他们能体会到生活中有一些重要的事情可写。他们还能学习厘清自己的思路，并在一个有意义的上下文环境中得到全面的写作训练（从左到右书写、字母的书写、标点符号和字母的书写等）。

（四）指导儿童分享新闻、图画故事，并组织听力游戏

两个儿童一组，轮流讲述和倾听。如果总数不是双数，则可以安排3个儿童参与讲述和倾听练习。其具体步骤如下。

步骤一： 第一名儿童先讲述他/她昨天的所见所做，或者任何一件有趣的事情（3分钟后教师报时）。第二名儿童安静地坐着倾听。然后第二名儿童复述第一名儿童所说的内容，由第一名儿童评判第二名儿童是不是一名好的听众。

步骤二： 第二名儿童分享一些有趣的事情（3分钟）。第一名儿童仔细倾听，复述第二名儿童所说的内容。第二名儿童告诉第一名儿童他/她复述的内容是否正确。

步骤三： 在剩下的时间里，部分儿童对全班儿童讲述他们的故事。"今日之星"首先开始分享故事，随后挑选其他儿童讲述。第二名儿童讲完后再挑选第三名儿童，直到9：45，活动结束。

步骤四： 在每一名儿童分享故事后，教师可以开展"三个问题"的游戏，也就是说其他儿童可以举手问三个问题，来获取更多的信息。例如，讲述者说，自己和妈妈坐车到市场，儿童则可以就此提问："你买东西了

吗？""你在路上看到了什么？""你和妈妈的车费是多少钱？"分享故事的儿童只可以挑选三个问题回答。这项游戏能让儿童积极地参与到故事分享的活动中。

步骤五：教师可以挑选自己的故事作为早晨消息。其可以是关于教师及相关家庭的故事，也可以是村里的相关事情。

（五）指导儿童写图画故事

教师可以指导儿童一周分两个阶段开展两次图画故事的写作活动。

在阶段一，组织开展图画故事的活动步骤如下。

步骤一：教师要求每一名儿童思考他们昨天的所见所做，或者他们想告诉其他儿童的某件重要的事情。

步骤二：教师要求儿童尽可能多地画出细节。儿童安静地思考，然后开始画画。当儿童画画时，教师巡视课堂并查看儿童的图画。教师应该对图画表现出强烈的兴趣，并温和地与儿童交流。教师要告诉儿童，明天他/她将向自己的朋友展示图画，并通过图画讲出自己的故事。儿童通过图画故事学到的内容见表5-6。

表5-6　儿童通过图画故事学到的内容

图画故事：记录我的生活
儿童将学到以下内容
·我的思想和经历可以用符号表示，即图画
·人们可以看我的图画并读懂我的故事
·这将帮助我理解我和他人的"作品"，并让我更愿意写作
·我可以创作一本关于自己生活的书
·我就是一名作者

步骤三：一开始就要求儿童画出自己的生活，是一件很难的事情。儿童可以画出具体的物品和事件，例如花或鱼，然后根据所画的花或鱼做出说明。教师可以问儿童："告诉我，昨天放学后你看到了什么？做了什么？"教师还可以追问："告诉我你希望得到什么？什么东西让你难过或者

高兴？这就是我想看的东西：一幅关于你的生活的图画。"

步骤四：一开始儿童画的画非常粗糙和简陋，成人压根看不懂，但儿童可以准确地认出自己画的内容，并根据画回忆起相关的事。

步骤五：绘画时段结束后，教师可以根据孩子们分享的故事和早晨消息，写下一个短句子，请儿童进行观察。教师也可以画关于自己的有趣的事情、故事，或者意外的经历，然后讲出来，这样的话，儿童会提高对该项活动的参与热情。

在阶段二，组织开展图画故事的活动步骤如下。

步骤一：请儿童拿出自己的图画。教师给儿童5分钟用于完善他们的图画，如补充和添加更多内容。教师可以鼓励儿童，试着在自己的图画下面写下一两个字词（5分钟）。

步骤二：两个儿童一组。第一名儿童向第二名儿童展示图画故事，并讲述自己的故事（5分钟）。

步骤三：第二名儿童向第一名儿童讲述和分享自己的图画故事（5分钟）。

步骤四："今日之星"向全班示范，讲述自己的图画故事。随后他/她挑选一名愿意分享图画故事的儿童分享，第二名儿童分享后，则挑选下一名儿童，直到活动时间到（4分钟）。

步骤五：教师分享一条晨讯。教师说出早晨的信息并写在黑板上，请儿童进行观察（1分钟）。

（六）为儿童们大声读

早期养育和发展项目的一个目标是帮助儿童建立文学的概念，并将儿童文学作品作为获取信息的来源和娱乐的方式。正确的和良好的阅读习惯是在这个阶段养成的，要让儿童成为独立的小读者，必须帮助他们选择喜欢和有趣的阅读材料和书，让他们每天能够听到故事。

大声为儿童讲故事是一项简单但很重要的活动，儿童可以通过这些故事，获得有助于他们阅读的知识，另外，这还可以帮助儿童：

（1）喜欢书和阅读；

（2）通过讨论有趣的故事和事情来提高口语表达能力；

（3）扩充词汇量，思考日常生活、社会角色和情感体验；

（4）交流创造性的想法，交流生活中有意义的故事，从而建立起相关的重要概念；

（5）建立口语和书面语之间的关系；

（6）接触到故事的各种元素，如情节、角色、背景、冲突、问题和问题的解决办法等；

（7）通过观察日常生活以外的故事，来拓宽视野。

在指导儿童阅读时，遵循以下方法：

（1）在班上讲故事之前，自己先预习，读一遍；

（2）安排儿童就座，使每个儿童都能看见要阅读的内容；

（3）让儿童讨论有关故事的图片，并猜测故事内容；

（4）写下题目（文字的特点）和作者；

（5）手持书远离自己，将图片展示给儿童；

（6）读的过程中，偶尔停顿，并让儿童猜测接下来的故事情节，教师还应当问儿童故事中出现的字词的意思，或者让儿童指出重复发音的字词，这种方式是对话式阅读，即涉及对该书内容的交流；

（7）读的时候，要放慢语速，要清晰地、流畅地并有感情地读；

（8）故事讲完后，鼓励儿童讨论，儿童应该针对故事中的角色和情节讨论，例如，为什么故事中的主人公感到难过，或者感到高兴；儿童还可以比较故事中的人物，讨论故事的情节，以及故事发生的原因，上述都是开放式的问题，没有唯一正确的答案；

（9）第二天，可以读同一本书，并深入提问，同时可以考虑其他的活动，例如，角色扮演、画出最喜欢的角色或情节、画出故事的线索图，展示主要的故事情节（可画在黑板上）、制作故事板，通过排列卡片来展示故事情节、编出一个新的故事结尾。

对话式阅读　对话式阅读是针对相关内容进行涉及交流的朗读。其可以扩大儿童的词汇量，并加深儿童对内容的理解。

（1）读完 2~3 页的内容，就停下来，请儿童做出猜测和解释，例如，"你能告诉我猴子拿核桃干什么吗？""你认为猴子接下来要做什么？"

（2）对不同字词的意思进行提问。重复读带有重点讲解"字词"的句子，并详细讲解句子的意思，使所有儿童都能够理解该句子，并将重点讲解的"字词"用在另外一个儿童熟悉的情境中。

（3）指出在故事中重复使用的"字词"。

（4）读到故事关键的地方，要稍做停顿，对发生的事情和原因进行提问，并且描述和详细分析故事中的角色，例如"小马怎么了？""她为什么如此悲伤？"

（5）在讲故事的过程中，不可以频繁地提问，提问太频繁会打断儿童对故事的理解过程，这样他们就不能抓住故事的中心思想了。

（6）故事讲完后，向儿童提出可以分析和评估的问题，例如，"哪一个角色你最喜欢？为什么？""如果你是故事中的小猴子，你会怎么做？""你认为这是真实的故事，还是虚构的故事？为什么？"

（7）儿童喜欢独立看书，因此要创设阅读角。在阅读角，他们要学会正确地拿书和正确的坐姿；学会看完一页书，翻过一页，即一次翻一页书；养成从左到右的读写顺序；熟悉印刷体；在课余时间享受读书的乐趣；从书本和图片中获得思想。

帮助儿童选择故事书　巡回支教志愿者、幼儿教师，甚至家长，帮助孩子选择阅读的图书是有标准的，选对的图书，能够有效地提高孩子的阅读能力，以下是为儿童选择故事书的标准：

（1）书中应该有一条令人兴奋的故事线索，并包括相关的故事主题；

（2）书中应该包含基本的话题和中心思想，让儿童超越自己的村子和社区，与更为广阔的世界联系在一起；

（3）所选择的书应该能扩充儿童的词汇量，有助于儿童形成概念，加深对故事的理解；

（4）儿童需要倾听并讨论书中的故事，可以重新阅读书中的故事，并对故事进行深入的讨论，建议儿童每周阅读两本新书，其中一本可以用来重新阅读和深入讨论；

（5）选择的书中的每一页的内容应该是一半文字，一半插图，一本书的总页数在 12～15 页；

（6）在阅读中开展过多的记忆训练会影响儿童思考，所以，阅读过程中并不需要孩子记住所有故事，除非这是一个著名的、有价值的传统故事。儿童在这个年龄段，已经有足够的东西需要记忆，例如诗和歌曲、数字和字母。

阅读图书的数量　初期阅读书的数量大约为 25 本，每年可以增加 12 本新书。每周计划阅读一本故事书、一本教师制作的大字书。儿童很喜欢大字书，尤其喜欢书中的趣味故事，这种书的尺寸很大，大约为 30 厘米 × 50 厘米，它能吸引儿童的注意力。书中的故事通常短小而有趣。因为这种书的内容可以重复，所以很容易阅读。

（1）志愿者和幼儿教师需要学习制作和使用大字书的方法。

（2）志愿者和幼儿教师在朗读时，应该指着每个字朗读。

（3）志愿者和幼儿教师要制作生字卡、生词卡，并为每一本大字书设计游戏。

（4）志愿者和幼儿教师应让儿童使用字词卡造句。

（5）教学活动目标是每月阅读和使用一本大字书。

（6）每周儿童与教师一起阅读，随后开展 3～4 个互动活动。

（7）如果制作一本 8 页的大字书，则可以由 1 张 A4 纸裁剪制成；儿童可以在自己的大字书中画画，给所画图片描上颜色，并带回家读给父母听。

（8）在家长会上，志愿者和幼儿教师可以为家长提供机会，让他们读大字书，开展家庭读书会活动。

诗和歌曲　儿童可以通过有趣的语言游戏，如诗、歌曲和手指游戏来学习发音。培养他们对语音的感知能力，使其将来能够流畅地阅读。儿童欢快地唱歌、参加韵律活动和手指游戏能够改变听故事时安静和被动的状态。

具体方法包括，教师每周介绍 1～2 首诗、歌曲，或手指游戏，在这一周内教师可以重复儿童熟悉的诗、歌曲。教师通过增加肢体运动或改变押韵的字词来增加新鲜感；将几首儿童喜欢的诗、歌曲写在海报上，并让儿童绘制插图。

三 小组和区角活动

儿童喜欢游戏。通过游戏儿童能了解自然世界，建立数学和文字的概念，并培养社交能力。游戏满足了儿童内在的创造力和好奇心，能培养其解决问题的能力、坚忍不拔的精神和合作意识，这些都是孩子们未来生活中不可或缺的东西。游戏能自然地将数学、科学和读写的知识结合到一起，让其理解协作的必要性。

小组和区角活动以游戏为主，在游戏中儿童需要学会：一是维持自发的有目的的活动；二是在尝试错误、发挥想象力、解决问题的过程中学习；三是将数量、科学和运动的概念应用到现实生活中；四是根据客观现实进行逻辑分析、思考和推理；五是与同龄人交流，讨论和协商不同的观点和玩法；六是从自己的游戏成绩中获得满足感。图 5 - 5 展示了"小组游戏"。

图 5 - 5 小组游戏

资料来源：田园拍摄。

儿童的游戏包括社会情感类游戏和认知类游戏两大类。

社会情感类游戏。单独游戏，主要指儿童做游戏的玩具不同于其他儿童玩的玩具。单独游戏中没有语言交流。平行游戏，指每一名儿童在同样的时间和地点，开展同样的活动，在其他儿童旁边玩耍。儿童会意识到同龄人的存在，这对于他们有某种社会归属的意义。平行游戏是分别进行的，并没有分享和讨论。区角游戏，指儿童与他人共同开展活动，在活动过程中，所有参与游戏的成员共享同一个活动目标。

认知类游戏。运动游戏，指使用或不使用物品进行简单、重复性的肌肉运动，例如，打翻积木再重建、踢球、泼水、砸石头、跳绳。构建类游戏，指使用物品制作或创造新东西，例如，搭积木、玩拼图、建沙塔或绘画。角色扮演游戏，指用一件物品或一个人替代另一件物品或另一个人。例如，扮演母亲或孩子、把积木当锤子用、给布娃娃喂饭、把积木当作卡车。遵守规则的游戏，指儿童遵守事先制定的规则而开展游戏活动，例如，卡片游戏、棋盘游戏和追逐游戏。遵守规则的角色扮演是最为复杂的游戏，孩子们要制定一定的规则、遵守自己制定的规则、与其他儿童共同表演虚构故事。儿童主导游戏的好处之一见表5-7。

表5-7 儿童主导游戏的好处之一

一些研究发现不同类型的学前教育随着儿童长大成人会产生不同的影响。一项持续了40年的研究表明，在幼儿园里能够计划和主导游戏，并得到教师热心支持和保护的儿童在成年后参与违法行为的数量是那些在幼儿园中总是受支配的儿童参与的违法行为的数量的一半。自我主导的游戏能够增强儿童的信心、独立性和专注力

资料来源：High Scope Educational Research Foundation 2004。

游戏是自愿的，而不是被"命令"的活动。教师和家长可以为儿童提供足够的游戏时间，以保证儿童对游戏的足够兴趣，并使其在游戏中学到知识。教师需要不停地改变游戏材料、游戏类型、游戏主题来增加孩子们的新鲜感，让其保持注意力，并刺激儿童学习新的东西。在自由活动的时间，教师要认真观察儿童，找到机会与儿童展开内容丰富的交流，并提出探究式的问题，扩展其思考范围。

小组和区角活动是一天中最重要的活动。它占据一天中儿童最直接的主导活动的时段，而不是教师主导学习的时段。通过选择自己擅长和喜欢的游戏，儿童能获得真实的体验并培养生活中必备的技能，包括认知技能、社交技能、控制情绪的技能、有关卫生和健康的技能。在这个符合儿童学习方式的过程中，教师可以巡视课堂，对儿童的"作品"表现出兴趣，提出问题，鼓励儿童深入探索，进而帮助他们在游戏中掌握知识和技能，养成遵守游戏规则的好习惯。

应让儿童在开展小组和区角活动时，制定游戏方案，锻炼做决定的能力，规范行为，并学会对自己的决策和行为负责。教师可以要求儿童通过绘画制定游戏方案，用绘画来说明"打算做什么""在哪里做""需要什么材料""需要和谁一起完成、一起做""需要多少时间做"。制定游戏方案的最简单的方法就是让每一名儿童自主选择参加哪一个游戏区角的活动，儿童只需要告诉教师想去哪儿玩，他们在那里玩就可以了。

小组和区角活动可以安排在教室的四个角落里，也可以安排在庭院里，例如，在庭院里设计一个玩沙子的"沙坑"和玩水的"角落"。教师要给儿童提供机会，让他们去选择一个游戏区角，并决定游戏活动的内容。当游戏结束后，由儿童自己整理和归类使用过的游戏材料，然后选择另一个游戏区角，去开展新的游戏活动。每一个游戏区角应该规定参与游戏的人数。

在每一个游戏区角中，鼓励巡回支教志愿者和教师选择低成本的玩具，最好是自制玩具，来开展游戏。游戏材料要经过教师的精心挑选，以使它们能够适用于不同的游戏。

儿童有不同的兴趣、学习方式和性格，一些儿童可能更愿意到某个游戏区角活动。对此，教师可以在参与人数较少的区角增加和投放多种学习材料、游戏材料，或者设计更多的活动来吸引儿童。以阅读角为例，它可以吸引喜欢阅读和看图的儿童，也能吸引喜欢独处的儿童。在这里，儿童可以做单独游戏、平行游戏，也可以玩耍和摆弄物品，既能锻炼大肌肉的活动，例如，把卡片钉在墙上的图表中，也能锻炼小肌肉的活动，例如，用铅笔写字和绘画。

　　如果某个儿童只参加一个区角的活动，那么教师可以想想，在其他区角里设计什么样的活动，能够吸引这个儿童，以让他/她对这个活动感兴趣。

　　每个游戏区角的名称应写在海报上，并展示给所有儿童。例如，找一个硬纸板，将区角名称写在硬纸板上，并将其靠墙摆放。

　　小组与游戏区角包括积木建筑角、棋盘游戏和拼图角、读书看图角、想象力角、玩沙戏水角。

（一）积木建筑角

　　搭积木的活动能够帮助儿童培养空间思维能力和良好的运动协调技能。通过搭积木，儿童还可以学习一些数学，例如，把相似的和相异的物品分类，根据大小、形状来整理，并统计积木的数量。搭积木所培养的空间思维能力和累积的经验，对儿童以后的数学学习有积极的促进作用。搭积木能帮助儿童练习使用双手和手指，同时训练手和眼的协调能力，手和眼的协调能力又有助于他们阅读和写作。

　　对儿童最初的搭积木活动的要求非常简单，例如，搭建直线或方形，然后提高难度，进而可以要求儿童设计所搭建的形状，或者尝试更新的挑战：保持积木平衡。

　　建议准备的材料

　　（1）准备大小不同的正方形、三角形、长方形积木。如果无法制作标准的积木，也可以使用不同形状的木头块代替（具体的技术参数如下。长方形积木的体积等于两个正方形积木的体积之和。三角形积木可以由正方形积木对半切开制成）。

　　（2）3厘米×3厘米×3厘米的木制正方形积木（红色、蓝色、黄色、绿色、粉色、橙色各100个，共600个）。

　　（3）40根竹签（4种颜色），20~25厘米长。

　　（4）每套5个共3套尺寸逐渐增大的竹制容器。

　　（5）涉及小动物、人物、车辆形象的积木，教师可以用硬纸板制作这些小动物、人物和车辆形象的积木，也可将其画在积木上。

（6）带有 V 型切口的圆形、三角形、正方形的硬纸板，这些硬纸板可以用于拼成手工品；也可以将这些硬纸板涂成彩色。

（7）使用当地的、有趣的材料等，例如，易拉罐、矿泉水瓶、玉米棒子、较大的豆荚等，并涂上鲜艳的颜色。

（二）棋盘游戏和拼图角

棋盘游戏和拼图角可以训练儿童解决问题的能力、手指的协调能力，让儿童养成遵守游戏规则的习惯。棋盘游戏可以衍生和扩展到数学、阅读活动中。对于 5 岁的儿童而言，需要准备的拼图为 9～16 片，如果教师自制拼图，则只需要 5～10 片。拼图有助于儿童认识到部分是如何构成整体的，整体等于部分之和。另外，还可以用积木做成拼图，包括七巧板、积木模型、彩色几何板。儿童也可以自行设计或复制卡片上的拼图。

建议准备的材料

（1）购买拼图（由 9～16 片组成）。如果教师自制拼图，则需要 5～10 片即可。

（2）图形拼图（七巧板、积木模型、几何板、同心圆等）。

（3）逻辑型游戏（如跳棋、井字游戏、多米诺骨牌、象棋、狼吃娃等）。

（4）扑克牌和骰子。

（5）具有一定规则的棋盘游戏（提高儿童对形状、字词或者颜色的认识水平，例如认识麻将，还可以做计数练习）。

（6）带鞋带的鞋或珠串。

（7）质地不同的沙包，不同形状的盒子、罐子等容器，用于计算掷沙包数量的火柴棍。

（三）读书看图角

读书看图角的中心活动是看书中的图片、卡片上的图、儿童自己绘制的图片。读书看图角将美术活动和语言活动结合起来，配置了培养儿童美术和语言能力的学习材料，例如故事书、拼音表、识字卡、图片卡，还包括美术用品，例如不同颜色的纸、胶水、剪刀、蜡笔、颜料等，要为孩子们提供绘画和涂鸦的机会，以及保证美术课上所需要的绘画材料。儿童非常喜欢阅读，喜欢使用图片、字母表、字词卡片做游戏。注意：当儿童在读书看图角绘画时，应该把故事书拿开，以免造成污损。

绘画活动能够培养书写所需的动作技能，建议使用写字板和画纸作为孩子们的活动材料。应当鼓励儿童开展创新性的绘画活动，而不是简单地要求儿童去临摹和复制一些图像或形象。教师可以告诉儿童把他们自己的想法用图画表达出来，或者写成字词。

一些有趣的美术材料可以自己制作，不需要花钱，我们鼓励教师自己制作美术材料。例如，泥土和水可以用来制作模型，可以用树叶、纸片、五谷杂粮制成拼贴画，可以用面团做成糨糊代替胶水。儿童可以用毛线和一块带有 V 形槽的硬纸板练习编织。几乎所有的美术活动都能让儿童感到兴奋，可以帮助他们锻炼良好的动作技能和培养空间知觉能力。儿童也乐于谈论和分享自己的绘画作品，他们在分享自己的作品的同时，提高了语言表达能力。

背诵和朗读是教师帮助儿童培养阅读和写作技能的重要的途径。在读书看图角，教师不仅能够和孩子们坐在一起分享故事，而且也给儿童提供了独立看书的机会，使儿童热爱读书。教师在启动阅读活动前，请儿童表达思想。分类的图片有助于儿童养成阅读习惯。在指导孩子们开展读书看图角的活动时，教师可以将图片和拼音字母卡、字词卡交互使用。儿童在读书看图角还可以开展记忆力游戏、编故事、模拟幼儿园生活等。

建议准备的材料

（1）180 本故事书，保证每周有三本故事书进行轮换。

（2）100 张图片，包括动物、花、水果和鸟的图片，最好是带有过塑保护的图片和标签，图片的背面不需要图案，有些图片可以从互联网上下载。

（3）带有塑料保护层的拼音字母卡，每个字母用到 2 张卡片；教师可以自己用硬纸板制成拼音字母卡，在开展游戏活动时使用。

（4）带有塑料保护层的 1~20 的数字卡，每个数字用到 2 张卡片；在开展游戏活动时使用。

（5）画纸和/或画板。

（6）蜡笔、铅笔、橡皮和转笔刀。

（7）从杂志或报纸上剪下图片。

（8）报纸。

（四）想象力角

想象力角活动的目的是培养儿童的创造力。儿童学习和玩耍的材料应该是日常生活中常见的东西，例如布娃娃、饲养的小动物、纽扣、种子等。在这里，儿童可以装扮成一位母亲、医生、警察、老师，甚至是一个婴儿。通过角色扮演活动，儿童不会脱离现实生活，会试着通过游戏理解生活。

有些幼儿园在布置学习和游戏材料时，把车辆、动物和人物模型、游戏垫子放置在积木建筑角，以用于构建一个村庄和小区的场景。如果把这些模型放在想象力角，则可以吸引那些不愿在想象力角开展活动的儿童。有些玩具和模型不需要很高的成本，把人物或车辆的图片贴在木块上、硬纸板上，同样可以开展游戏。

建议准备的材料

（1）小盘子、搅拌勺、葫芦壳、椰子壳。

（2）布娃娃（男孩和女孩）、布娃娃的衣服。

（3）大小不一的篮子、葫芦壳或椰子壳。

（4）天平。

（5）单色布（A4 纸大小，用在桌面上、布娃娃的床上、柜台上）。

（6）塑料垫子、记号笔、颜料。

（7）木制的圈养动物、船、车辆、人和小棍。

（8）纽扣、鹅卵石、贝壳、种子、瓶盖，以用于开展商店游戏或家庭模拟游戏。

（9）角色扮演使用的衣服。

（五）玩沙戏水角

在玩沙和玩水的过程中，儿童会发现很多和数学等相关的有趣的原理和规律，可以培养儿童的计算、逻辑思考和分析能力。玩沙和戏水的游戏往往在热烈、活泼的氛围中开展，在这样的氛围中，儿童能很自然地表现出乐于合作的行为，不会感到厌烦，进而会让儿童持积极的态度看待学前班（托儿中心）的生活和学习，例如，儿童进教室前，从水桶中取水，并用肥皂洗手。玩沙戏水角的游戏材料很容易获得，比如，大小、形状不同的塑料瓶、漏斗、水管、滴管、喷壶（可以将大号的可乐瓶口，扎上多个小孔，其就成了喷壶），能在水上漂浮的东西（如包装用的塑料泡沫板），会沉没在水中的东西等。

教师要允许儿童往沙子里加水，并考虑如何用带水的沙子造房子，如果有黏土的话，就可以用黏土制作模型。有些聪明的教师把棍子涂上鲜艳的色彩，并将其命名为"魔法绘画棒"，儿童可用这些绘画棒在沙子里练习绘画。

建议准备的材料

玩沙：

（1）大小不同的杯子或量杯；

（2）勺子；

（3）用于设计的木制品（即棍子）；

（4）用于做沙子造型的杯子、葫芦壳或椰子壳。

戏水：

（1）一套大小不同的量杯；

（2）漏斗；

（3）橡胶水管；

（4）有不同尺寸开口的、大小不同的塑料瓶；

（5）用于洒水的有孔的盖子；

（6）医用滴管、能盛水的小瓶子；

（7）如有条件，可提供洒水壶。

图5-6展示了"戏水"，图5-7展示了"比水多水少"。

图5-6 戏水

资料来源：赵静拍摄。

图5-7 比水多水少

资料来源：赵静拍摄。

（六）区角的管理

为了最大限度地让儿童承担责任，并从小组和区角活动中受益，建议教师请儿童自己去选择游戏区角和玩伴，不仅如此，还要求儿童承担起保管和维护游戏材料的责任。教师的作用是在儿童启动游戏或使用游戏材料之前，教会他们如何使用和维护游戏材料。

教师还要建立一种流动制度来管理儿童，让儿童有序地从一个区角的活动向下一个区角的活动转移。这种训练是一个循序渐进的过程，可能需要几天或者几周的时间，才能使他们养成习惯，这会促进儿童管理自我主导的游戏，学会自律。区角活动流程见表 5-8。

表 5-8　区角活动流程

序号	区角活动流程
1	"今日之星"领取全班儿童的姓名卡，帮助选择区角
2	"今日之星"叫出一个儿童的名字，则该儿童拿着自己的姓名卡去选择一个区角
3	每名儿童轮流拿着自己的姓名卡去选择一个区角，并从全班儿童的姓名卡中叫出下一个儿童的名字，由他/她去选择一个区角，依此类推
4	每名儿童把自己的姓名卡挂在或附贴到区角的墙上或公示卡片上
5	一个区角儿童的总数不超过 5 人
6	儿童按时间的规定结束游戏，游戏结束后，每组儿童要负责整理和归类游戏材料
7	儿童要告诉教师，他/她想在哪里（哪个区角）玩耍
8	教师要严格控制时间，时间到，则要求儿童归类整理自己的游戏材料，或帮助老师规整游戏材料，这样可以让孩子养成守时的习惯
9	教师把归类好的游戏材料放入收纳箱、储藏袋或储藏室，以备第二天使用
10	活动结束后，每名儿童把自己的姓名卡放回考勤栏/处

注意：每个区角的游戏和活动材料应该放入结实的麻袋、棉布袋、编织袋、收纳箱里，当最后一个区角的活动完成后，教师将储藏袋分发给儿童，儿童则要将玩具分类装入袋子，并放入收纳箱，以便教师储存。帮助

教师整理玩具能教给儿童很多良好的生活技能，如珍惜财物、分类管理、遵守秩序和守规则，进而会让其感到环境的安全、秩序的重要性。

（七）化解小组和区角活动中的冲突与矛盾

如果每个儿童都能理解小组和区角活动流程中的规定，那么教师基本不会遇到问题。如果儿童存在疑惑和混乱的理解，教师则需要反复强调流程和规则，只有大家的活动都符合流程和规则，教师才能让儿童重新选择自己的区角。

教师也可能会碰到问题，如儿童不愿意分享材料，遇到这种情况，教师需要蹲下来，看着儿童的眉心，听听儿童的抱怨，给每一名当事儿童一个解释的机会。然后，教师询问他们，存在的问题是什么？解决办法是什么？如果儿童提不出解决办法，教师就要立刻做出能够解决问题的决定。

如果有儿童对他人说脏话或用肢体攻击他人、破坏游戏材料，教师应该把这名儿童带离区角。教师可以请犯错误的儿童站在自己的旁边，直到他/她平静下来，并要求他/她向相关儿童道歉。然后由该儿童和教师一起决定，他/她可以在哪个区角玩耍。

（八）教师在小组和区角活动中的作用

在小组和区角活动过程中，教师的一项重要工作是观察儿童并与他们进行沟通和交流。教师的积极、不断的鼓励是对儿童的信任和支持，特别是教师的交流方式，如果是非指令性的交流，则能够促进儿童智力发育，促进儿童的认知水平和语言能力的提高。以下是一些具体的建议。

（1）和儿童进行自然的谈话，而不是"说教"，鼓励他们多说。

（2）倾听儿童的谈话，并做出相应的回应，例如："你说他抢了你的玩具，为什么呢？""我很难过。"

（3）鼓励儿童思考，并把游戏提高到更高水平，例如，"下一步该怎么做呢？""换一个方法试试看……""说说你的积木房子吧。你还能用其他形状的积木吗?""你需要放些别的菜在锅里。干吗不吃点儿南瓜?"教师递给儿童一些橘黄色的纽扣,说:"或许你们喜欢吃点儿别的?"教师再把装纽扣的罐子递给儿童。

(4)如果孩子们厌倦了,则教师可以为区角增加些新材料,以增加孩子们的兴趣。

(5)避免性别偏见,教师既要鼓励男孩子玩过家家,也要鼓励女孩子玩搭积木、开汽车、官兵捉强盗的游戏。

(6)保证儿童在一个区角中玩10分钟,教会他们如何玩游戏,让他们模仿老师讲故事,观察儿童如何玩耍。教师在一个区角中观察和指导儿童活动时,必须同时注意其他区角的情况,并要清楚地知道其他区角的儿童是否需要帮助和指导。

(九) 教师开展小组和区角活动的步骤

步骤一:向儿童介绍五个游戏区角

(1)在小组和区角活动开展前,必须用两天的时间向儿童说明规则。

(2)教师要说明:每天在第一时间段的读写活动完成之后,他们将有一个小时的小组和区角活动时间,他们可以在五个区角中玩玩具、做游戏。

(3)可以将四个区角设在室内,一个区角设在室外。教师带着孩子们参观每一个区角,介绍学习、运动和游戏材料,一起制定大家都要遵守的规则。

(4)教师介绍每一个区角的学习、运动和游戏材料时,要让每个孩子都能够看见材料,但不要触摸材料,让儿童学习观察材料。

(5)教师要告诉儿童每个区角的名称,展示写有区角名称的卡片,拿起区角中每一件材料,并说出材料的名称。

(6)教师介绍区角和制定区角规则的过程大约需要两天的时间,在第三天,教师和儿童要重新参观所有的区角,并由儿童告诉老师他们都记得哪些相关内容,然后,由教师示范如何使用游戏材料开展游戏。五个区角的数学建设见表5-9。

表 5 - 9　五个区角的教学建议

区角	教学建议
积木建筑角	离开前,将所有同类积木摆放在一起;小心使用棍子,不要刺伤他人的眼睛等
棋盘游戏和拼图角	所有相同的部件要放在一起;不要弄混游戏材料和拼图;如果放乱了,则请讨论原因
读书看图角	掌握拿书和翻页的正确方法;游戏结束后将图书分类,把所有材料放回原处
想象力角	把所有的种子和纽扣放回到容器中,不要放入口中以免引起窒息
玩沙玩水角	请把沙放到沙坑或沙盘中,水倒回容器中,小心不要弄湿衣服

步骤二：制定小组和区角活动的规则

（1）儿童参与制定规则，能够促进他们理解规则和遵守规则。

（2）教师带领儿童参观完所有的区角后，可以提醒并问儿童："是否想到了哪些重要的规则是大家都应该遵守的？"

（3）教师要倾听儿童的建议。

（4）鼓励儿童讨论以下问题。

①当游戏结束时，我们应当如何放置学习材料和游戏材料？可以把学习材料和游戏材料随便、任意乱放吗？

②游戏材料和玩具只能自己用吗？还是与朋友们分享？为什么？

步骤三：第一周的区角管理

当你完成了前两个步骤后，儿童对每一个区角会产生直观的体验，例如，每一个小组的成员是 4~5 名儿童，游戏时间为 20 分钟，儿童每天要参加两个小组和区角活动。教师应该遵循以下路径指导儿童的活动。

（1）教师提问："昨天我们知道了各个区角的名称，检查了学习材料和游戏材料，也制定了游戏规则，请问有哪位儿童还记得我们的规则？"

（2）教师陈述："今天你们有机会在两个区角玩耍，明天你们可以参加另外两个区角的游戏，每一个人都要很好地与别的儿童玩耍，并爱护玩具和游戏材料。"

（3）教师从考勤表中拿出姓名卡，对儿童说："我会叫你们的名字，并把你们的姓名卡放在一个区角，请记住你们的卡片在哪个区角。游戏时间到，我会宣布时间到。"教师读出 4~5 个人的名字，并把姓名卡放在写有区角名称的标志牌上，然后再依次叫出 4 ~ 5 个人的名字，并把他们分配到其他区角。

（4）儿童要做的第一件事就是了解同一个区角中伙伴的名字。教师要求所有儿童在使用玩具前，先说出伙伴的名字。

（5）区角活动开放的时间是 20 分钟。在这段时间里，教师在不同区角巡视、观察和帮助儿童。

（6）当游戏时间还剩 5 分钟时，教师要平静地通知每一个区角的儿童，"还有 5 分钟的玩耍时间"。

（7）20 分钟的区角活动结束后，教师要求儿童清理区角，把所有学习材料和游戏材料放回原处。

（8）整理完游戏材料后，请儿童拿着自己的姓名卡，按区角的顺时针方向走到下一个区角，将自己的姓名卡放在区角标志牌上，然后开始玩新的游戏。当剩下 5 分钟时，教师应该再次提醒儿童。20 分钟结束后，教师要求儿童整理区角，将材料放回原处。

（9）第二天，儿童按顺时针方向，依次走到下一个区角，教师要请儿童说出自己新加入区角的名称。

（10）以上活动可以在第一周完成。教师要保证每个儿童能够参加所有区角活动。

步骤四：第二周的区角管理

在第二周，教师要重新分组，将 4 ~ 5 名儿童打乱分配到各个区角。教师分配姓名卡时，也可以做出调整，目的是使儿童有机会结识新朋友。然后教师遵循第一周同样的步骤，指导儿童开展活动。

步骤五：第三周的区角管理

为了最大限度地让孩子从小组和区角活动中获益，允许儿童选择自己希望加入的区角，培养儿童的信心、独立能力、主动性和计划能力。让儿童选择游戏伙伴，培养儿童的社交和语言表达能力。

在这一周，教师和儿童一起迈出"儿童主导游戏"的第一步，教师可以像下面这样引导儿童的区角活动。

（1）这一周，要让儿童尝试些新的东西，请他们自己选择区角。

（2）每一个区角最多允许6个儿童参加，让他们知道为什么最多6个儿童，对，如果人太多，那么玩具就不够用了。

（3）每个区角的标志牌上有6个回形针（或口袋），当儿童来到选择的区角时，应将自己的姓名卡别在回形针上（或放入口袋里）。如果没有回形针（口袋），则说明该区角人数已达上限。

（4）教师要说明，"首先，我希望你们想想，自己愿意去哪个区角玩耍？你们计划在该区角做什么活动和游戏？"

（5）"今日之星"做选择。他/她先说自己希望加入的区角，然后来到该区角，并把自己的姓名卡放在区角标志牌上。在走入该区角前，他/她要挑选下一位儿童，由这名儿童说出自己希望加入的区角，然后挑选出下一位儿童，参与相应区角的活动，依此类推。教师必须让大家快速行动，以免最后被叫到的儿童产生挫折感。

（6）小组和区角活动的时间总共25分钟。20分钟后教师要平静地提醒儿童：5分钟后，要整理玩具，并轮换到下一个区角。

（7）第二天，教师重复同样的过程。"今日之星"首先要选择一个区角，每一个儿童轮流叫出下一个儿童的名字，每个孩子将自己的姓名卡放在区角标志牌上。

（8）25分钟后，儿童整理材料并按顺时针方向轮换到下一个区角。

步骤六：第四周的区角管理

在第四周，儿童要做好准备，尝试选择新的区角，并能够自由地变换自己的小组和活动区角。教师在观察的过程中，可以提示儿童如下内容。

（1）与我们以前的做法一样，在离开一个区角前，要叫出另外一个儿童的名字，随后走向下一个区角并把姓名卡放在区角标志牌上，为了不让下一个儿童等待太长的时间，请做得快一点。

（2）让儿童明白：以同样的方式开始，他们会尝试新的材料、新的游戏和新的玩法。

（3）当儿童不喜欢在一个区角中做游戏的时候，其可以清理好自己使用过的玩具，然后加入另一个区角的活动中。首先，拿上自己的姓名卡；

其次，寻找还有空缺的区角，然后向老师报告，准备到哪个区角玩耍并向老师证明，已经收拾好玩具。在加入新的区角时，将姓名卡放在区角标志牌上。

（4）教师问："当你准备加入新的区角活动时，首先应该做的是什么么？"答案是："分类、有序地整理上一个区角的玩具。"

（5）教师问："你到了新的区角，应该做的第二件事是什么？"答案是："找到有空缺的区角，并告诉老师准备加入×个区角。"

（6）教师问："一个区角最多有几名儿童？"答案是："6名儿童。"

（7）教师说："游戏时间快到的时候，我会提醒你们，然后我们开展户外游戏。"

（8）教师问："大家准备好了吗？"

分组游戏时如何向儿童提问的小提示见表5-10。

表5-10 分组游戏时如何向儿童提问的小提示

・问你已经知道答案的问题是不聪明的问法
・提问的目的是找出真实的信息
・提琐碎的问题会影响儿童的游戏和思考过程

四 户外游戏

户外游戏是一项非常重要的常规活动，它能够促进儿童身体健康，减轻学习压力，户外游戏可以保持运动和自由游戏之间的平衡。户外游戏有以下好处。

培养逻辑思维能力 在户外有很多可以观察的东西，如昆虫的活动、植物的生长、阳光与阴影，甚至正在蒸发的小水坑，这些户外环境的变化能引起儿童对周围世界的好奇心，同时为儿童提供应用知识的机会。很多游戏需要策略才能完成。

提高沟通和交流技能 户外是培养交流技巧和自我表达能力的天然场

所。在户外，儿童可以更加自然地展现自我、表达思想，他们都很喜欢与教师交谈，他们对教师很感兴趣，非常愿意向教师请教，珍惜和教师自由交谈的机会。教师要抓住户外活动的机会，鼓励儿童讨论、表达他们在户外的所见所闻，并提出问题。

了解社会和控制情绪 在户外活动过程中，儿童能学会控制情绪，与伙伴和谐共处，不但学会倾听他人和遵守游戏规则，还学习领导和服从，学会分享游戏材料、分享玩具和轮流玩耍。

促进身体成长 在户外，儿童学会控制自己的手指、手掌、胳膊和肢体等，不仅如此，他们还要学习协调手和眼的运动，锻炼平衡能力。

户外活动应安排在区角活动和数学游戏之间。在开展区角活动时，儿童会变得非常兴奋，他们很难平静下来开展系统的、教师主导的学习活动。户外活动能帮助儿童释放能量，为数学游戏做好准备。

（一） 户外游戏场地的安全问题

教师必须确保游戏场地内没有尖锐的石头或瓦砾。教师可以使用绳子圈出户外活动的边界，用粉笔画出户外活动的范围，用标志物让儿童能清楚地看到允许活动的地方和禁止活动的地方。对于有些危险的区域，例如，池塘、公路和陡坡，教师必须帮助儿童制定一套安全规则并让他们学习和遵守安全规则。

1. 体育活动

体育活动涵盖一系列有组织的集体游戏，可以培养儿童的运动技能，包括基础的运动技能，如跑、跳等；身体的协调性和平衡能力；运用身体动作来表达情绪、感受；投掷、踢球和追逐。

球和绳是两种廉价并且有效的体育用具，如推铁环不仅让儿童感到运动的趣味性和挑战性，还可以训练儿童的跑步、平衡能力和手眼的协调性。请注意，作为巡回支教志愿者和教师，有很多有趣而有益的运动不需要配备器材和使用装备。

给教师的几点建议见表 5 – 11。

表 5 – 11 给教师的几点建议

· 让自己在游戏中找到乐趣。当儿童看到你喜欢这个游戏时,他们会深受鼓舞,并获得更多的乐趣
· 你加入一个游戏的目的是鼓励、指导和观察孩子们的行为,而并不是放弃你对游戏的控制
· 制定明确的游戏规则,使游戏顺利进行
· 输赢不重要,要教育儿童输得起,赢得起

如果教师需要吸引儿童的注意力, 则可以使用小鼓、传统乐器等, 或者两个装有绿豆的矿泉水瓶子发出声音, 它们都是非常有用的吸引注意力的工具。

注意:让每个人积极参与的运动才是最好的体育活动。在家长开放日, 教师可以修改传统的游戏,并邀请儿童的父母或爷爷、奶奶到学校来教授他们小时候常玩的游戏。

2. 建议的体育活动

接力跑

接力跑能够训练和鼓励儿童以不同方式锻炼自己的身体。具体的做法如下。请儿童分别站成两队,教师面对儿童站在几米之外,听到教师指令后, 前面两名儿童起跑,拍到教师的手后往回跑,并拍所在队伍的下一个儿童的手,随后站到本队伍的最后。每个人都有跑向教师的机会,先完成的一队赢得游戏。教师可以更换每一次接力跑的方式,例如,单脚跳、倒跑或旋转着跑。

动物模仿

儿童喜欢模仿动物, 例如模仿乌龟、猴子、鸡、鸭、狗、猫、鱼、鸟、狮子等。教师说出一种动物的名称,然后开始击鼓,鼓声响起的时候, 儿童在游戏区角里模仿动物的动作,随着教师鼓声节奏的加快, 儿童加快节奏模仿动物的动作;鼓声节奏变慢,儿童也放慢节奏做同样的动作。

追逐游戏

"冷冻人"。儿童被追到时必须保持一个姿势不动，直到所有人都被"冻结"。这是一个很好的锻炼平衡能力的游戏。

"粘连"。这是一个参与性很强的游戏。教师指定两名追逐游戏发令人，他们开始追逐其他儿童，直到"粘住"某个儿童，被"粘住"的儿童必须与追到他/她的儿童一起拉着手去追另一名儿童。其他人则要努力避免被追到。当第三名儿童被追到后，他/她也要"粘连"到一起，共同去追第四名儿童，依此类推，直到所有的儿童都被追到。当所有儿童都被追到时，大家来计算有多少人"粘"在了一起。人数较多的组赢得游戏。最后被追到的两名儿童作为新的发令人重新开始游戏。

"钻过桥"。一名儿童作为追逐者要尽可能多地抓住其他儿童。被抓住的儿童必须停止跑动，弯下腰，双手触地，将身体变成一个拱形（桥拱），其他儿童要想解救变成"桥拱"的儿童，必须从其"桥拱"下爬过（钻过桥），这样被冻结成"桥拱"的儿童就可以重新自由奔跑了。在该游戏中，要时常更换追逐者。

绳子游戏。绳子是儿童锻炼平衡能力和提高跳跃水平的有效工具。教师可以把绳子以不同排列方式铺在地上，让儿童在绳子上行走并保持平衡，以免摔倒。绳子还可以做"跳过河"的游戏，即两根绳子在地上摆成平行的直线，儿童排队尝试"跳过河"，每人都完成跳跃后，将"河道"加宽，直到所有儿童都"掉到河里"。"跳大绳"也是一个很好的锻炼儿童协调能力的游戏。

跳房子

儿童用棍子或粉笔在地上画方格，然后在方格上跳跃，或者投石子得分。教儿童玩这些传统的游戏，是传承乡土文化的好办法。

（二）下雨天时要开展的室内游戏

下雨天泥泞的场地会让儿童无法开展户外活动，但可以在室内较小范围开展游戏，有时候，开展室内游戏会让儿童安静下来，如教师可以插入

"安静游戏"或"梦想引导",使儿童安静下来。

　　"梦想引导"可以使儿童从室内游戏的兴奋中安静下来。教师宣布室内游戏结束后开始"梦想引导"。教师可以让儿童躺下,闭上眼睛,一次、两次……进行缓慢的呼吸,然后教师让儿童并拢和分开双脚,转动脚踝,绷紧再放松腿部、腹部、手指、手掌、手臂和肩部肌肉,活动颈部和头部,再做深呼吸。

　　接下来,教师要求儿童闭上眼睛,思考问题,例如,"今天我们沿着小路散步……""我们看到了……直到我们来到教室,准备参加区角活动"。儿童闭眼听教师让他们想象的活动,直到教师说睁开眼睛,开始小组和区角活动。

开展室内游戏建议

　　七个手指。除了7个人以外,所有儿童围成圆圈,闭上眼睛并竖起拇指。剩下的7名儿童在周围走动,分别选出一名儿童,并将竖起的拇指按下。当7个人完成后,他们排成一排喊出:"七个手指。"手指被按下的儿童要试着猜出,是谁按下了自己的手指。按拇指的儿童不要说出对错,直至所有被按拇指的儿童说出自己的猜测,每一名儿童只能猜一次。随后7名儿童要揭晓答案。正确猜出答案的儿童与按拇指的儿童交换,成为按下手指的7个人中的一员。给教师的几点建议见表5-2。

表5-12　给教师的几点建议

- 游戏能教会儿童一些技能,释放儿童的能量,营造一个充满乐趣的氛围,使每个人都能快乐
- 教师通过在游戏过程中的观察,促使儿童反思,例如,"有谁还记得玩追逐游戏的安全规则吗?""你们能想出什么方法,让这个游戏更加有趣?"
- 开展户外活动前,教师要先介绍新的游戏流程和规则,可以在黑板上通过画画进行讲解
- 教师要说明安全规则,例如,玩追逐游戏时,要注意的安全问题包括将手摊开,轻轻地接触他人的肩膀、手臂或背部
- 所有区角和场地都需要安全信号牌,以用于表示"立刻停止!"例如, 。当需要儿童停下并听讲时,教师可以出示安全信号牌,任何人看到安全信号牌时,必须立刻停止活动,并举起自己的手,直到每个人都举手并安静下来

镜子模仿。教师让儿童模仿其的每一个动作，例如，站起、坐下、挠头、旋转等，直到教师宣布停止模仿。当儿童理解后，教师要求两名儿童一组，互相模仿：一名儿童做出一系列肢体动作，另一名儿童模仿这些动作，如同自己是镜子中的倒影。随后教师喊停，请两名儿童互换角色。

"张三说……"游戏。儿童站成一排，做"张三说"的动作，例如，教师喊，"张三说，来回跳""张三说，拍手"，则儿童必须"来回跳""拍手"。教师可以喊，"张三说"，然后做出一个没有说的动作来哄骗儿童，这时，任何做出动作的儿童必须原地坐下，直到下一轮游戏开始。这项活动可以锻炼儿童注意听的能力，并让儿童在较小空间内得到快节奏的体育锻炼。

忽冷忽热。选择一个物品，如橡皮、铅笔等。在一名儿童走到户外后，大家将物品藏起来，然后请这名儿童回到室内。当他/她接近隐藏的物品时，儿童鼓掌，越接近物品，掌声越大，而当他/她远离物品时，大家的掌声则较小，直到儿童找到物品。当该儿童找到物品后，其要选择下一名儿童到户外，然后，大家把物品藏起来，接着做游戏。

字母形状、数字造型。2~3名儿童组成一组，在教师说出拼音字母表中的一个字母后，每组儿童要尝试用身体摆出字母形状，也可以让儿童摆出数字造型。教师可以说明其看到的和观察到的情况，涉及儿童的参与、合作、交流、方法、策略，还要注意其他儿童是如何摆出字母形状或数字造型的。

鸭，鸭，鹅。儿童坐成一个大圆圈。选出一名儿童做点名者，点名者绕圈外行走，行走过程中，其轻拍一名儿童的头，一般同时说"鸭，鸭，鸭"，当点名者拍一名儿童的头，并说出"鸭，鸭，鹅"，而不是"鸭，鸭，鸭"时，这名儿童要跳起来，并围着圆圈追逐点名者，点名者则要在被追到之前，努力跑到这名儿童先前坐的地方。如果这名儿童能成功追到点名者，则点名者必须坐到圆圈的中心，而儿童成为新的点名者，将游戏继续下去。当有新的点名者被抓住后，他/她将取代坐在圆圈中心的先前的点名者，而先前的点名者则回到圆圈坐下并参与后续的游戏。

（三）户外自由游戏

在 30 分钟的体育游戏时段，教师至少要保证有 10 分钟的时间让儿童自由散步、玩耍、与朋友交谈以及自己组织游戏活动，包括跳绳、踢球、用小棍画画、观察昆虫等。

所有儿童都喜欢使用户外游戏器材，包括秋千、平衡木、攀登架等，建设一个游戏区域，是幼儿托管中心或学前班和社区开展合作的一个契机，可以邀请社区一同参与游戏区域的设计和建设。

家长开放日

家长参与到幼教项目之中对于儿童来说是有益的。有时候未受过良好教育的家长会感到没什么东西可以教给子女。但是事实上，他们是教学课程中最为丰富的资源之一。所以应该在正式课程中安排一段时间，让家长轮流把自己了解的东西教给儿童。这项活动可以称为"家长开放日"。儿童喜欢看家长编篮子或演奏传统乐器，尤其当儿童也可以尝试的时候。植树种花或安全地爬上椰子树是儿童需要学习的生存技巧。当儿童把家长看作老师时，家长会感觉受到了重视。这也许能提高家长对学校教育的认知水平。具体步骤如下。

·列出需要家长掌握的所有技能。

·询问谁愿意将技能展示给儿童。

·选择活动，并计划好需要提供的支持。

·思考儿童参与活动的方式。例如，一位家长可以讲述如何照顾小鸡。当然，最好其能够带来一只小鸡。儿童可以围坐成圆圈，把小鸡放在中间。在家长进行讲解时，儿童可以进行观察。

·务必让家长用语言描述他们所做的事情，从而扩大儿童的词汇量。

·可以通过开展小型实地考察活动提高该项活动的教学效果。例如，儿童可以去观察造船者是如何工作的。对此，每名儿童可以提出一个问题。

·活动时间为 1 小时。该活动可以安排在上午相关时段进行，用于代替户外游戏和数学游戏时段。

活动可以每周一次、每月一次，或每两月开展一次。

五　数学游戏

儿童对数学的积极态度、价值判断和良好的数学基础，都是在幼儿时期形成的。在日常生活中，他们需要计算、分类、排序、比较、配对、归纳和拆分，进而理解数字的属性和数学运算的意义（包括加、减、乘、除）。来自生活经验的数学知识和技能是有意义的，能够增强儿童学习数学的信心。儿童能够对教师提出的数学问题进行思考，提出有趣的解决问题的方案，同时相信自己有能力解决和解释数学问题。儿童只有了解数学，才能喜欢数学，才能培养起对数学的兴趣。为了培养儿童对数学学习的积极态度、兴趣，教师要为儿童提供更多的学习数学的机会，提高其在以下几个方面的技能。

（一）掌握数学知识和技能的目标

1. 分类

儿童可以根据物品的属性（大小、颜色、形状、质地等）进行分类，这有助于培养儿童的数理逻辑思维能力和使用数学语言表达思想。

对教师开展分类活动的建议如下。提供分类的容器，用于装纽扣、瓶盖、石头、种子、布片、树叶等。然后，要求儿童根据物品的某种属性（如颜色、大小、形状等）进行分类，接着询问儿童，能否用其他的方式将物品分类。分类后，教师可以让其他儿童猜测分类的依据，并比较哪类物品较多，哪类物品较少。图 5 - 8 展示了"玩具分类"。

图 5 – 8　玩具分类

资料来源：田园拍摄。

2. 辨别规律

能够辨别规律是具有数学思维能力和理解数学概念的基础，无法辨别规律的儿童，也不会发现数学的意义。儿童需要养成找规律的习惯，并把它作为解决数学问题的一种策略。

对教师开展辨别规律活动的建议如下。第一，教师或儿童以不同节奏拍手，例如，儿童张三答对问题了，让我们一起"拍 5 次掌，将鼓励送给张三"。第二，可以使用物品，排出一个简单的规律，例如，"大—小，大—小……"请儿童猜测，接下来应该是什么。第三，请儿童找到不同的规律，随着时间的推移，规律可以变得更加"复杂"。第四，建议用火柴摆出一个三角形，然后问："摆出一个三角形需要几根火柴？如果摆出两个、三个三角形分别需要多少根火柴？这里的规律是什么？谁能告诉我摆出四个三角形需要多少根火柴？"

3. 计数和数字的书写

计数不等于背数，能够按顺序背诵数字并不意味着儿童能够计数。

一名儿童也许能够很好地从 1 数到 10，但不能用 1~10 的数去计算一堆物品的数量。使数的概念和实物的数量建立起逻辑关系，则需要大量练习，即用实际物品计数。计数的技能和对数的理解是解决数学问题的一个重要步骤。学习书写数字，也要求儿童具备必要的运动的协调性。教师可以要求儿童依照大型数字海报，在空中比画和练习书写数字，要求儿童在沙地上书写或者用泥巴制作数字符号都是很好的数字练习。

对教师开展计数和数字的书写活动的建议如下。当儿童排队回家或外出时，要求他们报数。在开展区角游戏时，可以要求 6~8 名儿童站成一圈，然后从中选择一个数字，例如 5，要求儿童从 1 开始，轮流数数，当数到该数字时即数到 5 的时候，其要坐下。然后从下一个儿童重新开始游戏。教师在活动的开始，让大家尝试着做一遍，然后让儿童猜测谁是最后站着的人。

4. 比较

进行比较的技能在数学学习中非常重要，教师可以要求儿童从具体事物的比较开始，例如，比较班里的女孩和男孩数量，比高和比低、比长和比短，最终比较两个数字。比较前，儿童必须先理解"相等"的概念，随后理解"多"和"少"、"大"和"小"、"长"和"短"等。鼓励儿童使用图表来比较物品的数量，例如：这里是女孩多还是男孩多？红色的鞋多，还是黑色的鞋多？谁家的人多？

对教师开展比较活动的建议如下。可以给每名儿童一根绳子，让他们找到长度相同的绳子，然后找出比自己的绳子短或者长的绳子。将一些能够浮起来和沉下去的物件放入装水的容器中，让儿童把能漂浮和会沉没的东西分开。组织两名儿童，开展"多"与"少"的游戏，每人拿出 1~5 个积木，分别搭建一座塔，搭完后，请儿童计算谁用的积木多，谁用的积木少。

5. 建立数字概念

在帮助儿童建立初步的数字概念时，一定要让儿童探究具体的材料，让数字和问题情境、实物建立联系。每名儿童都可以借助不同材料去发现 1～10 的意义，例如，理解 2 个苹果和 4 个梨中"2 个"和"4 个"的含义，他们理解了数字之间的关系、规律和相似点后才算真正理解数字概念。数字在生活中无处不在，教师可以将数字与课堂日常安排相结合，这有助于儿童在现实环境中运用数学知识，并看到数学知识的实际用处，当儿童通过具体物品建立起数字概念后，他们就可以开始练习书写数字了。

对教师开展建立数字概念活动的建议如下。教师可以使用任何小物件帮助儿童形成数字概念，在给定了一个数字后，要求儿童发现并描述相应物品的数量，然后说明该物品有多少种可能的摆放方式；教师可以使用小方块、牙签或火柴棒，要求孩子们用小方块搭出建筑，用牙签或火柴棒摆出图形，在给定小方块和牙签数量的条件下，看看儿童能用小方块和牙签或火柴棒搭出或摆出多少种可能的建筑和图形。指导孩子做组合游戏，每名儿童分到 6 个小方块，要求儿童解决以下问题：将小方块 3 个一组摆成 2 堆，2 个一组摆成 3 堆，5 个一组摆出 1 堆，6 个一组摆出 5 堆。儿童使用绳子摆出一个图形，在练习本中画下图形，并写出该图形的边数。发给每名儿童一张写有加法或减法问题的卡片，让儿童编一个适合该问题的故事。图 5－9 展示了"认识数量与图形"。

图 5－9　认识数量与图形

资料来源：赵静拍摄。

6. 图形和空间

儿童会花大量时间玩耍和构建图形。游戏可以让他们学习图形是怎样组成和拼接到一起的，发现图形的规律和结构，发展空间思维能力。儿童在幼儿园学习时积累几何学知识，是培养空间思维能力最为重要的路径之一。

对教师开展图形和空间活动的建议如下。组织儿童开展图形搜索的游戏，教师在一张大海报或大白纸上画出一个图形，并说明它的名称和属性，在未来几天内，教师要求儿童在周围环境中寻找这种图形，然后，儿童可以讲述自己的发现并把它画在海报上。几周后，儿童通过计算和比较算出在周围环境中，哪种图形最常见；使用绳子活动，儿童可以找出与绳子等长、比绳子长或比绳子短的东西，然后，他们可以利用绳子去测量其他物品；鞋也是特别好的测量长度的工具，穿过教室有多少个脚步（鞋印）的距离？用脚步测量后，我们的房间是宽大于长，还是长大于宽？教师还可以提供一定数量的牙签、竹签、火柴棍，然后问儿童："你们能否用其组成的小三角形去组成一个大三角形？用一些小方形组成一个大方形？能用 4 个三角形组成多少种不同的图形？"

（二）基于儿童生活和经验的数学学习

如果儿童脱离了生活经验去解决抽象的数学问题，他们就会凭借记忆去记住答案，而不会自主地思考，结果他们的学习就会更多地依赖记忆，并会怀疑自己的思考能力。很多在数学考试中得高分的儿童，看似在数学方面的表现很优秀，但是，当遇到复杂的、现实的数学问题时，他们的数学表现就不那么好了。基于现实生活和经验的数学学习，所有儿童，而不仅是个别有数学天赋的孩子在数学上能取得好成绩。

学前数学活动的组成

（1）教师在小组和区角活动中为儿童提供使用数学材料和自由探索的机会

学前儿童有了思维但是不合逻辑，要对其进行逻辑思维的训练，首先让儿童有使用具体物品的经验，基于经验的学习能够提高其逻辑思维能力。

几何板、模型积木和方块可以用来练习分类、辨别规律和检验解决问题的方法。儿童在使用模型积木拼出不同的结构时，实际上是通过一种非正式的方式，学习几何图形和几何关系。而通过搭彩色积木，能够培养儿童的视觉空间的推理能力。

大量小物件，如贝壳、石头、纽扣等能鼓励儿童计数。此外 1～10 的数字卡片，以及 1～100 的数字卡片可以在自由活动时使用。报纸和杂志中的图片可以贴在硬纸板上，儿童可以将这些图片进行分类，如人或动物，并把它们挂在教室里。

锻炼数学能力的棋盘游戏，可以将数学活动扩展到自由游戏中，每月可以介绍一项新的数学游戏。

（2）教师在教室中要使用数学语言

儿童不会按照我们划分的学习科目，如数学、语言或科学来看待这个世界。在巡回支教项目中，儿童对数学的学习也不完全按照固定的数学课程进行。儿童要通过日常生活结合数学课程，有效地获取数学知识和技能。优秀的幼儿教师应该帮助儿童解决现实生活中的数学问题，把玩耍作为数学教学的基本手段。

教师要寻找把数学与生活经验结合起来的方法，他/她可以让儿童在排队时清点人数，查看并记录多少儿童缺勤和出勤。可以合理地把表示逻辑关系的术语和数字运用到日常活动中，例如，之前和之后、多和少、读日历和考勤表。教师还可以设计一项比赛，让儿童寻找村庄里的不同图形，计算和比较学校周围的东西。教师还可以在讲故事时，将数学概念运用到讨论事件的顺序、角色比较、计数等方面。在室内和户外游戏中，例如学习歌曲和诗文时，都可以加入数字。开展小组和区角活动时是教师使用数学语言的最重要的时刻。儿童玩耍时，教师可以巡视课堂，与儿童交谈，同时寻找引入数学概念的最佳机会。

（3）儿童在 25 分钟的数学学习中，要解决一个来自现实生活中的问题

系统的生活经验，能逐步帮助儿童加深对数学的理解。教师要求儿童每天使用数学游戏包，或周围环境中的任何一个小东西来解决一个问题。首先每名

儿童要独立地解决生活中的一个问题，例如，村子里的黄狗多，还是黑狗多？然后，请他/她与其他儿童分享自己的发现。图5-10展示了"买菜与识数"。

图5-10　买菜与识数

资料来源：赵静拍摄。

（三）数学学习材料的准备

儿童可以借助具体的物品和实物来解决数学问题，同时建立数学概念。这些具体的材料可以来自小组和区角活动，也可以来自自然环境。另外一个办法是给每名儿童配备一个带封口的、廉价的小袋子，即数学玩具包，其被专门用于儿童学习数学。数学玩具包能增强儿童在进行数学学习时的兴奋感，使其感到刺激，并激发儿童学习数学的热情。数学玩具包还可以避免教师由于分配材料而浪费学习时间。在许多国家，每个数学玩具包的成本大约是1美元。

（四）开展数学游戏的步骤和方法

在巡回支教点或学前班，数学游戏可以按以下步骤，基于儿童的生活经验，循序渐进开展。

1. 从日历开始（5 分钟）

"今日之星"将数字卡翻过来，显示日期，并说出今天的日期。教师问："昨天星期几？昨天是几号？"

随后，全班儿童从 1 号数到当前的日期，"今日之星"负责组织该活动，大家每数一个数字，其就用小棍在日历上指向该数字。

2. 提出挑战性的数学问题（20 分钟）

在游戏中学习数学。儿童可以使用数学玩具包中的材料，参照数学游戏的内容解决数学问题。

日常生活中的数学游戏能够帮助儿童练习物品分类、计数和使用数字、确定形状、辨别规律、进行比较。数学玩具包可以被应用在绝大多数的数学游戏中。

学习数学的材料和场所无处不在，数学游戏可以和室内和室外游戏相结合，儿童自身的穿戴、生活环境中的物品都可以用作解决数学问题的材料，例如，组织儿童走出教室，寻找圆形的东西，按照衣服的颜色将儿童分组。

3. 用诗歌或歌曲计数，结束数学游戏（5 分钟）

推荐的可以带回家的数学玩具见表 5 – 13。

表 5 – 13　推荐的可以带回家的数学玩具

在学前班的学习结束时，儿童应该对数学学习感到兴奋，并能够得到一件可以带回家的数学玩具。我们推荐的玩具为多米诺骨牌和七巧板，二者都可以用硬纸板制成。多米诺骨牌有助于儿童学习计数、遵守规则和与人共处，并思考解决问题的策略。七巧板是传统的中国玩具，可以帮助儿童培养空间视觉技能，这对于几何学习和解决日常问题有重要作用。教师在教学过程中要学习如何制作这些玩具

教师可以组织儿童唱歌、运动、打节拍等，让儿童快乐地结束数学时段的学习，并进行每日总结。

应该设计大量数学游戏以用于自由活动，可以看出，有趣的游戏应具备的特点：生活中的数学，无处不在。教师可以用自己的创意去设计游戏，例如，为了培养儿童对于几何图形的认知能力，教师可以设计图形收集的游戏；为了让儿童建立数的概念，准备一套游戏卡，游戏卡表示儿童在回家的路上可能看见的任何东西，一张游戏卡上有儿童能够计算的特定数量的物品，如3棵枣树、4棵槐树、2艘船、5朵花、7辆三轮车、8名儿童、9条狗、10只羊等。

（五）数学能力及标准

数学游戏可以帮助儿童解决数学问题，并让其对自己解决数学问题的方法进行描述、比较和讨论。为避免机械地、死机硬背地学习，教师应该鼓励儿童找出解决数学问题的多种办法，并让他们在解决数学问题的过程中进行沟通和交流。儿童需要通过解决问题、沟通和交流、思考、描述和表达（例如画图表、猜测结果、标记数字）来培养以下技能。

1. 建立数概念和进行数字运算

（1）正确地从1数到20；掌握从50数到100的技能。

（2）能够至少将10以内的阿拉伯数字和相应的汉字配对。

（3）确定5个以内物品的位置顺序（例如，第一个，第二个）。

（4）用正确的语言比较至少10件具体的物品（例如，没有、多于、少于、相同的数量，比……多一个/少一个等）和序数词。

（5）理解"全部"和"一半"的概念。

（6）认识不同面额的人民币。

（7）使用物品和图画来模拟解决相关的10以内的加减法问题。

（8）估计一个区角中的物品数量，并验证估计的结果。

2. 理解规律和关系

（1）确定物品的属性，并将其作为分类的基础，如红色卡车、红色积木、红色球都有"红色"的属性；方形积木、方形饼干、方形书本都有"方形"的属性。

（2）根据颜色、形状、尺寸、数量和其他属性进行分类。

（3）判断、复制、描述、扩展和创造有关颜色、节奏、形状、数量和字母等简单属性的重复规律，例如，大西瓜、小西瓜，大西瓜、小西瓜……AB，AB，AB……

（4）数出 5 和 10 的倍数，至少数到 50。

3．几何

（1）命名、描述、分类并画出简单的二维图形：圆形、长方形、正方形、三角形和椭圆形。

（2）描述二维图形的属性，如边数、角数。

（3）命名和比较三维图形。

（4）确定物品的空间位置，并使用正确的语言（如旁边、内部、相邻、靠近、上方、下方、分开）来描述和比较物品的相对位置。

图 5 - 11 展示了"擦干净边和角"。

图 5 - 11　擦干净边和角

资料来源：田园拍摄。

113

4. 测量

（1）分辨并比较长度、容量、重量、面积和时间等属性，并能够用正确的语言表达，如较长、较高、较短、等长；较重、较轻、等重；包含多的、包含少的、包含同样数量的物品。

（2）从日常生活经验中学会估计、猜测，并能够应用，例如，估计张三和李四一样高，然后比一比，看看谁高。

（3）用非标准单位测量长度、面积、重量和容量，例如，用脚步量距离，用手掌量长短。

5. 数据的分析、统计和概率

使用具体物品、图片、数字和简易图表练习收集、分类和编排活动，并得出关于数据的结论，例如玩猜测一枚硬币的正面和反面的游戏，并分别记录下来正反面出现的次数。

六　科学小组和区角活动

幼儿和科学家的相似之处在于：他们都对我们生活的世界有无穷的好奇心。学前巡回支教项目应该鼓励儿童使用简单的、常见的学习材料，将他们的好奇心激发出来，并将其用于生活实践。设计科学的游戏活动课程目标是培养儿童调查研究的技能。在现实生活中研究自然科学、地球和生命，并不需要购买特殊的学习材料，幼儿教师可以利用周围环境来提高和培养儿童以下几方面的能力：

·使用五种感官观察事物的能力；

·观察物体的相互作用的能力；

·对观察的物体进行分类，寻找相同点、不同点和变化的能力。

即使班上大多数儿童不能成为科学家，但科学的游戏活动可以帮助所有儿童学会如何管理所在社区的环境，找出解决问题的方案。科学的游戏活动课程应该注重现实生活中的问题，因为只有现实生活中的问题，对儿童才是有意义的，而且能够促进儿童心智成熟。例如，一条没有鸟和鱼的小河、污染的水井、废弃的垃圾和塑料袋都是孩子们可以观察的对象，孩子们通过学习调查，试着寻找不同的解决方案。

（一）科学思维的技能

科学思维的训练是要一个人使用合乎逻辑的方法去处理问题。具有科学思维的人，在解决难题的过程中都表现出一系列思维特征：独立思考、专注、注重细节和勇于尝试。哪怕这些尝试似乎是很可笑的。

科学的思维过程开始于教师与儿童对好奇环境或好奇事物的讨论，例如：为什么影子会动？当我用 10 块以上的积木搭建积木塔时，塔是否总倒塌？针对一个特定事件进行观察、提问、调查、试验、记录数据和分享成果，就是儿童在体验一个科学研究的过程，其中包括尝试错误。教师应该鼓励儿童多提问，哪怕是一个愚蠢的问题，也不要让儿童感到提问题是一件"愚蠢"的事。

科学实践和游戏活动能帮助儿童形成批判性思维，并让其树立依靠自己的能力去解决问题的信心。

（二）解决问题的步骤

1. 观察

帮助儿童通过近距离观察，获得对问题的全面理解，例如：观察蝌蚪的生长与变化，蚕的生长周期。

2. 预测

帮助儿童做出决策，以决定他们解决问题的办法，或回答问题，或合乎逻辑地解答儿童认为可能发生的情况，例如：没有桑叶时，蚕吃榆树叶会健康吗？

3. 检验做出的预测

帮助儿童实施他们的计划，并得出观察的结果。

4. 讨论

鼓励儿童交流解决问题的方案，并努力理解他们观察到的东西。

5. 科学游戏中，关于提问的建议

教师可以通过开放式的提问，帮助儿童扩展思维。

（1）"为什么？""如何？""如果，那么……"

（2）这些物品有哪些相同点和不同点？

（3）能够告诉我发生了什么事吗？

（4）我们能试着做些什么？

（5）你们能够预测一下，将来会发生什么？

（6）请解释一下你所做的事情，你认为哪件事会发生？

（7）试一试，看看你能再做些什么？

（8）它看起来像什么？摸起来像什么？听起来像什么？感觉起来像什么？

6. 科学游戏中，关于话题选择的建议

为了吸引儿童能看到、触摸到、操作到和修改事物，教师应该向儿童介绍一些有深度的话题，而不是泛泛的话题。以下是一些选择科学活动话题的建议。

（1）鼓励儿童开展难易适中的活动。

（2）如果儿童对科学游戏活动不感兴趣，则其原因可能是活动的难度太大。

（3）有些科学游戏活动可以让孩子独自进行，有些可以共同开展。

（4）选择适合儿童生活环境的科学游戏活动，例如，生活在城市里的儿童可以研究蚊子；住在农村地区的儿童则会有更多选择，可以研究动物和昆虫。

教师可以在互联网上找到很多科学游戏活动，可利用当地环境和资源组织儿童开展科学游戏活动。

个案1：利用石头开展科学游戏活动课程

课程1

幼儿喜欢收集石头，并进行分类。教师可以提出一个问题："我手里东西的年龄有几百万年了，你们认为它是什么？"

·儿童发现教师手里拿着的是一块石头时，教师可以追问："当你们看着这块石头时，你们会联想到什么？"

·然后提出一系列问题，如："它来自哪里？我们学校附近有多少种不同石头？你们在哪里能找到石头？"

·最后，请儿童寻找石头，带回一些样品并检验他们的猜测。

课程2

你们能把所有相同的和不同的石头进行分组吗？

课程3

所有的石头都很坚硬吗？我们如何来验证？

儿童可以用指甲来验证，并按照从硬到软的顺序排列石头，如果有条件的话，教师就可以为儿童提供一个锤子，以砸开石头，让儿童能够看到石头的内部有没有不同？

个案2：利用虫子开展科学游戏活动

课程1

教师提问："我们学校附近有多少种虫子？"

然后，请儿童开始寻找虫子，当儿童走在回家的路上时，儿童可以根据老师开列的观察清单，停下来观察每一个虫子的特点，继续寻找，再观察。回到教室后，教师询问儿童都找到了什么。最后，请大家分享自己的发现。儿童可以提出他们想要知道的问题。

课程2

教师启发式提问："找到虫子的地方有什么特点？在哪里找到的虫子最多？虫子喜欢待在阳光充足的地方，还是喜欢待在阴凉处？我们如何来验证？"

教师还可以将儿童分到几个区角。一些人坐在阴凉处，另一些人坐在阳光下，大家用写字板记录下虫子的数量，然后回到教室中讨论。

课程 3

回到教室后，教师说："虫子在干什么？虫子的运动方式是否相同？让我们来看看。"儿童还可以将虫子带回教室进行观察，比较有腿的和无腿的虫子的运动方式。

个案 3：泡泡

制作泡泡需要洗涤剂、肥皂、水、吸管、两端开口的易拉罐、平底锅等。准备 10 根吸管，以供 30 名儿童开展活动用。

课程 1

教师拿起一块肥皂问儿童："这是什么？它可以流动吗？有可以流动的肥皂吗？""对，液体肥皂，我们可以用液体肥皂和水制作一个特殊的东西。做好以后，如果我们用吸管吹气，就可以产生泡泡。你们觉得泡泡是什么形状的？"儿童可能回答："球状。"

教师说："现在，你们有机会做出一些泡泡。""现在，让我们停下来，说说都看到了什么现象，提出想问的问题。""你们能否注意到泡泡的不同颜色？泡泡会运动吗？"

课程 2

教师不停地提出问题："大泡泡的颜色和小泡泡的颜色相同还是不同？""怎样才能做出一个巨大的泡泡？""儿童可以比一比，用易拉罐和吸管做成的泡泡有什么不同？"

七 总结会

教师应该每天都安排一个有益的结尾，以总结一天的活动，请儿童停下来，去思考一天的活动：今天都发生了什么？明天的计划是什么？总结会应该简短，时间为 5～10 分钟。总结会的目的是教会儿童学会思考自己的行为，积极地观察周围的环境，鼓励儿童：

·思考

· 预测

· 提问

· 以更具逻辑思维的结果验证

为了培养儿童的以上技能，教师可以在课程中加入两个内容——计划和反思，即鼓励儿童思考他们根据计划所做的事情、所学的知识，并对自己的所做、所学进行反思和回顾。这样有助于儿童通过反思和回顾，去制订后续的计划。反思的意义是要鼓励儿童思考一天的活动对自身产生了什么影响，及其原因。如果儿童能够制订、实施计划并回顾自己的学习活动，那么他们的行为就会更具目的性，他们在语言和其他智力方面的表现就会更好。

关于召开总结会的建议

步骤一

教师要求儿童回顾一天的活动，并记住以下内容。

· 一个他们学到的东西。

· 一件有趣的事，以及为什么该事如此有趣？

· 遇到的一个问题或困难，及其产生原因。

教师给儿童30秒到1分钟的时间，请大家安静地坐着思考以上三项内容。

步骤二

教师为每名儿童提供机会，采用轮流的方式迅速回答下列问题中的一个。

· 我今天学到了什么？

· 我觉得什么事很有趣？

· 今天我解决的一个问题或取得的成绩是什么？

每名儿童回答问题大约需要10秒钟，全班需要3~5分钟。

步骤三

· 帮助儿童把他们思考的问题和第二天的计划、活动联系起来。

· 其间，教师最好写下一两个字词，或一句话，记录儿童的发言。这种方式可以让儿童知道，它们的思想是值得保存和记录的，这种方式能够评估儿童的学习效果，这是对儿童成长情况的很有价值的记录。

III

第三部分
亲职教育

Part

第六章　亲职教育概要[*]

俗话说，家长是孩子的第一任老师，亲职教育就是帮助家长做好第一任老师的一系列的教育方法，亲职教育的目标是提升家长为人父母的能力，即养育和教育孩子的能力，帮助他们有效地支持孩子的全面发展，是基于社区的最佳的养育和教育孩子的做法。这种方法通过家长的参与、积极的反思、积极的互动等家长的能力建设过程，使家长形成新的、有效的教育方法。亲职教育的内容包括教会家长使用儿童成长的工具来监测、刺激儿童的发展，帮助家长获得更深入的教育孩子的知识、策略和实践。

亲职教育有助于家长们建立信心、培养他们的奉献精神，通过共同努力，在社区解决影响儿童发展的问题，因此，亲职教育可以被看作一股"推动变革的力量"，而不是一门"课程"。

一　有效亲职教育的原理和实践

亲职教育的基本原理很容易，但是，将原理和亲职教育的实践结合起来，即将抽象的理论转化成具体的行动，需要大量的实践经验，所以，我们尝试着先说基本原理，再提供案例说明，以说明在行动上的启示作用。

（一）孩子的第一课堂和第一任老师

0～6岁是人生发展的关键时期，在这个时期，家长要认识到早期养

---

[*] 本章作者张俊，硕士研究生，陕西学前师范学院副教授，主要从事儿童发展和儿童保护研究。

育和发展的重要性，只有掌握基本的早期养育的知识、技能，才能有效地照顾和刺激孩子的发展。我们的很多家长不自信，认为自己不够专业，他们很关注自己孩子在幼儿园和学校的表现和成绩，认为将孩子托付给老师，请老师严加管教自己的孩子，孩子就能够出成绩，反而自己放松了学习。

当家长/监护者具有改善孩子生活的信心、养育和教育孩子的知识与能力时，他们就能够产生新的教育需求，提出更多的要求，并更有效地行动，促进政府、社会服务机构、教育机构为孩子提供高质量的早期养育和发展服务。家庭是儿童发展最好的起点，是相应社会服务的催化剂。

启示和行动

（1）社区里的每一个家长都应该得到亲职教育的机会，贫困的和被边缘化的家庭更需要这个机会；在选择亲职教育小组成员时，要优先挑选那些愿意与人分享的家长，这样，他们的成功案例就能成为说服邻居的有力证据，让邻居们亲眼看到，使用新方法后在孩子身上发生的实实在在的变化。

（2）亲职教育应该增强家长在健康、发展和学习辅导方面的能力。

（3）亲职教育的核心是开展活动，应该以活动为核心，例如，可以开展"育儿领导论坛""家庭研讨会""亲子运动会"，这些活动对"亲职教育讲座"会更有效。

（二）家庭和社区优先

了解当前家庭养育、教育的做法和社区环境有助于促进儿童早期养育和发展的最终目标的实现，即由社区和家庭满足儿童的发展需求，发掘他们的潜能。

亲职教育被认为是儿童早期发展中的第一个核心活动，要优于其他的养育和发展活动，例如早教中心、托儿所、幼儿园、学前班的学习活动。衡量亲职教育项目的成功与否有三个主要标准：是否提高了儿童的幸福快乐感；是否改善了家庭养育和教育孩子的方法；是否改善了社区促进儿童成长、发展和保护的措施和环境。

亲职教育活动首先要分析当前的养育和教育儿童的做法，即分析儿童发展的问题情景；其次，大家坐在一起，共同对孩子的发展指标达成共识；最后，大家共同制订行动计划，发挥和传播当前育儿的好办法，找到阻碍儿童发展的问题和解决办法。做好社区儿童发展的问题情景分析，有助于制定亲职教育活动内容，选择活动模块。

启示和行动

1. 根据当地的风俗习惯，多部门合作，所有利益相关人员共同参与，找出儿童成长指标、发展指标和受保护的指标。

2. 巡回支教志愿者、家长、其他监护人和村干部参加焦点小组讨论，具体问题如下。

（1）为达到儿童发展的指标要求，家长们都看到哪些资源？存在哪些问题？

（2）为达到儿童发展的指标要求，家长们认为需要掌握哪些知识和技能？

（3）在儿童健康成长、发展和保护方面，社区还面临哪些挑战和机会？

3. 通过观察去了解、发现以下问题。

（1）社区里哪些家长懂得比较多，做得比较好？

（2）社区里每个年龄阶段儿童的发展情况如何？这些发展情况与儿童发展指标相比是怎样的？

（3）围绕每一个儿童发展的指标，确定所需要的背景知识和专业技能，并找出其他可用的资源。确定亲职教育项目的愿景，在儿童、家庭、社区层面，分别制定可衡量的具体目标。

（三）关注儿童的全面发展

研究表明，儿童发展的每一个方面都是相互联系、依赖彼此的，0~6岁的儿童需要在生存、发展和保护三个方面保持协调，这就需要各个职能部门协调合作，有一个共同的行动框架，例如，卫生部门通过村医教会家长测量孩子的身高，但没有教育母亲给孩子提供有营养的食物，所以，仅仅通过体检和测量身高来衡量孩子的发展，是片面的。

通过亲职教育小组提供大量有价值的成功案例，能促使儿童发展的改变，以为儿童成长活动提供更好的服务，例如，村医可以在社区为儿童提供综合的卫生保健服务，同时还可以将服务的范围从身体健康领域扩展到社会和情感、语言和认知领域。

村医可以接触到很多家长和儿童，为他们提供小病治疗、疾病预防、健康宣传、免疫接种、产前/产后护理等医疗服务，同时他们可以教会家长学习如何刺激婴幼儿发展，观察孩子在身体、社会/情感、认知方面的变化，将健康领域和发展领域的活动整合在一起。

启示和行动

（1）亲职教育课程应重视儿童发展所涉及的指标，并举例示范卫生、健康发展和认知、社会情感的发展是如何相互影响的。

（2）每个儿童都有全程免疫卡或者接种疫苗卡，亲职教育还要提供儿童发展卡，当发现儿童在任何一个方面存在发展迟缓的时候，其就可以考虑提供帮助了。

（四）社区亲职教育中的妇女领导力

在我们的很多社区，存在留守儿童、留守妇女和留守老人，各级政府也出台了很多农村发展政策，然而，这些努力没有触及这些边缘化的人群，恰恰是留守妇女和留守老人关系着孩子（留守儿童）的未来，亲职教育就是要帮助这些家长建立信心，成为社区可持续发展的力量，提高儿童的早期养育和发展的质量。留守妇女和留守老人在参与社区事务的时候，多半羞于与外界联系，他们自认是旁观者，缺乏和社会打交道的信心、动力和能力。一个不参与社区事务，在社会沟通方面缺乏信心、动力和能力的母亲或其他监护人，会影响到她们的孩子，孩子也不会感到幸福和快乐。

亲职教育活动对贫困、低教育水平的家长，特别是留守妇女来说，是不威胁和影响他人的社会活动，她们喜欢和别人讨论自己孩子的发展情况，每一位家长都爱他们的孩子，希望孩子的未来更加美好。

启示和行动

（1）很多社区里开展的公共活动所吸引的是有一定社会地位的人，留守儿童、妇女和留守老人的需求往往不被重视。

（2）请社区领导或村干部帮忙、出主意去寻找亲职教育志愿者、小组成员，特别是从妇女中寻找，但不由村干部指派和任命。

（3）入户宣传。如果想让妇女、其他家长参加亲职教育活动，就需要以不同的方式邀请他们，如入户宣传、聊天，通过非正式地探讨育儿问题，来发现潜在的亲职教育志愿者和小组成员。

（4）制定一套参加亲职小组活动的人员选拔标准。理想的情况是亲职教育小组成员自愿参加，这就意味着活动直接锁定了目标人群。

（5）多元化。如果参与亲职教育活动的家长具有更多的社会背景，受教育程度大不相同，那么活动的效果会更好。

（6）赋权。邀请亲职教育小组成员轮流在讨论中担当志愿者的助手，可以一起入户访谈，一起讨论养育孩子的话题，一起准备活动、做示范。

（五）社区妇女和家长的“资本”

亲职教育活动有助于增加“家庭资本”，一种对亲职教育新的理解是：有效的亲职教育不是“以教训为导向”的家庭教育，而是“生产资本”。资本是指人们拥有的、积累起来的用来实现目的的一系列有价值的资源，“家庭资本”包括人力资本（知识和能力）、社会资本（文化）、政治资本（权力）三个方面。人力资本是指儿童为发展而积累的知识、技能、态度和价值观。社会资本包括社交、沟通的能力，家庭、邻居、社区间的社会关系能够为自己建立一个支持型的环境，包括支持家庭获得信心、有能力和相关机构打交道，并获得社会服务。政治资本是指家庭成员有关系获得决策、宣传上的支持，以为孩子获取更多的服务和受教育的机会。

在社区开展的亲职教育活动，重点是要吸引更多的成员参与，通过参与，获得以上三类资本，为了儿童和家庭的利益，建立支持性的社区环境，共同解决早期养育和发展中所遇到的问题。

此外，亲职教育项目还有义务帮助处于困境的儿童的家长获取其他的服务资源。当家长提高了和各种社会服务机构打交道的能力和信心，能够利用这些服务资源时，受益最大的应该是儿童。这些服务资源涉及社区卫生中心、学校里的学前班、幼儿园、小额贷款、家禽养殖（其被用于改善家庭成员的营养水平）等。有特殊技能的妇女和其他家长还可以牵头成立早教游戏小组、课外俱乐部、读书会、营养厨房等。

启示和行动

（1）加强和其他社区项目的联系，如乡村储蓄、小额信贷计划、微小企业发展计划和农业生产计划等，进而获得更多的社会支持。

（2）在成员间建立温暖、关怀的关系，营造一个有归属感，愿意接受新方法、新事物，愿意分享个人经验的学习环境。

（3）确保亲职教育的团队活动充满乐趣。

（4）帮助亲职教育小组成员学会和卫生保健人员、学校校长、老师沟通和交流。

（5）鼓励亲职教育小组成员去接触那些被边缘化的家长，如单亲家庭家长、残疾母亲、被疾病困扰的家庭成员等。

（六）有效的亲职教育

社区家长知道什么是有效的、什么是有害的养育和教育孩子的方法，亲职教育项目的作用就是帮助家长将做好的事情做得更好，改正做得不好的地方。传统的说教式教育注重找问题，注重家长们做错的地方。和传统的说教式教育不同，亲职教育注重家长们做得好的地方。

启示和行动

（1）为了使参加亲职教育活动的家长感到舒服，亲职教育小组成员不能超过 30 人，并保证每一次参与活动的人员不变，大家都认可和尊重参与的每一位成员。

（2）基于对成功案例的反思和讨论，帮助家长了解他们在孩子一生发展中的重要作用，探索在过去环境下的成功育儿做法、乡土传统思想，以对孩子的未来持积极乐观的态度。

（3）建立起一套互相尊重的规则，例如，在人家说话时如何表示尊重、积极地倾听、积极地表示接受。

（七）小组讨论和对话

成人学习的最佳途径是对话，巡回支教志愿者必须花时间建立起成员间相互关爱、相互尊重的对话，形成一个舒适的对话和讨论环境，让大家讨论童年的经历、生活压力，这些"记忆"都可能是阻碍他们接受"新信息"的原因。如果这些讨论是有益的、愉悦的，能带来力量，他们就会愿意定期碰面，互相学习，建立起相互帮助的社交网络，并相互影响。这种"欣赏式的办法"基于这样一个信念：为了孩子的发展，父母愿意在孩子面前树立正面的形象。

启示和行动

（1）小组成员坐成一圈，小组成员之间的谈话和其与主持人之间的谈话同等重要。

（2）小组开展活动时，应该制定一套规则，以规定如何进行相互尊重的说话、倾听，感谢自己和他人付出的努力。

（3）主持人需要把握提问的技巧，比如"请多解释一点……""其他人还有要补充的吗？""是否有人有不同的看法？"

（4）当某位家长说了一个有害于儿童发展的观点、做法时，主持人需要有一定的对付技巧。

（八）以解决问题为导向

讨论的重点要放在大家优先关注的问题上，讨论的过程包括回顾、讨论、示范、实践和应用。

在开始小组讨论时，要求参与者掌握一些基本的儿童发展的知识，然后根据儿童发展过程中的优先事项、重点问题和需要安排活动的主题，而不能随意地、根据自己的兴趣安排活动的内容。当家长谈及自己的孩子时，会提出一些问题和感兴趣的话题，这时，可以借着家长的话题，切入新的知识和技能。有效的亲职教育活动的话题可以是家长的问题，也可以是社区的问题，当在家长们讨论一个话题时，他们应当知道孩子需要什么？为什么需要？家长为此能做些什么？要给家长机会，让他们讨论当前的做法、观点和经验，他们不表达固有的观点和经验，就有可能成为接受新知识的阻力。巡回支教志愿者可以示范新的做法，亲职教育小组成员轮流模仿、尝试，由他们决定哪些信息、知识对养育和教育孩子有价值，然后用新的方法和孩子们互动。每次讨论要安排专门的时间，讨论新方法的使用情况、孩子们的反应。有效的小组讨论包括这样一些环节：讨论、示范、实践、在家庭中应用的情况和对经验的回顾。

启示和行动

（1）给家长机会，讨论他们想要学习的内容，并将其贯穿到整个课程内容中。

（2）在传授一个新知识和技能时，要让家长试着做一做，并说出他们的顾虑，以及在应用中可能出现的问题。

（3）反馈。鼓励家长反馈新方法的应用效果、存在的问题。例如，父亲可能会反对在家里实施一个新规矩。巡回支教志愿者应该记录下这些问题和讨论的结果，并将其提交到季度总结会中进行分析。这些记录可以有力地说明亲职教育项目在哪些方面做得很好，在哪些方面需要改进。

（九）　亲职教育生活化和实境化

我们很多的教育项目是邀请专家举办讲座，而很多专家的讲座有学术化倾向，夹杂了很多专业的术语，很多家长听不懂，特别是那些受教育水平低的家长。为了保证亲职教育有效，我们需要为这些家长提供一套工具，包括：图示化的儿童发展卡片，以用来监测 0～6 岁儿童的发展情况；儿童玩具的制作指南，以教他们制作每一个年龄阶段的儿童玩具；游戏指南。

启示和行动

（1）给家长提供图示化的工具，例如，卡片，可以帮助他们理解和掌握知识。

（2）用直白的语言，结合每天真实的生活经验进行讲解说明。

（3）当遇到在理解上困难的问题、概念和做法时，做示范能够帮助家长理解是什么，怎么做，然后他们会做练习，再回到家里应用，在家里应用完毕后，其会回到亲职教育小组中，分享和进行更多的讨论。

（十）　亲职教育：儿童游戏区

家长们碰到一起，除了要了解儿童发展的规律和特点外，还要获得示范，看教练（巡回支教志愿者）做示范还不够，他们还要做练习，做练习就要有练习场地，所以，在社区，要为亲职教育提供一个儿童游戏区。邀请参与的家长们共同设计、具体建设儿童游戏区。我们建议的做法是，提供儿童活动的地垫，然后为 0～1 岁、2～3 岁、4～5 岁年龄组提供各两袋低成本的玩具。在孩子在游戏区里开展活动的同时，家长们可以集中精力参加讨论，儿童可以克服对陌生人的恐惧感，学会结交新朋友。游戏区还可以成为亲职教育的教学观摩基地，大家一起讨论新方法，"观摩"新方法的使用效果。家长们可以事先说好，让年龄大的孩子轮流照看年龄小的孩子，教会年龄大的孩子一些照看的小技巧。可以鼓励家长们一起联手，建设一个社区儿童托管中心。

启示和行动

（1）为孩子准备游戏材料和适合不同年龄段的游戏活动。

（2）在家长们讨论时，鼓励年龄大的孩子协助照顾年龄小的孩子。

（3）鼓励年龄大的孩子自制玩具，并在游戏区分享。

（4）按照不同年龄阶段，收集合适的玩具，带到亲职教育讨论会上分享。

（十一）　亲职教育的监测和评估

衡量亲职教育项目的成功标准是：儿童的幸福快乐程度得到提高；家长养育和教育儿童的方法得到改进；儿童成长和发展结果呈现积极变化；整个社区环境支持有关早期养育和发展的工作。监测和评估的结果可以告诉我们亲职教育的成功之处、需要改进的地方。图6－1展示了"学会观察儿童"。

图6－1　学会观察儿童

资料来源：何春玲拍摄。

监测和评估过程中应该注意的地方如下。

（1）在项目一开始就提出明确的、可衡量的目标。

（2）将监测和评估的重点放在儿童行为的变化上，以及父母态度、行为的具体变化上，而不是评估调查家长的满意度。

（3）让巡回支教志愿者、亲职教育小组成员、学前班的负责人、幼儿教师参与到数据收集、分析和评价过程中，并帮助他们理解和关注项目的影响，而不是活动本身，使其能够意识到他们的努力工作所带来的效果。

（4）数据记录。每次讨论会结束后，立即完成自我评价表，促使亲职教育志愿者对刚讨论过的做法进行反思，养成积极的倾听习惯并记录下来听到的内容。每个季度可以做随机家访，帮助项目人员观测亲职教育给家里带来的变化，询问家长新知识、新方法的使用情况，需要做哪些调整。

（5）监测和评估孩子们的变化。通过观测孩子的成长和发展变化，监护人会发现自己是有影响力的，能够掌握主要的育儿方法，能够学会使用工具来监测、刺激孩子的发展，有信心和能力去获得孩子发展所需的资源。

启示和行动

（1）开发简单、整合的监测工具，来测量在养育和教育方法上的变化，测量儿童行为上的变化。

（2）给每个家长发一个笔记本，以记录大家达成的一致意见，记录在家里的做法，记录哪些做法成功，哪些失败，记录亲职教育小组其他成员的想法和建议。

（3）为每位亲职教育志愿者提供监测观察表，每次小组讨论会后，大家分享观察到的内容，讨论需要提高的地方。

（4）巡回支教志愿者需要分别扮演三个不同的角色——培训者、监督者和辅导员，定期访问、记录实施过程，记录产出和观察到的情况，在季度培训的时候，分享进展和结果。

（5）鼓励案例研究。案例研究能发现复杂问题的解决办法，例如，家长育儿做法的改变，促进了儿童语言、识字能力的发展；父亲更多地参与到养育和教育孩子的过程中，给孩子的发展带来了变化。

（6）制定社区/村级档案，记录、跟踪发现的成功之处和不足之处。

二 社区亲职教育志愿者

每个社区都需要一些热衷于儿童发展工作的积极分子来帮忙管理儿童的活动，比如亲职教育、社区儿童之家活动、幼小衔接活动、卫生和健康教育活动等，做好这项工作需要专业的培训。

除了在小学的学前班工作外，在那些既没有小学，又没有幼儿园的地方，巡回支教志愿者就需要选拔社区的亲职教育志愿者，例如，爱心妈妈，这些亲职教育志愿者不一定是由社区干部推荐的，而是巡回支教志愿者在社区里发现的爱心人士、热心公益和社会工作的人士。

发现社区热心公益的亲职教育志愿者的一个好办法是：把家长们召集起来，进行一次焦点小组访谈，通过小组的讨论，建立起社区对话机制以评价家长们在养育孩子方面的做法，发现他们做得好的地方、存在的问题、潜在的需求。访谈小组的协调员，即巡回支教志愿者在讨论的过程中，要注意那些大声发言、大家愿意听她/他说话的人，例如，一位父亲说"我不仅要问自己的儿子，这一天过得怎么样，而且还告诉儿子，我自己一天的情况"；同时，还有一位妈妈解释"为什么她鼓励自己刚会走路的孩子学会自己吃饭"。其他家长都非常佩服这两位家长的做法，他们会继续追问这两位家长更多的问题，如请教更好的做法。

从理论上讲，任何一次的小组访谈都会产生一些"正偏差"，也就是说，在给予同等资源和条件的情况下，我们看到，一些家长在教育孩子方面比其他家长做得更好，这样的人就有可能成为优秀的社区志愿者。

要注意，如果你不去实地考察和调研，仅听社区干部推荐的话，有些优秀的志愿者就不会被推选出来。挑选优秀的社区志愿者需要进行大量的调查研究，包括组织焦点小组访谈、关键人物访谈、走访每一个家庭。如果亲职教育活动只针对母亲们开展，那么社区志愿者最后选择女性；如果要开展的活动是性别混合的，社区志愿者则可以是男性，也可以是女性，甚至有的关系是夫妻。

（一）社区亲职教育志愿者的选择标准

选拔社区亲职教育志愿者有以下标准：

（1）在养育和教育孩子方面，有成功经验；

（2）在社区里，被邻居们高度尊重；

（3）性格外向、温和、有礼貌；

（4）是社区里有效的交流者和沟通者，即善于倾听、健谈；

（5）和小组里的其他人友善相处；

（6）诚实可靠；

（7）有志愿者精神，喜欢做志愿者，或者愿意在有一点报酬的情况下快乐地工作；

（8）有足够的做志愿者工作的时间；

（9）阅读能力强；

（10）身体健康、灵活。

（二）亲职教育活动小组

巡回支教志愿者要用与挑选社区亲职教育志愿者同样的方法去认真、谨慎地选择亲职教育活动成员。巡回支教志愿者需要花时间在社区里调查、走访，随意地和家长们交谈育儿知识和经验，孩子的发展情况，幼儿卫生、健康和教育的状况，必要时，召开讨论会，问问家长们做得好的地方，还存在哪些问题和需求。巡回支教志愿者还可以问家长对哪些内容感兴趣，包括开展活动的内容、时间和地点。首先，一个亲职教育活动小组的规模要小一点，不超过20名成员；其次，小组成员应保持稳定，不可以随意改变；最后，亲职教育活动小组成员自己的家里都有孩子，他们知道这个小组的工作是讨论儿童的早期养育和发展问题。巡回支教志愿者要和感兴趣的家长、社区成员一起制定社区早教活动规章制度和标准。

亲职教育活动小组成员必须是 6 岁以下儿童的监护人（母亲、父亲、爷爷或奶奶等其他监护人），这些监护人必须具有以下特点：

（1）愿意与他人分享自己的育儿观点、经验；

（2）愿意学习，从他人那里听到、看到和掌握养育孩子的新方法；

（3）有兴趣去尝试新的育儿方法，并喜欢观察孩子的变化；

（4）愿意和家庭成员、邻居分享学习经验；

（5）愿意每个月碰面，愿意每次花一个半小时到两个小时的时间参加讨论和学习。

（三）回报社区亲职教育志愿者

有的地方的亲职教育项目由专业人士或外部支教志愿者开展，而有的地方的做法是培训当地的人，再让他们为社区的家庭提供早期养育和发展服务。我们不鼓励支付费用，我们要找的是志愿者；我们要吸引的是对儿童早期养育和发展真正感兴趣的人，而不是寻找工作机会的人。

每个社区都有一些涉及儿童发展、教育的组织，例如非正式的游戏园、儿童早教中心、课外俱乐部、辅导班等，如果选择这些组织的人或社区干部参与到亲职教育活动中，则这些人由于有其他工作和职务，不能保证服务的时间，奉献精神也不强，他们可能对一些和自身组织目标相关的儿童活动感兴趣，对收入感兴趣，但对真正的、具体的帮助某个家庭教育儿童的工作则没有兴趣。

从原则上讲，给社区亲职教育工作者付费的问题需要深思。从理论上讲，这些人是志愿者，在居住地开展工作，可以不给予其酬金，原因有以下几点。首先，选出的人员是志愿者，是对自己的社区发展有热情的人，所开展的活动也不需要占用大量的时间，平均每周 3~5 个小时。其次，在项目之初，很可能找不到有效的、合适的、值得支付酬金的人。如果发现有奉献精神、能力强，更加专业、合适的社区亲职教育志愿者，则可以考虑为他们提供学前巡回支教志愿者的岗位，并给予一定的酬金。

亲职教育志愿者需要投入大量的时间和具有奉献精神，项目能对他们不断地进行技能培训，促进他们的家庭教育能力的提高，这是他们获得的最大的回报：自身的家庭教育能力提高、孩子健康成长。学前巡回支教志愿者是亲职教育工作的领导者，应该向其支付酬金，并向其确保提供高质量的培训、项目管理和技术支持。

三　亲职教育过程

根据成人学习的特点，亲职教育最有效的培训过程是：反思、示范、教练和督导。众所周知，拥有养育和教育儿童的信息并不等于家长改变了行为，当家长参加培训、被动地听讲时，或许能了解一些新的信息，但不会应用这些信息，结果就是讲了也白讲。要改变亲职教育志愿者养育、教育孩子的行为和态度，仅仅传达养育和教育孩子的信息、进行相关宣传是不够的，有效的做法是根据儿童的发展规律和具体目标，帮助监护人转变态度，尝试新方法，通过对话、讨论，分享成功的做法和经验，促使参与亲职教育的小组成员做出决定，找到有效的养育和教育孩子的方法。

成人学习和儿童学习差不多，都是建立在经验基础上的学习，应通过积极的经验分享、尝试错误、探索、讨论、参与，让成人产生养育和教育孩子的兴趣，以"琢磨"儿童发展的规律、特点和办法。大多数成人不会从"说教式"的讲课和练习中获得好的学习效果，好的成人培训应该是互动而不是说教的过程，如果要家长学会灵活地、有反应地、关爱地、互动地和孩子相处，那么成人的培训方式也应该具有相同的特点和价值观。因此，请记住，成人学习的基本特点和原理。

成人学习的基本原理：无论是成人还是儿童，天生都具有好奇心、内在的动力、自主学习的意识。在特定的环境里，成人通过采取行动、同伴交流，构建知识。成人构建新知识时，需要对事实、情感和逻辑建立联系，在集体分享、同伴学习的过程中理解新知识。主动、自我表达是社会化的一个必然过程。成人可以利用教育维持现状，也可以利用教育改变现状。

一般来讲，人们没有想过自己的信仰来自哪里、信仰是如何塑造日常行为的。如果一个新想法不符合他看待世界的方式，他就会放弃新想法，所以，仅仅实现早期养育和发展的"意识的提升"不能有效地改变其已有的育儿行为和态度。在一个充满欣赏、鼓励及没有批评和指责的环境里，加上充分的时间、充分的经验分享（对话的方式）、愉快的和肯定式的探询，家长们会发生正面的自我改变，这为孩子的发展带来好处。

让亲职教育志愿者学会使用"对话"和"肯定式探询"的方法，需要一定的示范来说明，以解释那些养育和教育孩子的概念。亲职教育小组成员应该被看作一个整体，通过"示范/演示"的方式而不是简单地"摆事实，讲道理"的方式进行培训，更适合成人学习。

亲职教育小组成员可以每月或每季度开一次评估反思会，以回顾个人面临的成功和挑战，哪些能力提高了，发现了什么样的新问题或话题，对核心原理的理解程度如何。巡回支教志愿者要扮演监测、评估和督导员的角色，向家长们示范"如何上一节讨论课""如何开展数学游戏"等，当家长们有了体验之后，让他们分析整个他们和自己孩子开展活动过程的感受，反思使用方法的有效性，再进行实践。请记住，所有活动的目标是促进孩子的发展，即孩子的成长目标和发展指标如果未实现，就要考虑修改做法。

第七章　亲职教育课程[*]

教育的内容来自需要，而我们亲职教育的课程内容来自儿童的需要和家长的需要。儿童的需要包括：远离身体伤害和情感伤害的危险；充足的营养和健康照顾；和监护人建立相互关爱的交流关系；环境的稳定以及监护人对儿童稳定的期望；有效的语言刺激和鼓励；合作、分享的机会和帮助；独立性、责任感和选择能力；促进认知发展的游戏和活动；建立自我价值观和积极的自控能力；在集体中交往、被集体文化认同；正面的角色榜样。家长的需要包括：需要了解儿童发展规律、健康和营养方面的知识，以及满足儿童需要的方法；具有观察儿童发展现状的能力，以及知道如何帮助孩子实现每一个发展目标；掌握积极的管教方法和预防问题行为的策略；具有给孩子提供学习体验、支持的能力；用语言来帮助儿童了解世界、表达自我感受的能力。

为了满足儿童的需要，满足家长的需要，亲职教育课程的主要内容包括：理解自己对孩子未来的期望，以及实现自己的期望所需要的条件；找出社区里、家庭里存在的正确与不正确的养育和教育孩子的方法；理解亲职教育、早期养育和发展活动给孩子带来的好处；找出早期养育和发展活动中需要改进的地方，以获得新的育儿知识和技能；在家里能够同孩子玩耍，和同伴分享成功的经验和新的方法；能够找出社区里存在的与儿童发展相关的问题，采取集体行动解决问题；协助组织社区开展早教活动、课后兴趣小组活动，观察、监测和评估活动的开展情况；参与编写游戏活动课程，教孩子传统的游戏、手工技巧、歌曲和向

---

*　本章作者张俊，硕士研究生，陕西学前师范学院副教授，主要从事儿童发展和儿童保护研究。

其讲传统故事等；围绕"孩子"的问题、需求，进行讨论、决策、行动和反思；将适龄孩子送到幼儿园、学前班和小学一年级，和老师交流，鼓励儿童入园和入学学习。

一　亲职教育课程的目标

（一）理解儿童发展的规律

家长了解的孩子生长发育的需要多于了解孩子的情感需要和学习的需要。对孩子的养育要先于发展，只有儿童的身体得到了良好的发展，才能支持孩子的认知发展，使其掌握基本的生活技能。

亲职教育小组成员应该做到以下几点。

（1）知道照顾孩子身体发育和成长的方法。

（2）能够掌握既照顾孩子身体发展，又兼顾认知发展情况和社会情感发展的新方法。

（3）能够将从亲职教育小组里学到的内容告诉配偶和家庭里的其他成员。

（二）对孩子有正确的期望

对孩子的未来有一个积极、正确的期望，这对家长提高育儿质量来说很重要。每天都忙于孩子的日常生活琐事，比如做饭、定规矩、讲故事等是很自然的生活常规，但家长对孩子如果有了积极、正确的期望，就有了针对孩子未来的发展目标。如果家长期望 30 年后，孩子是一个诚实的人，家长就不会用打骂的方式来教育孩子，而会掌握积极、正面的教育方法，来帮助孩子养成健全的人格。家长们可以在亲职教育小组中，通过相互学习，来掌握更多的、新的管教方法。

亲职教育小组成员应该掌握如下内容。

（1）把在亲职教育小组中学到的教育孩子的新方法告诉配偶和家庭里的其他成员。

（2）确定孩子未来的一个发展目标。

（3）利用现有的资源，说出能够帮助孩子实现这个目标的养育做法和教育方法。

（4）能够应用养育和教育孩子的新方法，帮助孩子实现未来的发展目标。

（三）针对养育和教育孩子的方法，能够古为今用，取其精华，去其糟粕

家长往往使用和自己父母相同的做法来养育、教育自己的孩子，这样的经历会帮助家长们分析哪些是有害的做法，哪些做法是有参考价值的，例如，针对"我相信不打不成才"，首先，亲职教育小组的家长一起讨论童年时代发生了什么；其次，讨论要做哪些改变；最后，必须学会用新的养育和教育孩子的做法替代旧的做法。而一些好的传统的做法也可以得到传承和保护，例如传统的游戏。开展小组讨论有助于保留传统的做法，也能保护传统的文化。

亲职教育小组成员应该掌握如下内容。

（1）把在亲职教育小组中学到的教育孩子的新方法告诉配偶和家庭里的其他成员。

（2）能够从自己的童年成长经历中，找出几个积极的养育和教育孩子的做法。

（3）能在自己孩子身上应用传统的、好的养育和教育孩子的做法，并关注孩子们的感受。

（4）能够从自己的童年成长经历中，找出几个负面的养育和教育孩子的做法。

（5）能够停止负面的养育和教育孩子的做法，用新的做法替代负面的做法。

（四）理解儿童的全面发展

儿童的发展就像拼图，由好几部分组成，例如身体的健康成长、认知发展、社会发展、情感发展、生活技能的发展等。每一块"拼图"都是有用的，必须予以小心照顾才不会使其丢失和损坏。在这个学习单元，家长们将了解到孩子们会随着时间而改变，他们沿着相同的方向，以不同的速度、节拍发展。家长们能更耐心地看待孩子的发展、知道如何帮助孩子们掌握每一个年龄阶段应该掌握的技能。

亲职教育小组成员应该掌握如下内容。

（1）把在亲职教育小组中学到的教育孩子的新方法告诉配偶和家庭里的其他成员。

（2）能够解释儿童在不同领域发展方面体现的特点和规律。

（3）能够记录孩子们在目前的发展阶段、不同的发展领域内正在做什么。

（五）使用工具来观察和刺激儿童的发展

儿童的发展体现在五个方面：健康（身体和运动的发展）、语言、科学、艺术、社会和情感发展。家长们通过本书中提供的按领域分的运动和游戏，来促进儿童发展，并围绕"孩子的兴趣、问题、参与、学习动机"展开讨论。

亲职教育小组成员应该掌握如下内容。

（1）家长能向家庭里的其他成员和邻居介绍五个领域内的游戏。

（2）家长能够使用监测和评估指标，观察自己孩子的发展情况是否符合其年龄段的要求。

（3）家长能够解释儿童在不同发展阶段所能达到的发展水平。

（六）观察儿童的发展：0～2岁

家长能够使用监测和评估表中0～2岁儿童的发展指标，对儿童的发展情况进行评估，能够讨论这个年龄阶段的儿童发展所面临的挑战和解决办法。

亲职教育小组成员应该掌握如下内容。

（1）把在亲职教育小组中学到的教育孩子的新方法告诉配偶和家庭里的其他成员。

（2）能够解释如何使用0～2岁儿童的发展指标，评估儿童的发展水平。

（3）对自己或邻居0～2岁的孩子发展状况进行评估。

（4）如果发现自己的孩子或邻居的孩子有发展滞后的情况，知道什么时候到医院或向卫生保健工作者寻求帮助。

（七）观察儿童的发展：3～6岁

家长能够使用监测和评估表中3～6岁儿童的发展指标，评估儿童的发展水平，并讨论在这个年龄阶段，儿童发展所面临的挑战和解决办法。

亲职教育小组成员应该掌握如下内容。

（1）把在亲职教育小组中学到的教育孩子的新方法告诉配偶和家庭里的其他成员。

（2）能够解释如何使用3～6岁儿童的发展指标，评估儿童的发展水平。

（3）对自己或邻居3～6岁的孩子的发展状况进行评估。

（4）如果发现自己的孩子或邻居的孩子有发展滞后的情况，知道什么时候到医院或向卫生保健工作者寻求帮助。

（八）游戏与玩具

就儿童而言，玩耍、游戏和学习是一回事，所以，给孩子提供游戏的机会也就给孩子提供早期学习的机会。对儿童来讲，最佳的学习活动就是充满乐趣的游戏。很多日常用品和自然资源都可以成为孩子们的玩具。家长们还可以自制一些成本低的玩具，通过制作一些玩具以促进儿童发展指标的实现。

亲职教育小组成员应该掌握如下内容。

（1）能够向家人、邻居解释游戏和玩具的好处。

（2）能够参照游戏指南，为孩子自制适合其的玩具。

（3）制作玩具时，能够考虑到孩子的安全。

（九）使用玩具、互动和交流来刺激儿童的发展

家长们能够展示自己的玩具，解释某个玩具如何刺激孩子在五大领域中的任何一个领域的发展。这也是一个很好的评价手段，看看有多少家长真正了解孩子。鼓励家长自制玩具时，同时要考虑玩具的安全性、新颖性，以及如何保存。

亲职教育小组成员应该掌握如下内容。

（1）把在亲职教育小组中学到的教育孩子的新方法告诉配偶和家庭里的其他成员。

（2）联系五大领域，能够解释说明为什么一个玩具可以用来促进儿童在某个领域内的发展。

（3）能够给孩子提供一个保存玩具的地方——游戏包：一个篮子或袋子。

（十）能够反思：我学到了什么？下一步怎么做？

亲职教育小组的成员能够思考：在我身上发生了什么样的改变？在养育孩子、教育孩子、为孩子提供服务方面，我能为社区做些什么事情？亲职教育小组成员在推广儿童养育与发展知识、技能方面发挥重要作用，以让他们成为社区志愿者。

亲职教育小组成员应该掌握如下内容。

（1）亲职教育小组成员能够认识到自己在教育子女方面都发生了什么

变化。

（2）亲职教育小组成员能够认识到自己在教育子女方面还缺乏什么信息，还需要补充哪些知识和技能。

（3）亲职教育小组成员能够认识到社区还存在哪些影响儿童养育和发展的问题。

（4）亲职教育小组成员能够在社区内采取行动、措施处理、解决在社区里存在的问题。

二 亲职教育课程的范围和方法

所有的准父母都需要掌握孕期保健、分娩计划、新生儿护理和产后保健方面的专业知识和技能，对这些知识和技能的培训往往由受过专业训练的医疗卫生工作者负责，例如，村医负责在社区传播这些知识、技能。参加亲职教育小组活动的家长一般是 0～6 岁儿童的家长，他们每次参加亲职教育活动的时间大约一个半小时。

亲职教育项目的核心学习内容分三个阶段，八个单元。具体的课程可以根据家长和巡回支教志愿者的时间来安排，可以每周、双周或每月集中开展一次培训。建议由巡回支教志愿者或村医每季度、每半年向准妈妈、准爸爸提供安全孕产和新生儿护理方面的培训。

第一阶段：了解孩子的成长规律

巡回支教志愿者和亲职教育志愿者以及小组成员讨论他们当前养育和教育孩子的做法、成功的经验和教训，能深刻地反思自己每天养育和教育孩子的态度、理念和方法，能够意识到家庭教育是提高养育和教育质量的有效平台。

第二阶段：掌握方法，为巡回支教志愿者和家长提供运动、游戏工具和方法

家长们将得到一套图示化的运动和游戏指南，这套指南能够帮助家长掌握做游戏的方法，并学会在卫生、保健、养育和教育工作中运用情感响应、认知刺激的方法。

第三阶段：学会评价，为巡回支教志愿者和家长提供评价的方法和工具

家长们会评价他们学到了什么，改变其多少养育和教育的方法，通过回顾、反思、讨论、示范、练习，看看他们的孩子的行为是否发生了变化。

三 亲职教育培训内容

亲职教育培训内容由八个培训单元组成，这八个培训单元具有指导和示范的功能，在具体的实践过程中，每个单元都能够和五大领域的游戏活动结合使用。

（一）儿童自我的发展

1. 自我概念或自尊的形成

儿童早期养育和发展的重要任务之一就是促进儿童的社会和情感的发展。社会和情感的发展涉及儿童如何看待自己和他人的关系。从出生到6岁，是儿童的社会和情感能力迅速发展的阶段，是儿童养成自尊、自信、信任感、同情心、求知欲、应用语言的能力、良好的社交能力的关键阶段。

社会和情感的发展与儿童身体成长、沟通交流和语言、认知技能、性别角色、独立性、道德感、信任感和接受社会规则密切相关。

情感发展是儿童早期发展中的一个关键过程，孩子用各种感受去回应她/他的生活经验，例如，一个生活事件可以让儿童感受到喜悦、恐惧、忧伤。随着感受的逐渐细化，儿童就获得了情感技能。在早期养育和发展阶段，儿童获得的一些基本的情感技能包括：理解别人的感受、接受和表达自己的感受、适应环境变化的能力、判断的能力、了解自己的能力、控制自己行为的能力、管理自己的技能。

成人和儿童的互动有利于儿童的情感发展。父母如果以温情、慈爱和支持的方式去关注和回应孩子的需要、孩子的问题，孩子就会感受到自身

的安全，孩子在情感上有安全感的前提下，才能够进行学习和探索。

情感的发展对儿童身体的健康有很大影响。有研究表明，得到监护人始终如一关爱的儿童与没有得到关爱的儿童相比，往往能得到更多的食物、资源，如营养，他们的身体也更健康，少生病。还有研究显示，一个人是否能在生命最初的几个月里，与家长和亲人建立爱与信任的关系，会直接影响到她/他在未来的持续友谊、亲密关系、对子女的关爱、就业和创造性的人格。显而易见，父母对待孩子健康的情感、态度、积极的自我感觉，直接影响到孩子的情感。

2. 与自尊相关的讨论议题

应帮助孩子发展良好的自我感觉，即促使"自尊"或"自我"的发展。自尊是一种体会到自身重要性和自我价值的感觉。与自尊相关的讨论议题如下。

"举些例子说明一个觉得自身没有价值和在社区里不重要的成年人的行为表现是怎样的？"

"您认为在童年期发生的什么事情，会导致自卑？"

"大家能够举例说明自我感觉良好的成年人，会有什么样的行为表现？"

"您认为在童年期发生的什么事情，可能会使人有良好的自我感觉？"

"您认为要成为一个成功的人，自尊是必需的吗？为什么？还有别的看法吗？"

"您认为如果孩子要在学校里取得成功，良好的自我感觉是必需的吗？为什么？还有别的观点和看法吗？您怎么看她/他的观点？"

"讨论"之道见表7-1。

表 7-1　"讨论"之道

· 培训者在提问时，要给大家思考的时间
· 每个问题至少有 4~5 个人发言
· 当发言人结束发言时，询问其他人对其观点的意见和看法
· 讨论的目的是对问题进行深度思考，而不是在得到一个泛泛的回答后，便接着讨论别的话题

（二）演示和示范

在日常生活中关怀孩子

（1）准备材料：塑料盆（桶）、肥皂和水。演示如何在给婴儿洗澡的同时，对宝宝说话，玩泼水等游戏。组长可以做示范，给自己的孩子洗澡，同时温柔地和孩子说话、微笑、发出声音、戏水、讨论哪些身体部位要洗干净。

（2）示范怎样让孩子帮助家长准备做饭。让孩子帮忙掰开蒜瓣、择菜等。在你做事的同时保持让孩子说话，例如，讨论安全使用菜刀的问题，向孩子说明，由于其年龄太小，其不应该拿菜刀或使用菜刀。

（三）讨论和发现

1. 将家长分成 2～3 组，讨论以下问题。然后准备向别的组演示帮助孩子树立自尊的行为。也可以做角色扮演，一位扮演家长，另一位扮演儿童。

2. 你们都做过哪些事情，能够促进孩子"自尊"的发展，或者做过哪些让孩子自我感觉良好的事情？

3. 每组分别演示或进行角色扮演。

4. 巡回支教志愿者请家长们在每一组演示之后，给予反馈。

5. 巡回支教志愿者分享树立儿童自尊的做法：

（1）对孩子微笑，拥抱和爱抚孩子；

（2）在照顾孩子，与他们沟通、说话时，请保持视线的接触，看着孩子的眉心，称呼孩子的名字；

（3）及时注意孩子的意愿和需求，如饿了、累了、害怕、恐惧、烦恼，并给予及时的响应；

（4）当孩子做得好的时候，给予表扬，表示欣赏和赞美；

（5）用友好的、轻松的、对话式的口吻和孩子说话。

参与的家长可以简短地讨论一下：每种做法都意味着什么，积极正面地看待自己、看待孩子为什么如此重要。

巡回支教志愿者在点评的过程中，需要强调的是：让孩子知道我们关心他们的感受，愿意去关心他们的需要。

自我意识（自尊）发展指南见表 7－2。

表 7－2　自我意识（自尊）发展指南

- 微笑,拥抱和爱抚孩子
- 在照顾孩子,与他们沟通、说话时,请保持视线的接触,看着孩子的眉心,称呼孩子的名字,及时注意孩子的意愿和需求,如饿了、累了、害怕、恐惧、烦恼,并给予及时的响应
- 当孩子做得好的时候,给予表扬表示欣赏和赞美
- 用友好的、轻松的、对话式的口吻和孩子说话

（四）结论

在日常生活和家务中关心和体贴孩子

家长在做烦琐的日常家务时，往往感觉很疲累，但是，如果家长让孩子帮忙做饭，使其认为做家务充满乐趣的时候，孩子会感受到家长的关怀、体贴和照顾，这可以帮助孩子尽快地建立自尊。

当你向孩子描述做家务过程的时候，就是在帮助孩子促进语言能力提高和智力发展；当你每次让孩子独立做事情的时候，就是在帮助孩子建立独立工作信心；当你分享孩子新的进步时（孩子能用手戏水，能用手掰蒜瓣），就是在培养孩子学习的习惯。

对我们很多人来说，表扬是一种非常积极、有效的培养儿童自我意识的方式，是一种让孩子获得良好的自我感觉的方法，能够促进孩子更加努力地做应该做的事情。很多家长在教育孩子时摒弃了批评，但没有意识到表扬只是批评的反面。我们说要多表扬孩子的"人"，在批评的时候，要批评孩子做错的"行为或事"。

表扬孩子的建议如下。

（1）表扬孩子的时候，要表扬孩子在过程中的表现和努力，而不是结果本身。

（2）不给予物质奖励，而是祝贺孩子的进步，给精神奖励。问孩子为什么会做得如此好，成功的原因是什么。让孩子理解这是他/她的努力带来的结果。

（3）外在的物质奖励会扼杀孩子内在的学习动力。

（4）有效的表扬，即表扬孩子时，不用第一人称"我"，而用第二人称"你"。例如，不要说"我喜欢""我认为"，而要说"你今天吃完饭洗碗了，很勤快"。前者反映的是大人的看法，后者反映的是孩子自身的工作，可以让孩子评估自己的工作，孩子会认为："我给家里帮忙了，我是有价值的。"

四　帮助孩子与他人友好相处

（一）社会技能的培养与发展

儿童在很早就开始与周围的人互动了，他们的社会发展（也称作"社会化过程"）是在父母等家庭成员的指导下开始的，他们要学会待人处事，儿童需要理解社会关系、角色、规则，以及家庭和社区对他们的期望。儿童在早期就能够学习到很多社会技能，例如喜欢和信任家长以外的成年人，学习如何合作、提出异议、分享、沟通、坚持自己的主张，学习如何参与集体活动，以适应集体，尊重他人，还学会表达自己的情感。

每个孩子都有与生俱来的特征，是独一无二的个体，他有自己独特的行为风格。这些人格特质的不同，会影响到儿童与别人相处的方法，发展社会交往技巧，例如，随和、活跃、慢性子、火暴脾气、难相处、郁郁寡欢等都会影响到孩子社会交往技能的发展。

很多家长只关注孩子的学习，即智力的发展，忽视情商的发展，即人际关系能力和内省能力的发展。人际关系的基本技能有：识别别人的情绪、气质、动机、目的和意图。内省的基本技能有：识别自我，了解自己的优势和劣势、自己的期望，识别自己的情绪、动机、意图。衡量儿童情商的主要指标为理解自我和他人，其是具有所处社区文化特点的角色。

（二）建议讨论的议题

儿童必须学会和他人友好相处、学会分享、学会轮流做事情并承担责任；要让儿童学会理解，表达愤怒情绪的行为有好有坏，有些行为是可以接受的，有些行为是不可以接受的。成功的为人处世的前提是对他人有兴趣，理解他人的感受。建议讨论的议题如下。

我想听听大家在儿童发展社会、情感技能方面有什么看法和经验。

（1）一个很难和别人相处的成人，有哪些行为表现？让我们列个清单，例如，爱生气、说话难听、不理解别人的感受、羞辱别人、在任何事情上都想占便宜等。

（2）你认为是什么样的童年经历导致这种状况发生？

（3）现在，我们讨论一个有很多朋友、很容易与人相处的成人，有哪些行为表现？

（4）你认为什么样的童年经历产生了这种好的结果、好的行为？

（5）你认为社会交往的能力是一个成功人士的必需条件吗？为什么？

（6）你对别人的发言有什么新的看法？

贴心小提示见表 7 - 3。

表 7 - 3　贴心小提示

巡回支教志愿者应该鼓励家长们真正地对话和思考,尊重每一位参与的家长
·其他人对此问题的看法是什么
·你曾经用不同的方式来处理这样的事吗
·你可以更详细地解释为什么那样做？你是怎样做的
·你们认为,这个做法还能给孩子带来其他的好处吗

（三）演示和示范

帮助儿童克服对陌生人的恐惧，结交新朋友。可以准备一个坐垫、一些幼儿用的玩具，例如球、布娃娃、几个能互相容纳的容器、一些手镯、积木等。然后请家长和 3~4 个不同年龄段的孩子在妈妈的监管下一起玩耍，例如，把球藏在容器下，然后去找球。

巡回支教志愿者希望儿童能够利用这个机会来发展社会交往能力，克服对陌生人的恐惧，结交新朋友。如果我们把孩子放在垫子上，然后走开，会发生什么呢？孩子会各自玩耍，会哭喊，会找妈妈。在妈妈的视野范围内，孩子遇到巡回支教志愿者时，在陌生人面前，可能会害怕，会哭，这时，我们可以把她/他抱在怀中并抚慰她/他，给其安全感，使其克服对陌生人的恐惧。

如果孩子们相互抢夺玩具，孩子就会哭，我们可以观察孩子们的反应，然后和家长讨论。

（四）讨论和发现

1. 针对在培养孩子社会交往能力方面，都做过哪些有效的事情将家长分成 2~3 个组讨论。

2. 每组讲解或演示他们讨论的结果。

3. 巡回支教志愿者给予反馈，分享关于促进儿童社会技能发展的 7 种做法，家长们可以简短地说明每种做法的含义：

·告诉孩子你的感受、你的情绪、你的经历和体验；

·帮助孩子反思他们自己的感受、情绪、经历和体验；

·鼓励孩子去体验别人的想法、感受和好恶，例如喜欢还是不喜欢别人；

·建立主动发起一个活动的自信，例如帮助孩子筹划一些活动；

·用温和的、非暴力的方式来解决矛盾和冲突；

· 安慰一个生气的儿童；

· 保证孩子至少有一个好朋友。

4. 巡回支教志愿者可以点评以下内容。

（1）儿童能够模仿他们的所见、所闻。当你对别人以礼相待，你的孩子就学会礼貌待人；如果你乐于和他人分享，你的孩子就学会分享，并顾及别人的感受。

（2）鼓励自己的孩子与其他孩子交往，和家庭以外的成人交往。

（3）确信你的孩子至少有一个好朋友。

（4）家长讨论下次活动他们想学什么。

友好相处指南见表7-4。

表7-4 友好相处指南

· 告诉孩子你的感受、你的情绪、你的经历和体验
· 帮助孩子反思他们自己的感受、情绪、经历和体验
· 鼓励孩子去体验别人的想法、感受和好恶，例如喜欢还是不喜欢别人
· 建立主动发起一个活动的自信，例如帮助孩子筹划一些活动
· 示范如何用温和的、非暴力的方式来解决矛盾和冲突
· 示范如何去安慰一个生气的儿童
· 保证孩子至少有一个好朋友

（五）结论

很多成人都不知道如何发展和维持友谊，更不用说孩子了。当孩子来到一个新环境时，需要弄清楚怎样做才能交到朋友，当有人靠近自己的时候，需要弄清楚怎样才能吸引儿童，如果和儿童发生争吵，需要弄明白怎样才能重归于好。在这个解决问题的过程中，孩子会逐渐对他人产生兴趣和信任。

家长和巡回支教志愿者应该真诚地和孩子讨论友谊，"什么样的朋友才算是好朋友"，而不是强加给孩子各种规则，"不许打人和骂人"，"你对她好，她也会对你好"。

儿童需要以下社会技能去交朋友，并维持他们的友谊。

（1）能够认识到共同的兴趣和利益。

（2）大方得体地一起玩游戏。

（3）注意肢体语言的交流。

（4）能够辨识共同的目标。

（5）倾听他们的意见，并尊重他人的感受。

（6）站在他人的角度，理解他人的观点。

（7）表达对别人的同情。

（8）合作。

（9）悦纳和接受别人。

（10）乐于助人。

五　语言的发展

（一）儿童的语言发展

通常，人们认为语言的发展包括听、说、读、写四个独立的认知过程，各自按照一定的顺序发展。儿童先学会理解语言，然后自己说，之后再学习如何读和写。简而言之，儿童早期语言发展的主要特点是一个连续的过程，包括听、说、读、写，也就是说，儿童在正式学习识字和阅读之前，语言的学习就已经发生了，而且是在真实的生活中发生、发展的，在真实的生活中表达和交流。

家长在自己孩子的语言发展中扮演重要的角色，他们会影响到孩子的语言经验，影响孩子的阅读能力。家长需要语言的信息、材料、外部的支持来帮助孩子学习阅读。从小的语言干预措施能够帮助孩子降低学业失败的风险。

对那些自身语言能力水平低的家长，即使没有很多的儿童图书，他们也可以帮助孩子发展语言能力，例如，多和孩子说话，和孩子一起读、一起谈论有趣的故事，发展应答性刺激的技巧等，都有助于儿童语言能力的提高。

家长每天都可以为孩子提供额外的语言刺激，包括：倾听、讨论有趣的故事，谈论个人的经历，画自己的生活，讲故事，表演故事，用拼音字母和字词玩游戏，说出物体的名称。俗话说得好，先学会走，才能够学会跑，孩子要先学会说，然后才能够学习阅读。

（二）建议讨论的议题

讨论的议题涉及帮助孩子发展语言的技能。儿童先学会听和说，然后才使用他们的听说技能，去学习读和写。会读、会写的儿童往往是受过很多听说训练的儿童。

词汇量小，不能用语言清楚表达自己的孩子，到了学校里，就有成绩落后的危险。实际上，通过儿童在学前班或小学一年级时的语言水平，可以预测他们在小学的整个学业表现。

家长可能认为孩子到了上学的年龄，才开始学语言，实际上，最重要的语言学习从孩子一出生就开始了。这就意味着家长在儿童的语言能力发展中扮演着非常关键的角色，特别是发展孩子的听、说、读、写的能力。

建议讨论的议题如下。

（1）请举例子说明，如果一个孩子或大人没有掌握语言技能，会给她/他造成什么影响？

（2）您认为有什么因素会造成孩子的语言能力低下？

（3）语言能力好的孩子或大人都有哪些特点？

（4）您认为在学前教育阶段，什么因素会提高孩子的语言能力？

（5）语言能力对于一个大人的成功是必要的条件吗？您为什么会这么认为？还有别的观点吗？您对她/他怎么看？

（6）您认为如果要让孩子在学校里获得成功，良好的语言能力是必需的吗？为什么？还有别的观点吗？您怎么看她/他的观点？

（三）演示和示范

谈论一幅画

找一幅有趣的画，安排一个 3~5 岁的女孩或男孩，请孩子就这幅画说一些话，然后，家长对孩子说的话做出响应，孩子回应家长，如此循环。这个活动主要体现亲子互动，家长并不直接教孩子如何绘画，如何看图说话，而是刺激孩子用完整的句子表达自己的观点。大家观察亲子互动的过程，并反思后续的问题。

（四）讨论和发现

针对"谈论一幅画"的亲子互动，巡回支教志愿者引申出下列问题。

（1）举例说明您的哪些做法可以促进孩子提高听说能力？

（2）分享做法（见表 7 – 5）：巡回支教志愿者分享家长促进儿童语言能力发展的六种做法，然后请家长简短地讨论每一种做法都意味着什么？

·用和成人说话的方式每天和孩子说话。

·鼓励孩子说话，对孩子说的话感兴趣，能倾听孩子的话并做出反应。

·给孩子朗读故事书、讲传统故事、编故事，与孩子讨论故事情节，向其问一些开放性的问题。

·讨论图片和事件，帮助孩子理解新的想法和字词。

·和孩子一起哼唱与动作相关的儿歌，以联系身体各部位。

·给孩子提供向别人传递信息的机会。

表 7 – 5　促进儿童语言能力发展指南

·用和成人说话的方式每天和孩子说话
·鼓励孩子说话，对孩子说的话感兴趣，能倾听孩子的话并做出反应
·给孩子朗读故事书、讲传统故事、编故事，与孩子讨论故事情节，向其问一些开放性的问题
·讨论图片和事件，帮助孩子理解新的想法和字词
·和孩子一起哼唱与动作相关的儿歌，以联系身体各部位
·给孩子提供向别人传递信息的机会

（3）巡回支教志愿者点评：大人对孩子说话，常常是非响应性刺激，即从家长到孩子的单向语言交流，对孩子说的话是控制性或指示性的，例如，你应该……，你必须……而不是响应性的刺激，即对话式的谈话。

（4）巡回支教志愿者示范一种新做法：用响应性刺激去谈论一幅画。

①巡回支教志愿者给孩子看一幅画，然后问孩子："你从画里看到了什么？"让孩子给出尽可能多的回答。这样的问题也是开放性的问题，会促进产生更多的话题。

②继续问："好，还有别的吗？"让孩子尽可能说，不要打断孩子。接着问："你能用它做什么？""×××在哪里？""你喜欢这幅画的什么地方？"

③可以给孩子示范："我看见这幅画里有个小姑娘，她正在和一个棕色的小动物说话，你看见什么了？"

④如果孩子感到犹豫，可以鼓励孩子说："现在轮到你告诉我了，你在画里看到了什么？"如果孩子小于 18 个月，还不会说话，则可以让孩子用手指着画，大人可以根据孩子手指到画的某个地方，描述看到的内容。

（5）巡回支教志愿者将家长分成 4 组，每组发一幅画。请一位家长用上述方法让孩子谈论一幅画，其他人听，然后讨论。

（6）这样和孩子说话有困难吗？为什么？这样做的好处是什么？

（7）家长讨论下次活动中他们想学的内容。

（五）结论

朗读、讲故事、谈话、倾听孩子的说话内容能够促进儿童语言技能的发展

家长给孩子朗读是培养孩子语言能力、让孩子学会阅读的最重要的因素。研究发现，一个人的阅读能力和学前的语言经验密切相关，家长如果在早期给孩子朗读故事，那么孩子就会更好、更快地学会阅读。

给孩子朗读可以帮助孩子：

（1）喜欢上图书，渴望自己也能读书；

（2）发展口语能力，因为家长朗读的书给孩子带来了有趣的话题；

（3）扩大词汇量，体验和思考日常生活、社会角色、社会情感；

（4）交流创意，探寻有意义的话题，进而发展重要的概念；

（5）建立口语和文字的关系；

（6）理解故事的要素，如情节、人物、角色、情景、顺序、矛盾、冲突的解决办法等；

（7）拓展孩子的视野，对书中的内容进行探索和体验。

主要结论如下。

（1）在童年期，对双语的学习是正常的。

（2）所有的儿童都具备在童年学习双语的能力。

（3）了解、掌握母语是儿童文化认同感和归属感的重要因素和必要的元素。

（4）在两种语言上都得到持续而丰富的经验，有利于儿童的双语学习。

（5）如果儿童能在家里持续使用母语，在家外又能接触和广泛使用第二种语言，那么，儿童就更可能同时熟练地掌握这两种语言。

（6）广泛地运用自己掌握得最好的语言，即母语。

六　责任心和责任感的培养

（一）鼓励儿童对自己和对他人负责

儿童在社会和情感发展过程中的两项发展任务是成为独立的个体、与他人建立社会联系。父母要帮助孩子完成这两项发展任务。

有的家长偏重于孩子的独立发展，鼓励孩子发展自助技能，例如，鼓励孩子自己吃饭和穿衣，将孩子的自尊和自我意识作为发展的目标；有的家长更看重孩子与他人建立友谊、社会关系的能力，将孩子的相互依存能力作为发展的目标。

无论强调孩子发展的独立性，还是强调发展的依存性，自我管理的能力，即做决策和为自己的行为负责的能力，是儿童必须发展的能力。

有良好的自我管理能力的儿童，表现为能够控制自己的情绪和行为，能自我控制和约束自己。缺乏自我管理能力的儿童，学习成绩不好，可能辍学、酗酒、滥用药物和犯罪。自我管理能力强的孩子能够控制自己的情绪，注意力更加集中，因此有更好的学习能力，自我管理的能力几乎会影响到儿童各个领域的发展。

（二）建议讨论的议题

讨论的议题是鼓励孩子做决定并使其为自己的决定负责任。很多家长期望自己的孩子从小学习做家务，要求孩子打扫卫生、洗碗、洗衣服、照顾弟妹等，做家务可以使孩子感觉到自己是家庭中重要的一员，并学会一些基本的生活技能。不仅如此，在做家务的过程中，家长还可以让孩子选择，一起制定家规，自己的事情自己做。这样可以培养孩子自律，能够自律的孩子，就能够控制自己的情绪和行为，抵制冲动，遵守纪律。如果孩子过度依赖家长，他们就会缺乏自己做事的勇气和信心。

建议讨论的议题如下。

（1）描述一个对家庭没有责任感，在生活中经常做出错误决定的成人的行为特点。

（2）你认为是什么样的童年经历导致这种结果？

（3）描述一个对家庭有责任感，能做出正确决定的、有责任心的成人的行为特点。

（4）你认为是什么样的童年经历带来这种好的行为？

（5）你认为自我决策、责任心和责任感是一个成功人士必须具备的条件吗？为什么？还有别的看法和建议吗？你对她/他的发言有什么看法？

（6）责任心和责任感是不是"三好学生"的必要条件？为什么是（不是）？还有别的看法吗？你对她/他的发言有什么看法？

（三）演示和示范

巡回支教志愿者示范"新做法"，鼓励孩子自己吃饭。需要准备一个塑料碗、几个橘子，让一名 2 岁大的孩子参与。

（1）巡回支教志愿者或家长和孩子一起洗手，然后回到座位上，给孩子一个塑料碗，把已经剥开的橘子放在碗里。

（2）"×××（直呼孩子的姓名），我给你一个橘子吃。"

（3）"请你看我是怎么剥橘子的。"

（4）"你也可以自己剥给自己吃。"

（5）在孩子尝试自己剥橘子的时候，巡回支教志愿者在一旁观看。如果孩子做了最大努力后，仍没有剥开橘子，其就可以去帮孩子。

（6）巡回支教志愿者表扬孩子，让孩子自己独立剥橘子，吃橘子。

（7）在孩子吃的时候，巡回支教志愿者问家长，孩子在这个过程中学到了什么？

（8）为了培养孩子的决策能力和责任心，你做了什么？

（9）分组讨论，把家长分成两组，一组讨论 1～3 岁儿童能够为自己做什么事情，并从中学到什么？另一组讨论 4～6 岁的儿童能够为自己做什么事情，并从中学到什么？

注意：组长和巡回支教志愿者分别在一个组里倾听，只是倾听，不以领导和培训者的身份参与讨论，注意发现具有领导潜质的家长。

（四）讨论和发现

巡回支教志愿者请家长在每一组发言之后，给予反馈，并分享培养儿童责任感的做法。参与者简短地讨论每种行为方式的含义和重要性（见表

7-6）。

（1）给孩子提供选择的机会，让孩子学会做决定，并为自己的决定负责。

（2）让儿童参与家庭决策。

（3）鼓励孩子自己的事情自己做，自己做的事情自己负责，从而获得成就感。

（4）让孩子参与制定家庭规则，并学会遵守规则。

（5）鼓励孩子规划和安排自己的时间。

（6）让孩子参与做家务，并表扬他/她做了优秀的家务工作。

表7-6　儿童责任感发展指南

・给孩子提供选择的机会，让孩子学会做决定，并为自己的决定负责

・让儿童参与家庭决策

・鼓励孩子自己的事情自己做，自己做的事情自己负责，从而获得成就感

・让孩子参与制定家庭规则，并学会遵守规则

・鼓励孩子规划和安排自己的时间

・让孩子参与做家务，并表扬他/她做了优秀的家务工作

记住，培养孩子的责任感不仅是让孩子参与家务劳动，而且是让孩子认识到工作的重要性。儿童从小有做决定的经验，长大成人后，就会承担起相应的责任，没有人会督促一个成年人："起来了，该给家人做饭了。"

（五）结论

让儿童学会自立，以适当的方式独立行动，减少对大人的依赖，只有儿童能力发展了，才能在集体中生存。例如，学会自己吃饭，当孩子学会使用勺子、筷子吃饭时，孩子可以享受自己的精细动作技能和手眼协调能力的发展结果，这还代表着孩子获得了使用工具的技能，也代表着孩子在一种心理上的独立，孩子不再依赖父母喂饭了。如果孩子有自己专用的餐具、饭碗，就会促进孩子获得自立和自理的能力并形成责任感。

共同制定和遵守家庭规则，不仅能够培养孩子的责任心，而且给孩子

一种被尊重和被保护的感觉。例如，饭前便后用肥皂洗手、在固定的时间里玩游戏、睡觉前温暖地问候，都能够养成孩子的责任感，教会孩子有计划地安排自己的生活。

巡回支教志愿者再次说明，给孩子提供选择的机会，共同制定家规，自己的事情自己做，自己做的事情自己负责。家长要鼓励、欣赏孩子的工作，评价孩子的工作。

安排家长讨论下次活动他们想学的内容。

七　正面的管教：纪律而不是惩罚

（一）　正面的管教

很多家长认为，管教就是惩罚，孩子犯了错误，就必须接受惩罚。实际上，管教这个词有两个主要含义，一个含义是对儿童的自我控制、遵守秩序、增强活动效率的训练，即训练儿童学习健康人际交往的规则和习俗；另一个含义是以改正错误和惩罚为目的而采取措施。两种理解会带来两种管教的做法：前一种管教的做法是具有教育意义和指导性的，教会孩子掌握社会技能和交往的态度；后一种管教的做法是惩罚性的，通过惩罚消除错误行为、不良行为。

当孩子犯了错误，被严厉地惩罚的时候，其就会丧失自尊，感觉没有能力管理和控制自己，惩罚会带来羞耻和难堪。

我们所说的正面的管教是非暴力的，把儿童当作学习者予以尊重的教育方式。这种教育方式能帮助儿童获取成功、给儿童提供判断的信息并帮助他们健康成长。积极的管教以儿童的发展规律、非暴力、解决问题为导向，尊重儿童。

正面的管教不是放纵孩子，不是让孩子为所欲为，不是消除规矩，不是短期回应、打骂等惩罚措施的替代品，而是培养孩子自我约束力的长期方案，将你的期望、规则和限制清楚地告知儿童，和孩子建立互相尊重的关系，提高孩子应对挑战的能力和信心，教会孩子有礼貌、非暴力、具有同情心、尊重他人。

（二）建议讨论的议题

讨论的议题是积极的、正面的管教方法而不是惩罚性的管教方法。家长作为孩子第一任老师的主要职责是引导孩子遵循社会规则，不是放纵孩子，而是建立正面的行为规范，并引导孩子遵循这些家规和社会规则。

建议讨论的议题如下。

（1）在不同的年龄阶段，孩子需要遵循哪些规则？让我们听听各种看法。

（2）在你的家庭和社区里，那些2岁、4岁、8岁、12岁的孩子的行为中，哪些行为是不可接受的？

（3）在你们的社区里，有问题行为青少年吗？他们都有哪些问题行为？他们的父母是怎样管教他们的？

（4）在你们的社区里，有好孩子和好青年吗？都有哪些好的行为？他们的父母是怎样管教他们的？

（5）你怎么看待体罚？

（6）体罚可能导致的后果是什么？

（三）演示和示范

让孩子们参与制定游戏场地的行为规则

情景：游戏场上，孩子们抢着要荡秋千，一些孩子在秋千前跑来跑去，还有一些孩子伸手去拽秋千上的孩子，在一片混乱中，有些孩子受伤了。

巡回支教志愿者和幼儿教师让5~6个孩子讨论这个问题，将产生的后果是什么告诉孩子，大家需要遵守什么规则。要坚持让孩子们学会如何解决矛盾和冲突。具体过程如下。

（1）老师："孩子们，你们都喜欢荡秋千，大家都去抢着玩秋千，争抢中，有的孩子受伤了，这是我们不愿意看到的，你们觉得争抢秋千的问题在哪呢？"

（2）每个孩子都发表意见。老师问大家是如何看待不同意见的，让孩子分享不同的看法。

（3）老师向孩子们解释，为什么大家会争抢秋千，为什么有人受伤了。

（4）老师把期望清楚地告诉孩子，如期望的游戏场地应该是什么样的。

（5）老师和孩子思考有什么规矩可以帮助解决争抢秋千的问题，有对所有儿童都公平的解决办法吗？

（6）老师问：破坏游戏规则的人会有什么后果？如果大家都不遵守游戏规则，则会发生什么事情？

（7）老师总结，现在，有了大家都同意的玩秋千的规则：第一，排队，按顺序玩儿；第二，每个儿童可以玩 5 分钟，然后轮换。如果违反这个规则，今天就不让他玩秋千，明天他才可以玩。

（四）讨论和发现

1. 很多家长认为管教和惩罚是一回事，然而，如表 7-7 所示，二者的含义相去甚远。

表 7-7　管教和惩罚的比较

管教	惩罚
1. 强调孩子应该做什么	1. 强调孩子不应该做什么
2. 是一个长期的方案和过程	2. 是一次性的事件
3. 家长要以身作则	3. 坚持孩子的服从
4. 培养孩子的自我管理能力	4. 破坏孩子的独立性
5. 帮助孩子转变	5. 是家长的宣泄
6. 是正面积极的	6. 是负面消极的
7. 接受孩子自己决策、承担责任	7. 迫使孩子按照大人说的去做
8. 培养孩子的批判性思维能力	8. 代替孩子思考
9. 提高孩子的自尊和自信水平	9. 羞辱和贬低孩子，从而牺牲孩子的自尊和自信
10. 塑造积极的、恰当的行为	10. 谴责负面的、不恰当的行为

2. 每组都会提出 2~3 种积极的管教方式，巡回支教志愿者请家长对每一组的做法进行评价，分享关于积极管教的做法。大家简短地讨论一下，每种方法意味着什么，为什么发展这一技能很重要（见表 7-8）。

（1）和孩子一起制定规则，让孩子明白家长的期望和家规，以及违反规则的后果。

（2）宣告逻辑的结果，解释为什么有些事情是可以做的，有些是不可以做的，说出可以做的事情的逻辑后果，不可以做的事情的逻辑后果。

（3）示范正确的行为，让孩子练习如何做。

（4）不把体罚、辱骂、恐吓、威胁、羞辱、讽刺作为处罚的措施。

（5）即使孩子的错误让人感到生气，也要表现出对孩子的爱和尊重。

（6）孩子表现出一点一滴的合意行为时，都应及时给予表扬、鼓励和欣赏。

表 7 - 8　积极的管教方法指南

· 和孩子一起制定规则，让孩子明白家长的期望和家规，以及违反规则的后果
· 宣告逻辑结果，解释为什么有些事情是可以做的，有些是不可以做的，说出可以做的事情的逻辑后果，不可以做的事情的逻辑后果
· 示范正确的行为，让孩子练习如何做
· 不把体罚、辱骂、恐吓、威胁、羞辱、讽刺作为处罚的措施
· 即使孩子的错误让人感到生气，也要表现出对孩子的爱和尊重
· 孩子表现出一点一滴的合意行为时，都应及时给予表扬、鼓励和欣赏

3. 巡回支教志愿者对上述积极的管教方式进行评论。

（五）结论

促进孩子由"他律"到"自律"的转变

使家长的"纪律/他律"帮助孩子获得"自律"，需要家长支持孩子发展自我管理的能力，家长逐渐给孩子控制自己行为的机会，让孩子感觉到自己被信任，有责任、有自信地管理好自己，并体验到自己是有能力、有价值的人。

让孩子从"他律"的减少、"自律"的增加，即从父母衰减的控制中体会自由。

为了让孩子学会自律，建议家长按如下方法做。

（1）引导孩子的活动和行为指向期望，但不能太专横、霸道。

（2）让孩子一起制定家规，确保家规是符合现实情境的，即符合逻辑。

（3）成人对孩子的限制、家规要符合孩子的年龄特点、个性特征和生活经验。

（4）清楚地告诉儿童某项规则和违反了这项规则会带来的后果。

（5）处罚措施要和规则保持一致。批评孩子时，只批评孩子的错误行为，即做错的"事"，而不要批评孩子的"人"。

（6）制定的规则或家规，要简单、清楚，语气积极。

（7）尊重孩子的感受，对儿童的感受做出反应；在孩子讲话时，倾听孩子的话，理解她/他的感受，看她/他是否需要特别的支持。

（8）按规则处罚时，对可能产生的后果要有准备，例如，当孩子哭、闹、威胁家长的时候，家长不要屈服。

（9）当家长让孩子做某件事情的时候，请给出原因，例如，请说："请把你的玩具挪开，不然我会踩到它。"而不是说："我说过多少遍了，把你的玩具挪开！"

（10）孩子即使犯了天大的错误，即使家长感到无比的愤怒，但还是爱他/她的、尊重他/她的。

（11）帮助孩子做选择，应以解决问题为导向，可以问孩子："为了每个儿童都能玩秋千，我们可以怎样做？"

（12）以积极、正面的态度去表扬、鼓励和欣赏孩子，哪怕是一点点的进步。

（13）微笑和欣赏对塑造合意行为的效果要好。

八 "滋养"孩子的大脑

（一）大脑的发育与生长

对大脑的研究发现，人在出生后的几年里，与外界的互动及早期的经验对长大后的社会性发展、情感的发展、智力的发展和语言的发展都有重大的影响。

新生儿出生的时候就有10亿个神经细胞，在以后的成长过程中，孩子的神经细胞数量不再增加，但增长的是神经细胞之间的联系。脑的发育和成熟不在于神经细胞数量的多少，而在于它们之间的联系通道是否被打通。一开始，这些神经细胞之间是没有联系的，只有当婴儿对环境和刺激有了经验，并做出反应的时候，脑细胞之间才互发信号，产生联系。一个单独的脑细胞可以和15000个其他脑细胞产生联系。

脑的发育、成熟有很强的时间性。家长和其他监护人对婴儿的脑发育有重要影响，他们的触摸对婴儿的发展尤其重要，怀抱婴儿轻轻抚摩，能刺激婴儿的脑部释放促进生长发育的激素，每当婴儿通过看、听、尝、闻、摸感觉新刺激的时候，神经细胞之间就会产生新的联系。

出生后不久，婴儿的脑部产生的神经细胞联系如此之多，多到数以兆计联系。到3岁的时候，孩子的神经细胞间的联系数量已达千兆级，是成人神经细胞联系的两倍。在大约10岁的时候，孩子的脑部就会清除掉多余的神经细胞联系，并逐渐建立一个更加强大的神经细胞联系网络。例如，如果一个孩子在生命早期，很少有人对他说话或读书，那么，这个孩子的脑部就会自动清除掉与语言学习有关的没有使用的神经细胞间的联系，进而会造成孩子学习语言困难。

（二）建议讨论的议题

巡回支教志愿者和家长们一起讨论，去发现社区里的乡土知识。

（1）在我们的社区里，有哪些有利于儿童大脑健康发育的食物？

（2）有哪些食物被认为是不适合孕妇和促进儿童大脑发育的？

（3）您认为有哪些饮食禁忌是影响儿童大脑发育的？

（4）您是怎样给儿童提供蛋白质的？

（5）您有兴趣学习种植能提供维生素 A、铁、蛋白质的"家庭菜园"吗？

（6）您想养鸡吗？这样的话，您的孩子每天都能吃到一个鸡蛋。

（7）您和孩子有日常对话吗？这对孩子说话意味着什么？您愿意尝试些什么？

（8）在您的社区里，都有哪些抚摸、安慰婴儿的方式？

（9）您会抚摸和安慰大一些的孩子吗？

（10）悉心的照料、响应孩子需要能促进其大脑健康发育。给孩子压力对其脑部有害，会妨碍学习，家长的一个重要任务就是减少孩子生活中的压力，给他们更多的关爱、鼓励和欣赏，您对此有什么看法？

（三）演示和示范

巡回支教志愿者和亲职教育小组长分享：怎样为 0~1 岁、2~3 岁，4~6 岁这几个年龄段的孩子营造一个能促进脑发育的环境。

（1）将家长分成 3 组，每组负责一个年龄段。

（2）请家长想出一些刺激孩子的点子，以让孩子看、摸、讲话、唱歌、讲故事等。

注意：亲职教育小组长和巡回支教志愿者分别在不同的小组里倾听，不以领导者、培训者的身份参与，并找出具有领导潜质的家长。

（3）每组示范如何布置一个促进脑发育的环境。

（4）巡回支教志愿者分享促进儿童大脑成长的做法（见表 7-9）。

表 7-9　大脑营养和刺激指南

· 每日为孩子提供足够的营养，包括蛋白质和微量营养素（铁、锌、钙、碘、维生素等）
· 给孩子们看有趣的东西，避免他们感到无聊和烦闷
· 让孩子触摸有趣的物体，去拆分、重新组装以帮助孩子集中注意力，并关注周围的环境（看这个，这是什么？）
· 问些需要思考的问题，例如：你认为蚂蚁都去哪里了
· 鼓励孩子独立思考，独立探究一个事件的原因

（5）参与者简短地讨论一下每种做法都意味着什么，为什么做到这一点很重要。

（6）巡回支教志愿者和亲职教育小组长为不同年龄段的儿童示范两个发展游戏。

0~1 岁的婴儿

游戏名称：换风铃

目的：逐渐变换给孩子看的东西，帮助孩子认识不同的物体。

做法：把两样东西系在一根棍子上，将其悬在婴儿所在位置的上方。几天后用一个新物体取代原来两个物体中的一个。过了几天后，再换掉一个物体。

游戏名称：藏猫猫

目的：帮助儿童理解，即使一个物体暂时看不到了，它也并不一定真正消失，有可能还在原地或者某个地方。

做法：家长用手蒙在脸上，然后突然拿开手，同时说"藏猫猫"。家长要做得好玩、有趣，可以做个鬼脸，逗孩子笑。家长可以用一块布蒙住一个物体，看孩子会不会把布移开，找到那个被蒙住的物体。还可以给孩子一个罐子，让孩子把一些东西扔到罐子里，看看孩子能否把罐子里的东西再弄出来。让孩子亲自去探索发现。

2~3 岁的幼儿（形状和五官游戏）

游戏名称：叠叠放

目的：帮助孩子了解平衡。

做法：收集 10~20 粒比较平的石头，放进一个小篮子。给孩子示范如何把一颗石头放在另外一颗石头上，大人和孩子一起做，并用语言向孩子描述其在做什么。然后让孩子也照着做，谁的石头堆先倒，谁就输了。

游戏名称：眼睛在哪里？

目的：儿童学习人脸的各个部位，培养和父母、其他监护人的社会情感关系。

做法：妈妈说，"这是妈妈的眼睛"，请宝宝用小手指爬爬爬，找到妈妈的眼睛。妈妈说，"这是妈妈的耳朵"，请宝宝用小手指爬爬爬，找到妈妈的耳朵。当孩子每次做对后，家长可以用手给孩子挠痒痒。

4~6 岁的学前儿童

游戏名称：我发现了红色的东西

目的：帮助孩子学习颜色、物体的名称，并学习推理。

做法：父母和其他监护人说，"我发现了红色的东西"，然后让孩子来猜，如果孩子猜错了，就再给两次机会。一起数猜过的次数，这样孩子还可以学会数到 3。孩子猜 3 次后，公布答案。然后再猜蓝色的东西。

游戏名称：编织

目的：帮助孩子发展写字所需要的手、眼的协调能力，为孩子将来学习数学做准备。

做法：拿出几根芦苇，或者麦秆、柳条，把它们放在地面上。再拿出几条绳子或几片叶子，向孩子示范如何编进编出。边演示，边和孩子说是怎么做的。

（四）讨论和发现

讨论的议题是用营养和刺激来滋养孩子的大脑。很多家长认为孩子上了小学，大脑才真正开始发育，现在，我们已经知道脑部发育的最关键时期是出生后的 1000 天，即 0～3 岁阶段是大脑发育最重要的阶段。

孩子大脑的发育需要足够的食物养分

有研究表明，在母亲妊娠期的后半部分到儿童两岁这个时期，是营养决定婴儿大脑的发育关键阶段。在这个阶段，营养不良会导致儿童在生理和智力上的发育不良，表现在大脑的发育上，营养不良儿童的大脑体积要小于正常的儿童；表现在智力上，语言发展和精细动作发展要滞后于正常的儿童，即智力水平偏低；表现在未来的学校学业成绩上，学习水平也要低于正常的孩子。

在刚出生的时候，儿童大脑的体积取决于母亲在孕期的营养水平。出生后，母乳为婴儿的脑部发育提供了最佳的营养组合，比如，纯母乳喂养的孩子，在 6 个月的时候就从母乳那里获得了铁元素，这样，就可以降低缺铁性贫血的发病率。

出生 6 个月后，孩子每天都需辅食，添加和摄入蛋白质和富含铁的蔬菜。2～5 岁，孩子需要摄入的食物就和成人的食物一样了，虽然量小，但饮食的次数频繁。

孩子大脑的发育需要复杂、多样的环境刺激

婴儿出生前的生活环境是母亲的子宫，婴儿在子宫里能够感觉声音的刺激。出生后，婴儿能够感觉到催眠曲、父母的声音刺激、触摸刺激，感受到有趣的物体，这些环境的外在刺激直接影响到大脑的发育、神经细胞之间联系的建立。简言之，外在刺激就是孩子能够看到的（视觉的刺激）、听到的（听觉的刺激）、抚摸到的（皮肤感觉的刺激）、闻到的（嗅觉刺激）、品尝到的（味觉刺激）环境刺激。孩子与环境刺激的互动是大脑发育的必要条件。

除了感觉上的刺激外，儿童不仅需要有趣的物体给他们看、摸、拆，还需要和别人互动、沟通、交流，这个社会化的过程传递的最重要的是爱的情感，然后才是语言刺激。当我们和婴幼儿说话的时候，也许会觉得自己有点傻，但是你说的话、你的抚摸、你的态度和情感都在刺激和促进孩子大脑的发育和成长。

多样的经历和体验也会影响到儿童大脑的成长与发育，家长用令宝宝舒服的方式拥抱、爱抚，能促进宝宝茁壮成长。当婴儿处于一种愉悦的精神状态时，其才会对外界的一切感到好奇、有趣，并渴望观察和学习。

（五）结论

科学研究已经证实一岁前婴儿大脑的发育速度很快，婴儿出生后的几个月里，是大脑成熟的非常关键的时期，大脑对新的刺激、新的经验是非常开放的，要充分利用这个机会，提供早期的刺激与经验。早期的刺激与经验不仅影响大脑细胞的数量，还影响大脑细胞之间的联系方式。

大脑的发育对环境非常敏感。孩子大脑发育的过程就像是基因和环境共舞。在儿童生命的前 18 个月里，其基因与环境的相互作用、儿童积累的经验（健康、营养、照料和刺激）影响未来的发展。不良的刺激会对儿童造成不可逆转的影响。

早期环境的刺激对儿童大脑发育的影响是持久的，婴儿拥有充足的营养、玩具、丰富和良好的刺激和家长的互动，对他们在 15 岁时大脑功能的发挥和运作有正面的影响。

研究表明早期的压力对大脑的运行有负面的影响。与没有体验过巨大精神压力的儿童相比，经历了巨大精神压力的孩子更有可能出现认知困难、行为问题和情绪上的问题。

简言之，生命的最初两年是脑细胞生长、发育、建立联系的最重要的时期。当孩子 6 岁的时候，大部分神经细胞联系已经建立，因此，在儿童成长早期，为其提供复杂、多样的感觉、知觉和运动经验的机会，将有利于其获得各种学习能力，并且可以在一定程度上弥补早期营养不良造成的不足。

九　习于嬉：玩中学

（一）游戏与儿童发展

无论大人还是孩子，都喜欢玩，特别是儿童，喜欢通过游戏，了解自然世界，形成数学概念，掌握语言，发展社会交往的能力，对儿童来说，游戏是非常重要的学习工具和发展手段，然而，许多家长和老师忽视或贬低了游戏的价值。

游戏能够满足儿童内在的、天生的创造性和好奇心。会玩游戏的孩子往往有更多的能量、影响力和能力去创造有意义的生活，他们在游戏中锻炼能力，例如锻炼解决问题的能力、坚持不懈的意志力、团队合作的能力、理解规则和遵守的能力，一旦在游戏中养成良好的习惯，将让她/他们一生受益。

在游戏中，儿童练习应对新的挑战，体验新的内容，勇于探索。

在游戏里，学术性的知识，如数学、科学和语言会自然地融为一体。

游戏的场所还为儿童创造了一个良好的团队氛围，帮助儿童理解为什么社区里的人们一起工作；一起做什么；如何一起工作。

游戏的种类。按照游戏的属性分类，可以将其分为社会性、功能性和知识性游戏。

按照游戏的社会属性，游戏可以分为如下几个方面。

（1）单独游戏

儿童独自游戏，所用的游戏材料与别的儿童所玩的游戏材料不同；儿童之间没有关于游戏活动的语言交流。

（2）平行游戏

在相同的时间、相同的地点，儿童分别进行相同的游戏活动，儿童彼此相距很近。儿童能够意识到别的儿童的存在，这种存在对她/他有一定的意义，但是，每个孩子都独自玩游戏，即各玩各的，没有分享和讨论。

（3）集体游戏

儿童进行集体活动，所有儿童共同参与游戏，共享同一个游戏目标。

按照游戏的功能属性，游戏可以分为如下几个方面。

（1）运动性游戏

使用或不使用游戏材料和物体，进行简单的重复性的身体和肌肉的运动，例如推倒积木、踢球、倒水、击打石块、跳绳。

（2）建构性游戏

在开展活动过程中，使用游戏材料和物体，以制作、创造为目的地玩游戏，例如搭积木、拼图、堆沙堡、画画。

（3）戏剧性游戏

以一种物体或一个人来表征另外一种物体或一个人，例如，儿童扮演妈妈或婴儿；假装是一块积木，是一个锤子或者是一辆汽车；给布娃娃喂饭吃。

（4）规则性游戏

这是事先有明确规定的规则和限制的游戏。儿童必须遵守这些游戏规则，例如，卡片游戏、棋类游戏、捉人游戏；包含规则的戏剧性游戏，是最复杂的游戏活动，比如与他人一起演出一个想象的故事。

按照游戏的知识属性，游戏可以分为如下几个方面。

（1）健康、运动游戏。

（2）语言游戏。

（3）科学和数学游戏。

（4）艺术游戏。

（5）社会游戏。

（二）建议讨论的议题

（1）你认为在你繁忙的工作生活中，有可能花时间去和孩子一起玩游戏吗？

（2）你认为孩子在玩游戏的时候都学到了什么？鼓励每位家长都发言。

（3）分享下列观点：游戏可以帮助儿童学会制订计划并执行计划；从反复试验和错误中学习；让儿童发挥想象力并解决实际问题；让儿童学会把数学和科学概念应用于实际生活中；让儿童学会使用工具和借助别人的帮助来解决问题；让孩子自信，认为自己是有能力、有趣的人。

（三）演示和示范

请家长们互相传授传统的游戏和歌曲，这些游戏和歌曲可以用来教自己的孩子。

（1）巡回支教志愿者分享帮助孩子从游戏中学习的做法（见表 7 - 10）。

（2）参与者简短地讨论一下每种做法都意味着什么，为什么发展这一技能很重要。

（3）示范新做法。

表7-10　帮助孩子从游戏中学习指南

· 保证每天给孩子做游戏的时间,提供有多种用途的游戏材料
· 允许孩子用不同的方法做事情,鼓励儿童发挥想象力
· 为每个孩子提供属于自己的玩具包、玩具袋,或玩具筐,其只被用于装自己的玩具

玩具包（袋）：准备一个有拉链的布袋（不能用塑料袋,因为塑料袋会带来窒息的危险）。袋子的大小为25厘米×25厘米。把一些有趣的、家里常见的、对孩子安全的物品放进袋子里。袋子里的东西可以隔一段时间换一下,3~5岁的儿童会把他们喜欢的、很特别的玩具放进去,例如：5~6个大小不同的盖子；5根长短不同,最长10厘米的棍子；带有螺旋盖的空塑料容器；纱线或彩带；把铁丝弯成圆圈,上面挂上塑料环、金属垫圈、竹节环,儿童可以沿着铁丝移动这些挂饰；布娃娃；勺子和杯子；大的种子和可以填充杯子的物品（不适于3岁以下的孩子,因为有让孩子噎着和窒息的风险）；可以叠放的小木块或平的石头。

如果有属于自己的东西,孩子就会感到自己非常特别,感到自己与众不同。许多日常生活用品是不用花钱买的,这些东西可以成为孩子们很好的玩具,例如,瓶盖等,你可以给孩子做一个专用袋子用来收集这些东西。巡回支教志愿者展示自己的玩具包并演示如何使用这个玩具包。

①向孩子说明,当爸爸、妈妈工作繁忙的时候,孩子可以自己用这个包玩耍。

②拿出包,给孩子一些有趣的东西玩。

③增加新材料。请家长把一些新玩意放到包里,这会保持孩子的兴趣,促进孩子大脑的生长发育。

④给孩子属于她/他自己的东西,会让孩子感觉到自己与众不同,从而建立起自我价值感和自尊。

（四）讨论和发现

游戏是促进儿童发展的途径

（1）游戏不应该由儿童自我发起，而应在成人的指导下发生。家长和老师的作用是给孩子玩的足够时间，确保其提供的游戏材料适合孩子的年龄和发展水平。

（2）家长为每个孩子准备一个玩具包（袋）是一个好办法。

（3）巡回支教志愿者和家长可以带着孩子玩五大领域内的游戏，还可以组织孩子玩社会性游戏和功能性游戏。

（五）结论

家长和老师要营造游戏环境，让孩子有机会练习和掌握游戏技巧，当孩子掌握了一种游戏技巧之后，孩子就会倦怠和无聊。家长和老师需要变化和添加新的游戏材料，鼓励孩子学习和尝试新事物。在开展自由游戏的时候，家长和老师应该花时间观察儿童，寻找机会和儿童进行有意义的谈话，问儿童探究性的问题，扩展儿童的思维空间。利用游戏提高儿童的语言能力、数学能力和科学探究的能力，同时发展儿童的友谊和合作的态度和精神。

巡回支教志愿者请家长阅读按知识领域划分的游戏指南，看看这些游戏是否有不符合当地社会文化习俗的内容，如果有，请大家讨论，并决定如何使用该游戏指南。

十　数学与逻辑的发展

（一）儿童逻辑思维的形成

儿童的 5～9 岁是一个重要的智力发展阶段。孩子们能够自主思考问题，他们学会了提问题，并尝试着去解决问题。儿童自主思考的能力的最初训练是儿童通过具体的物体去探究问题，儿童在早期摆弄物件本身就是在探索世界中的逻辑规律，这些看似漫无目的的摆弄物件、随意的游戏，是锻炼儿童逻辑思维能力的最好机会。

以拼图或搭积木为例，孩子需要尝试一个解决方案，尝试把图片或积木放在不同位置，考虑什么地方合适，什么地方不合适，然后，再尝试另一个解决办法。其不能马上获得成功，但不停地尝试新的解决办法本身就是有价值的解决问题的策略。一旦儿童成功地做好拼图或搭好积木，他们就会体会到成功的喜悦，并坚持不懈地去解决问题。

儿童的数理逻辑思维能力要建立在具体的、现实生活经验的基础上，而具体的、现实生活经验要建立在对具体学习材料的运算和操作上。如果儿童没有建立对具体材料运算和加工的经验，而教给他们用数理逻辑法去解决问题，即他们依赖记忆的、死记硬背的运算法则去寻求问题的答案，结果他们就只会相信自己的记忆，而不相信自己独立思考的能力。

家长要帮助孩子在日常生活中学习数学，日常生活中的材料都可以成为儿童学习数学的刺激材料，这些被孩子们用来运算和加工的具体学习材料就是数学教具，数学教具存在于孩子们的日常生活中。所有儿童都具备在早期学习数学的能力，他们在游戏中、与他人交往中、对故事的理解中探寻事物发生、发展的规律，这个过程本身就已经说明儿童在学习数学和自主思考了。

（二）建议讨论的议题

巡回支教志愿者和家长们可以一起去参观一个院子，看看那里是否有让孩子在日常生活中学习数学的机会。

讨论的议题是帮助儿童发展数学技能，我们知道孩子可以在家里提高语言能力，同样，孩子在家里也可以培养数学能力，特别是可以培养孩子对数学的正面态度和积累早期的数学经验。

儿童在日常的游戏中就有很多学习数学的机会，例如，需要大量的具体的生活材料去数、排序、分类、比较、匹配、组装和拆分，然后才会去学习数的特性和数学运算。

建议讨论的议题如下。

（1）让我们谈谈你的孩子在学校里的数学学得怎么样？孩子在哪些方面做得特别成功？有特别不足的地方吗？请详细说说。

（2）如果你的孩子数学学得好，你认为是哪些事情促进了孩子的数学学习？

（3）别的孩子学习数学都有什么困难？你和老师谈过吗？关于孩子的数学能力，老师都说过些什么？

（4）谈谈你自己在小学里学习数学的有关经历，回想一下，什么样的家庭支持对你有帮助？

（三）演示和示范

所有的孩子都有学习数学的能力，他们是在游戏中、与别人交往中、对故事的理解中进行数学学习和思考，儿童通过大量的具体生活材料去数、分类、排序、比较、匹配、分析和综合。

家长要做到向孩子提问题，鼓励孩子思考，建议孩子去解决有趣的问题；儿童要做到去听、去看、去使用数学的概念，相信自己解决问题的能力，那么，孩子就会喜欢学习数学，有了学习数学的兴趣，就会认为自己是成功的学习者。

巡回支教志愿者展示相关做法（见表7-11），让家长讨论以下内容。

表7-11 帮助孩子发展数理逻辑思维能力指南

· 让孩子描述环境中或衣服上图案的规律
· 让孩子描述物体的位置和距离
· 让孩子按照物件的大小、颜色排序
· 帮助孩子按步骤、时间顺序做计划
· 教孩子学习舞步，有节奏地拍手、打鼓点
· 让孩子清点生活中的物品

（1）你能做什么帮助你的孩子学好数学？

（2）你能帮助孩子提高哪些数学能力？

（3）培训者可以提示的内容如下。

①分类和整理物品的能力

按照物品的特征（大小、颜色、形状、质地等）整理和分类。例如，给孩子提供装纽扣、瓶盖、石头、大种子、布片、树叶之类的容器；儿童喜欢按照颜色、大小和形状归类；问孩子是否能用另外一种方式分类；请家长们猜猜孩子是怎样做的；最后，请孩子们比较分类后的物品：哪组数量多，哪组数量少。

②辨认和识别规律

能辨认和识别规律是理解数学概念的基础。儿童需要养成寻找规律的习惯，把识别规律作为解决数学问题的一个策略。例如，教孩子以一定的形式打响指、拍手或打鼓点。广场舞的舞步和节奏也是让孩子发现规律的形式吗？如果是，则请孩子猜猜，下一个拍子或舞步是什么。对了，你已经在教你的孩子做数学题了！

③数数和写数字

能按顺序背出数字并不等同于会数数。一个孩子也许知道 1～10 的数字顺序，但是，这个孩子可能不理解具体数字和具体物品数量之间的关系。孩子需要大量的练习才会数真正的东西，例如，"请你用手指着扣子，一个一个地数，告诉我一共有多少个扣子"。

孩子需要练习写数字，锻炼动作和大脑的协调，可以请孩子看着板报上的大字体的数字，在空中比画着写、在沙子上写，或者把泥巴捏成数字。

举例：数数！数任何东西。在孩子排队回家时，数人数；在户外时，让孩子数鸡、数门、数人、数树。按照顺序数，然后倒过来数；全体起立，数 1、2、3、4……全体蹲下，数 4、3、2、1……请唱数数歌。

④比较

比较也是一项重要的数学技能。孩子先学会比较真实的物品，例如，在家里比较男人和女人的数量；比较餐具的数量；比较用餐人数的多少；

比较去奶奶家和去阿姨家的远近；比较鸡和羊的数量；比较昨天的天气状况和今天的天气状况。

⑤学习具体化的数字

儿童在学会算术之前，需要真正理解数字的意义。孩子需要用许多不同的材料来探索 1～10 的具体数字，直到他们真正理解数字，相同事物、规律之间的关系。日常的家庭生活可以给孩子提供学习和解决数学问题的机会，一定要把数学和日常生活联系起来，让孩子在实际生活中应用数学知识，体会数学的用处，例如："我们家有 3 个人，所以我们需要 3 个碗，不对，宝宝不需要碗，让我们数 2 个碗。"

⑥学习抽象化的数字

在这个阶段，儿童能够对一个抽象的数学问题做纸上记录和运算了。例如，"4 个孩子在玩积木，一个走出去看书了，还有几个孩子在玩积木？""你有多少种摆放 4 块积木的方式？"这个阶段的孩子能够写数字，并理解他写的数字所代表的事物的数量。具体的做法：请孩子在沙子上画物体，然后在所画物体下面写上数字。多少棵树？画下来，数数你画了多少棵，写下数字。儿童可以记录任何事物的数目，这样他们会觉得好玩、有趣。

⑦形状与空间知觉

儿童会花大量的时间玩各种形状的玩具，搭建各种形状的积木。通过游戏，他们学会将不同形状的东西组合搭配在一起。他们可以研究各种形状东西的样式和结构，推理如何把不同材料拼装在一起。

家长给孩子最好的游戏材料就是各种形状的积木，可以用容器做积木、用罐子做圆形、用家里的各种盒子做长方形的积木；家长还可以用圆形、正方形、三角形、圆圈、椭圆等来描述周围环境里的物品的形状，教给孩子这些基本形状的名称。

（四）讨论和发现

巡回支教志愿者和组长把家长分别带到附近的两个家庭里，观察这两家的家长是如何在日常活动中教孩子学习数学的。然后返回课堂，讨论他们的发现。

（五）结论

从大家的讨论中，巡回支教志愿者归纳了以下要点。

（1）学习数学的机会无处不在。

（2）儿童可以在玩耍和家务中学习数学。

（3）让孩子理解数字，可以和孩子一起数东西，唱数数歌，让孩子帮父母在市场和家里解决与数字有关的问题，例如篮子里能放多少个西红柿？阿姨和叔叔要来家里吃饭，我们需要多少个碗？请告诉孩子生活中的数学！

（4）为了理解测量，以孩子的"脚"为测量单位，寻找比孩子的脚长或脚短的东西；和孩子讨论时间的长短；比较家里的物品。

（5）为了理解几何学，帮助孩子辨别形状，让孩子去寻找不同的形状。

（6）为理解规律，用身体创造一种规律，例如，拍手和跺脚；从衣服上的图案中找规律。用生活用品去创造一种规律，例如：蒜/蒜瓣，蒜/蒜瓣，蒜/蒜瓣。

（7）学会分类管理信息。让孩子把相似的物品归类；问孩子事件发生的可能性：你认为今天会下雨吗？为什么？

IV

Part

第四部分
支教课程中的游戏

第八章　健康、运动游戏[*]

在个体生命发展历程中，健康是其全面发展的物质基础。离开了健康的身体或健康的心理，也就基本远离了人生幸福之源。正因如此，《幼儿园教育指导纲要（试行）》明确要求："幼儿园必须把保护幼儿的生命和促进幼儿的健康放在工作的首位。"

"保护幼儿的生命"是由幼儿身心发展的特点决定的。幼儿的生长发育十分迅速，但其个体器官的生理机能远未发育成熟，各组织均比较柔嫩，其生命的物质基础还相当薄弱；幼儿的可塑性很强但知识经验匮乏，独立生活能力很差；幼儿的活动欲望强烈但自我保护意识薄弱；幼儿的心灵稚嫩纯洁但特别容易遭受伤害。为此，保护幼儿的生命理所当然地成为健康领域发展的首要任务。

"促进幼儿的健康"是由幼儿健康的特有价值所决定的。"健康第一"的思想由来已久，许多教育家对此做出过精辟论断，其中儿童教育家陈鹤琴先生明确提出幼儿发展健康应放在第一位。他认为，"健全的身体是一个人做人、做事、做学问的基础"。健康是幼儿一生幸福的源泉，它既是幼儿身心和谐发展的结果，也是幼儿身心充分发展的前提。离开健康，幼儿就不可能尽情游戏，甚至无法正常生活；幼儿健康不仅能提高幼儿期的生命质量，而且为一生的健康赢得了时间，它是人类生命质量得以提高的基石；幼儿健康水平的提高体现了人类社会的进步。

世界卫生组织给"健康"下的定义已被越来越多的人理解和接受，"身心并重"的健康观念也逐渐深入人心。《幼儿园教育指导纲要（试

---

[*] 本章作者张琦，心理学硕士研究生，陕西学前师范学院讲师，主要从事心理咨询与辅导研究。

行）》中健康领域的第一个目标就是"身体健康，在集体生活中情绪安定、愉快"。这一目标明确表明了幼儿健康应包括身体健康和心理健康两个主要方面。幼儿的身体健康是指幼儿各个器官、组织的生长发育正常，没有生理缺陷，能有效抵抗各种急慢性疾病，体质不断增强，具备基本的生活自理能力；幼儿的心理健康是指心理发展达到相应年龄组幼儿的正常水平，情绪积极，性格开朗，无心理障碍，对环境有较强的适应能力。也就是说，一个健康的幼儿，既是一个身体健全的幼儿，也是一个"愉快""主动""大胆""自信""乐于与人交往""不怕困难"的幼儿。

由于幼儿的身体健康与心理健康是密不可分的两个方面，因此，健康领域有的目标如"生活卫生习惯良好"既包含日常生活中的盥洗、排泄等生理意义的卫生习惯，也包含没有吮吸手指等心理意义的问题行为；由于只有身心和谐发展才能真正既保证身体的健康又保证心理的健康，因此幼儿健康教育必须将"身心并重"的健康观念渗透进教师的每一个教育活动中，如在活动中，不仅要增强幼儿的体质，而且要促进幼儿在认知、情感、能力、态度、社会性和个性方面的良好发展。

幼儿健康教育的终极目标是增强幼儿体质，培养健康的生活态度和行为习惯，促进幼儿身心健康发展。而实现健康教育目标的方式就是"运动"与"养成"。身体运动是一种智能，它可以锻炼身体，更重要的是可以用身体运动来表现"情绪和思想"；幼儿健康行为习惯的养成过程中涉及对健康的认识、健康态度、社会适应等一系列的心理健康教育问题，而"人际关系智能"和"内省智能"在其中发挥重要作用。

一　3~6岁幼儿健康发展特点

（一）3~4岁幼儿年龄特点

3~4岁幼儿身体的各个器官、系统处于不断发育的过程中，其机体组织比较柔嫩，发育不够成熟，机能不够完善，机体易受损伤，易感染疾病。幼儿的生长发育存在较为明显的个体差异。

3~4岁幼儿大脑皮层易兴奋，注意力易转移，行为容易受情绪的影响。生活自理能力较差。自我保护的能力欠佳。骨骼弹性大，易弯曲变形。肌肉力量和耐力较差。心肺系统的调节功能发育不够完善。平衡、躲闪能力较差，动作不协调，易疲劳。

（二）4~5岁幼儿年龄特点

4~5岁幼儿身体的各个器官、系统处于不断发育的过程中，其机体组织比较柔嫩，发育不够成熟，机能不够完善，机体易受损伤、易感染疾病。幼儿的生长发育存在较为明显的个体差异。

4~5岁幼儿大肌肉发育较为迅速，动作发展明显加快，肌肉力量和耐力、心肌收缩能力、肺活量有了一定水平的提高。

对空气变化的适应能力及对病菌的防御能力有所提高。

生活自理能力逐步提高，良好的生活卫生习惯逐步形成。

自我保护意识和能力逐渐增强。

动作的稳定性和灵活性逐渐增强，已能适应一定的活动量和活动时间，但动作的准确性和自控能力还较差。

（三）5~6岁幼儿年龄特点

5~6岁幼儿身体的各个器官、系统仍处于不断发育的过程中，其机体组织比较柔嫩，发育不够成熟，机能不够完善，机体易受损伤、易感染疾病，幼儿的生长发育存在较为明显的个体差异。

5~6岁幼儿大脑的抑制过程逐渐加强，减少了冲动性，动作的目的性和自控能力逐渐提高。

初步具备情绪的调节与控制能力。

具备了基本的生活自理能力，养成了一定的卫生习惯。

具备了初步的自我保护意识和能力。

动作的协调性、灵活性、准确性有了很大的提高，喜欢尝试一些有难度、冒险的动作，协同活动逐渐增多。

二 教育指南的要求和指标

（一）身心状况

身心状况见表8-1、表8-2、表8-3。

表8-1 目标1 具有健康的体态

指标	3~4岁	4~5岁	5~6岁
内容	1. 身高和体重适宜（参考标准：男孩身高为94.9~111.7厘米，体重为12.7~21.2公斤；女孩身高94.1~111.3厘米，体重为12.3~21.5公斤） 2. 在提醒下，能自然坐直、站直	1. 身高和体重适宜（参考标准：男孩身高为100.7~119.2厘米，体重为14.1~24.2公斤；女孩身高为99.9~118.9厘米，体重为13.7~24.9公斤） 2. 在提醒下，能保持正确的站、坐和行走姿势	1. 身高和体重适宜（参考标准：男孩身高为106.1~125.8厘米，体重15.9~27.1公斤；女孩身高为104.9~125.4厘米，体重为15.3~27.8公斤） 2. 经常保持正确的站、坐和行走姿势

表8-2 目标2 情绪安定愉快

指标	3~4岁	4~5岁	5~6岁
内容	1. 情绪比较稳定，很少因一点小事哭闹不止 2. 不高兴时能听从成人的哄劝，较快地平静下来	1. 经常保持愉快的情绪，不高兴时能较快缓解 2. 需要不能满足时能够接受解释，不乱发脾气 3. 愿意把自己的情绪告诉亲近的人，分享快乐或求得安慰	1. 经常保持愉快的情绪。知道引起自己某种消极情绪的原因，能努力化解 2. 表达情绪的方式比较适度，不乱发脾气 3. 能随着活动的需要较快地转换情绪和注意力

表 8 - 3　目标 3　具有一定的适应能力

指标	3～4 岁	4～5 岁	5～6 岁
内容	1. 能在较热或较冷的户外环境中活动 2. 换新环境时情绪能较快稳定，睡眠、饮食基本正常 3. 在帮助下能较快适应集体生活	1. 能在较热或较冷的户外环境中连续活动半小时左右 2. 换新环境时较少出现身体不适情况 3. 能较快适应人际环境中发生的变化，如换了新老师能较快适应	1. 能在较热或较冷的户外环境中连续活动不少于半小时 2. 天气变化时较少感冒，能适应车、船等交通工具造成的轻微颠簸 3. 能较快融入新的人际关系环境，如换了新的幼儿园或班能较快适应

（二）动作发展

动作发展见表 8 - 4、表 8 - 5、表 8 - 6。

表 8 - 4　目标 1　具有一定的平衡能力，动作协调、灵敏

指标	3～4 岁	4～5 岁	5～6 岁
内容	1. 能沿地面直线或在较窄的低矮物体上走一段距离 2. 能双脚灵活交替上下楼梯 3. 能身体平稳并以双脚连续向前跳 4. 四散跑时能躲避他人的碰撞 5. 能双手向上抛球	1. 能在较窄的低矮物体上平稳地走一段距离 2. 能以匍匐、膝盖悬空等多种方式钻爬 3. 能助跑跨跳过一定距离，或助跑跨跳过一定高度的物体 4. 能与他人玩追逐、躲闪跑的游戏 5. 能连续自抛自接球	1. 能在斜坡、荡桥和有一定间隔的物体上较平稳地行走 2. 能以手脚并用的方式安全地爬攀登架、网等 3. 能连续跳绳 4. 能躲避他人滚过来的球或扔过来的沙包 5. 能连续拍球

表 8 - 5　目标 2　具有一定的力量和耐力

指标	3～4 岁	4～5 岁	5～6 岁
内容	1. 能双手抓杠悬空吊起 10 秒左右 2. 能单手将沙包向前投掷 2 米左右 3. 能单脚连续向前跳 2 米左右	1. 能双手抓杠悬空吊起 15 秒左右 2. 能单手将沙包向前投掷 4 米左右 3. 能单脚连续向前跳 5 米左右	1. 能双手抓杠悬空吊起 20 秒左右 2. 能单手将沙包向前投掷 5 米左右 3. 能单脚连续向前跳 8 米左右

续表

指标	3~4 岁	4~5 岁	5~6 岁
内容	4. 能快跑 15 米左右 5. 能行走 1 公里左右(途中可适当停歇)	4. 能快跑 20 米左右 5. 能连续行走 1.5 公里左右(途中可适当停歇)	4. 能快跑 25 米左右 5. 能连续行走 1.5 公里以上(途中可适当停歇)

表 8-6　目标 3　手的动作灵活协调

指标	3~4 岁	4~5 岁	5~6 岁
内容	1. 能用笔涂涂画画 2. 能熟练地用勺子吃饭 3. 能用剪刀沿直线剪,边线基本吻合	1. 能以较直的边线画出简单图形,或能按边线基本对齐折纸 2. 能用筷子吃饭 3. 能沿轮廓线剪出由直线构成的简单图形,并使边线吻合	1. 能根据需要画出图形,线条基本平滑 2. 能熟练使用筷子 3. 能沿轮廓线剪出由曲线构成的简单图形,边线吻合且平滑 4. 能使用简单的劳动工具或用具

(三)生活习惯与生活能力

生活习惯与生活能力见表 8-7、表 8-8、表 8-9。

表 8-7　目标 1　具有良好的生活与卫生习惯

指标	3~4 岁	4~5 岁	5~6 岁
内容	1. 在提醒下,按时睡觉和起床,并能坚持午睡 2. 喜欢参加体育活动 3. 在引导下不偏食、挑食,喜欢吃瓜果、蔬菜等新鲜食品 4. 愿意饮用白开水,不贪喝饮料 5. 不用脏手揉眼睛,连续看电视不超过 15 分钟 6. 在提醒下,每天早晚刷牙	1. 每天按时睡觉和起床,并能坚持午睡 2. 喜欢参加体育活动 3. 不偏食、挑食,不暴饮暴食,喜欢吃瓜果、蔬菜等新鲜食品 4. 常喝白开水,不贪喝饮料 5. 知道保护眼睛,不在过强或过暗的地方看书,连续看电视不超过 20 分钟 6. 每天早晚刷牙且方法基本正确	1. 养成每天按时睡觉和起床的习惯 2. 能主动参加体育活动 3. 吃东西时细嚼慢咽 4. 主动饮用白开水,不贪喝饮料 5. 主动保护眼睛,不在过强或过暗的地方看书,连续看电视不超过 30 分钟 6. 每天早晚主动刷牙,方法正确

表 8 - 8　目标 2　具有基本的生活自理能力

指标	3 ~ 4 岁	4 ~ 5 岁	5 ~ 6 岁
内容	1. 在提醒下,饭前便后能洗手 2. 在帮助下能穿脱衣服或鞋袜 3. 能将玩具和图书放回原处	1. 饭前便后能主动洗手,方法正确 2. 能自己穿脱衣服、鞋袜、扣纽扣 3. 能整理自己的物品	1. 能根据冷热增减衣服 2. 会自己系鞋带 3. 能按类别整理好自己的物品

表 8 - 9　目标 3　具备基本的安全知识和自我保护能力

指标	3 ~ 4 岁	4 ~ 5 岁	5 ~ 6 岁
内容	1. 不跟陌生人走,不吃陌生人给的东西 2. 在提醒下能注意安全,不做危险的事 3. 在公共场所走失时,能向警察或有关人员说出自己的名字、家庭地址、家长的名字或电话号码	1. 在公共场合不远离成人的视线单独活动 2. 认识常见的安全标志,能遵守安全规则 3. 运动时能主动躲避危险 4. 知道简单的求助方式	1. 未经大人允许不给陌生人开门 2. 能自觉遵守基本的安全规则和交通规则 3. 运动时能避免给他人造成危险 4. 知道一些基本的防灾知识

游戏活动 1　捕"小鱼"

活动目标

提高幼儿参与体育锻炼的兴趣,培养幼儿集体行动的意识。

材料:口哨。

步骤一:示范捕"小鱼"

请两位老师面对面举起双手、手心相对搭成"渔网","小鱼"听着口哨声便低头钻过"渔网"。

步骤二:带领儿童一起玩游戏

带领幼儿排队牵好衣服来到"渔网"前,穿过"渔网",老师的口哨声停止就开始捕鱼,幼儿要避免被"渔网"网到。在熟悉游戏规则后,老师可忽高忽低变换手臂高度,以增加游戏难度与乐趣。

步骤三:用语言指导儿童自己排队做游戏,并穿过老师做的"渔网"。

游戏活动 2　方位练习

活动目标

增强幼儿的方位感，巩固幼儿对方位的认识能力。

主要指标

3~4 岁儿童能够分清楚前后左右等方位，增强幼儿对体育活动的兴趣。

4~5 岁儿童能够根据声音指挥辨方向，具有一定的反应能力。

5~6 岁儿童能将方位概念运用到行为活动中。

拓展指标

方式：室外或室内活动。

时间：10~15 分钟。

材料：铃鼓。

步骤一：教师先示范游戏如何进行（一边用铃鼓打节奏，一边念"上面拍一拍，下面拍一拍……"分别是上下，左右，前后，都是两个相对的方位）。

步骤二：教师放慢节奏，幼儿学做。

步骤三：加快节奏，打乱顺序，让幼儿根据教师的口号拍手。

步骤四：请幼儿起立，告诉幼儿鼻子在前面，屁股在身后，耳朵在两旁，教师拍哪里幼儿就跑过去站在三者表示的相应方位，在铃鼓声停止之前，幼儿必须回到座位，没有及时回去的幼儿必须表演节目。

游戏活动 3　小青蛙跳荷叶

活动目标

具有一定的平衡能力、力量和耐力。

主要指标

3~4 岁儿童学会双脚同时离地向前和向上跳跃。

4~5 岁儿童能够进行连续跳跃动作。

5~6 岁儿童能够独立将跳跃动作完成得平稳有力。

拓展指标

培养幼儿克服困难、勇敢挑战的品质。

材料：纸荷叶。

方式：室内外活动均可。

时间：10～15 分钟。

步骤一：在场地上画上荷叶（可用圆点代替），每人一片，荷叶之间要留有幼儿站的位置。

步骤二：带幼儿进入场地，引导幼儿发现场地上的荷叶，激发幼儿跳的愿望。

步骤三：老师说："哎呀！池塘里有这么多荷叶，青蛙宝宝们，让我们跳到荷叶上玩一玩吧。"边唱儿歌边示范双脚离地向前跳和向上跳的动作。老师唱："小青蛙，呱呱呱，跳上荷叶（向前跳），呱，呱，呱！（向上跳）"

老师鼓励儿童大胆尝试，如果儿童不会跳，可再次示范跳的动作。

对于 3～4 岁幼儿，如果不敢跳，老师可拉着幼儿的手，帮助其跳上荷叶。

对于 4～5 岁幼儿，可鼓励他们跳上荷叶后，在原地跳三下。

对于 5～6 岁幼儿，可提高游戏的难度，引导其连续向前跳跃。

游戏活动 4　木头人

活动目标

锻炼幼儿的即时反映及身体控制协调能力。

主要指标

3～4 岁儿童听清口令，按照口令试图做出相关行为。

4～5 岁儿童在运动状态下能够即时平稳站立。

5～6 岁儿童能够较好地控制自己身体的各部分。

拓展指标

在一定的游戏规则下培养幼儿的秩序性，培养幼儿喜爱游戏的情感。

材料：无。

步骤一：一起喊口令："我们都是木头人，不许说话不许动，外加一个不许笑！"

步骤二：口令完毕，立即保持静止状态，无论本来是什么姿势，都必须保持不动。

步骤三：如果有一人先忍不住说话，或者笑，或者行动，则这个人是游戏失败者，请他/她到另一边等待下一轮的游戏。

步骤四：剩下的人再次开始木头人游戏，直到剩下最后一人，其成为胜利者。

游戏活动5　蚂蚁运粮

活动目标

（1）能两手两膝着地向前爬。

（2）体验共同游戏的快乐。

拓展指标

培养合作、分享的良好品质。

材料：沙袋若干，小篮子4个，人手一副手套和护膝。

方式：户外活动。

时间：10～15分钟。

步骤一：交代角色，引起幼儿做游戏的兴趣。

教师：今天我们一起学做小蚂蚁，像小蚂蚁那样学本领。

教师：蹲下睡一觉，起床伸懒腰，摇头又晃脑，洗脸笑一笑。转身做做操。摸摸触角走一走，转个圆圈找一找，发现豆子拍手跳。

幼儿自由练习像蚂蚁一样爬行。

步骤二：进行蚂蚁搬豆。

教师介绍游戏的规则：看清场地上哪里有豆子，然后爬过去把豆子搬回来，放在篮子里。

在幼儿熟悉游戏规则的基础上选两队幼儿进行比赛，通过比赛让孩子感受到胜利的喜悦，明白合作力量大的道理，使活动达到高潮。幼儿做游戏，教师巡回指导，并提醒幼儿不要相互碰撞。

步骤三：引导幼儿体验共同游戏的快乐。

让幼儿相互讨论，把得到的粮食进行分享，培养孩子有好东西大家一起分享的良好品德。

游戏活动 6 玩具找家

活动目标

（1）能在相距 25 厘米的平行线中走。

（2）行走时，两臂自然侧平举，保持身体平衡。

拓展指标

学习收放玩具，熟悉集体生活的常规。

材料：塑料筐 5~6 个，幼儿熟悉的简单玩具若干（数量是幼儿数量的 2~3 倍）。

在场地中间画 4~5 条长 3~5 米、宽 25 厘米的小路，小路间有一定的间隔。

方式：户外活动。

时间：10~15 分钟。

步骤一：游戏"玩具找家"。

幼儿站成两条平行线，教师站在中间面向幼儿，交代玩法和规则：有儿童把玩过的玩具放在了外面，玩具找不到自己的家了，我们去把玩具找回来，找玩具时，要小心走过一条小路，别踩到路边的小草，拿到玩具后从小路走回来并把其放入筐中。随后教师请几名幼儿尝试做这个游戏。

步骤二：教师说怎样走得又快又稳呢？再请部分幼儿示范玩法和游戏全过程；幼儿走过小路收好玩具，再从小路走回来把玩具放入筐中。

步骤三：幼儿分组做游戏 2~3 次；教师提醒幼儿走小路时要走在中间，不要踩线；表扬幼儿是能干的宝宝并提醒幼儿要把玩具收起来。

游戏活动 7 快乐的小鸟

活动目标

（1）能从距地面 15~30 厘米的高处往下跳。

（2）学会摆臂跳起，落地轻。

拓展指标

懂得规则并遵守，和同伴一起做游戏。

材料：幼儿人手一张椅子和15厘米高的平衡凳，将其摆放成长方形（四角要少放，避免幼儿跳下后碰撞，检查场地器械的安全性）。

方式：户外活动。

时间：20~30分钟。

步骤一

（1）教师：老师做小鸟妈妈，儿童做小鸟。

教师和幼儿一起蹲在长方形的场地里扮演睡着的小鸟，当教师说"天亮了"，小鸟就起床。

（2）教师引导幼儿学习从上往下跳。教师：小鸟已经长大了，要学会飞了。这些椅子和平衡凳是各种小树，我们先一起飞上小树，再从小树上飞下来。你们去试试看（提醒幼儿在椅子上要站稳，在运动中避免相互碰撞）。

（3）教师请个别幼儿示范正确的跳法：两腿弯曲手臂摆后，起跳向前，落地时两腿要弯曲。

（4）幼儿练习，教师鼓励胆小的幼儿勇敢地跳下去，并指导其跳的动作。

步骤二

（1）教师交代游戏玩法及规则，并组织幼儿进行游戏。

教师：有一只狐狸喜欢吃小鸟，可是它不会爬树，小鸟看到狐狸该怎么办？

教师引导幼儿明白：只要身边有小树，我们就飞到小树上躲避狐狸，等狐狸走后我们再轻轻跳去找食吃。

（2）教师扮演狐狸，提醒幼儿看到狐狸来了赶快爬到树上去。

幼儿做游戏4~5次，教师提醒幼儿轻轻跳下，表扬能遵守规则进行游戏的幼儿。

游戏活动8　汽车拉力赛

活动目标

（1）练习走跑交替。

（2）锻炼身体耐久力素质。

拓展指标

培养幼儿对体育锻炼的兴趣以及活泼开朗的性格。

材料：铃鼓。

方式：户外活动。

时间：15～20分钟。

步骤一：扮演角色活动身体

教师：今天老师要带你们玩个小游戏，这个游戏的名字叫作汽车拉力赛。你们和老师今天都是小小公交车，老师为你们准备了方向盘，你们可以一组选出一个儿童当车头。

师：在游戏之前，小小公交车要先加油，大家跟着老师来活动一下（教师带领幼儿做一些简单的准备运动）。

步骤二：交代规则带领练习

（1）教师向幼儿交代游戏规则

教师：公交车要根据一定的路线前进，经过平坦的公路，汽车就可以开快点。有些路比较不平，就要慢慢地开，不然就会翻车。还有上坡路，开得比较慢。下坡就比较快了。到了拐弯处，我们要鸣喇叭。等会我们一起前进，要注意根据经过的路线调整速度，不然小小公交车就会翻了。而且车头的人要提醒后面的儿童，后面的儿童要跟着汽车头，不能断开。老师还要请3个儿童当红绿灯，他们可以变化红绿灯，车子开过来时要听他们的指挥。

（2）教师带领练习

教师："现在老师先做一次小小车头，我们要出发了。小小车箱跟着我。"

幼儿在教师的带领下在场上绕几圈，在拐弯处鸣喇叭，然后走跑交替通过各种地段，等待、经过红绿灯（红灯停，绿灯行）时，老师用语言提示幼儿。

步骤三：指导自由练习

（1）吹一下哨子，将儿童集合起来。教师提问儿童。让其示范表演，他们应用语言说出自己的想法。

教师：小汽车在不同的地面，应用怎样的速度前进？用走还是用跑？

（2）让幼儿自由练习，快慢走跑由他们自己掌握。

步骤四：教师将幼儿集中起来做放松运动，然后组织他们回班级。

教师：小汽车们累不累啊，累了话跟着老师做一下放松运动。

游戏活动 9　小兔采蘑菇

活动目标

（1）教幼儿练习钻过 70 厘米高的障碍物。

（2）让幼儿的动作具有协调性及灵敏性。

拓展指标

培养幼儿的尝试精神。

材料：

（1）小兔头饰若干，数量为幼儿数量的 2 ~ 3 倍的蘑菇卡片，小篮子 4 个；

（2）在场地中间悬挂一条高约 70 厘米的长绳，将场地布置成"树林"；在场地一端撒上"蘑菇"。

方式：户外活动。

时间：20 ~ 25 分钟。

步骤一：开始部分

（1）教师告诉幼儿今天的游戏内容。

指导语：今天兔妈妈要带小兔去采蘑菇，可是有一片树林挡住了我们的去路，你们有什么办法可以过去呢？

（2）幼儿想出多种方法后，教师引导幼儿说出哪种方法最好，最后得出结论：钻过树林采蘑菇最好。

指导语：现在就请小兔试着钻过树林采蘑菇，如果你钻过去了，采到了蘑菇，请你告诉我你是怎么钻过去的。

（3）教师请尝试成功且动作正确的幼儿告诉大家是怎么钻过去的并示范给大家看，教师总结钻的动作要领：双膝弯弯，腰弯弯，低着头儿钻钻钻。

步骤二：教师请全体幼儿用正确的方法练习，教师随机指导，当幼儿把蘑菇全部采完，游戏结束。

指导语：现在小兔们就可以用刚才学过的方法钻过树林采蘑菇了，小兔们出发！

步骤三：结束部分

（1）兔妈妈表扬认真学本领的小兔，小兔们把蘑菇送给兔奶奶吃。

（2）复习儿歌《采蘑菇的小姑娘》。

游戏活动 10　跳房子

活动目标

发展幼儿投准、单脚跳跃动作，增强幼儿腿部力量，提高幼儿平衡能力。

拓展指标

培养幼儿参与意识、竞争意识、规则意识。

材料：在场地上画好格子并将其当作房子，小沙包一个。

方式：户外活动。

时间：20～25分钟。

步骤一：开始部分

（1）热身

教师带领幼儿一起进行热身活动，如做模仿操，慢跑等，尽量把幼儿的身体活动开。

（2）教师向幼儿介绍游戏的名称，并向幼儿讲解和示范各种玩法。

游戏规则：①幼儿在玩游戏时，如果没有按照规定顺序踢跳，则被判为失败；②在跳房子过程中，脚或小沙包压线或出格均为失败。

玩法：幼儿站在第一格线外，将小沙包投进第一格，跨进第二格单脚跳进第三格，双脚跨进第四格、第五格，然后单脚跳进第六格，再双脚跨进第七、第八格，单脚跳进第九格，跳转身后再依次返回至第二格时，单脚站住并用手捡起小沙包，跨出第一格，然后再将小沙包投进第二格，如此依次进行，不犯规、少犯规并且先跳完者为获胜。

步骤二：教师带领幼儿进行游戏，并注意安全。

步骤三：游戏结束，教师带领幼儿进行放松活动。

步骤四：活动总结。

教师总结幼儿今天的表现，表扬和鼓励在活动中表现积极的幼儿，让幼儿在玩游戏的同时，感受到体育活动的快乐；同时，教师也要照顾到那些在活动中比较安静的幼儿；对于表现不好的幼儿，鼓励他们加油以在下次表现得更好等，使其能在活动中活跃起来，以培养他们对体育游戏活动的兴趣。

游戏活动 11　钻山洞游戏

活动目标

（1）积极参加结伴进行的"钻山洞"活动，提高发明力。

（2）发展基本动作，增强肌肉的耐力和集体的协调性。

拓展指标

在活动中体验成功和合作活动的乐趣。

方式：户外活动。

时间：10~15分钟。

材料：音乐伴奏。

步骤一：热身

老师带领幼儿随着音乐做操。

步骤二：开始部分

（1）开始游戏

幼儿尝试用身体的不同部位"搭山洞"。

教师：以前，我们玩过钻山洞的游戏，今天，我们用身体搭山洞，想一想，试一试，用身体能搭出怎样的山洞呢？幼儿自由探索，老师观察指导，提醒幼儿注意安全。

（2）让三四个幼儿一组，搭成一个山洞，再让一组幼儿用不同的方式，钻过山洞，钻的幼儿以不碰到山洞，先钻过的一方为胜，游戏次数根据幼儿爱好和活动量而定，每次做游戏重新推选搭山洞的幼儿。

步骤三：结束部分

最后，老师和幼儿在音乐中相互捶背敲敲腿，进行放松活动，结束游戏。

游戏活动 12　玩报纸游戏活动

活动目标

（1）巩固跑步的正确姿势，训练跑的速度。

（2）开动脑筋，运用多种方法练习跑。

拓展指标

培养幼儿机智勇敢。

方式：户外活动。

时间：10~15分钟。

材料：幼儿人手一张报纸，韵律操音乐的磁带及录音机。

步骤一：开始部分和准备运动

（1）开始部分

幼儿入场做准备运动：幼儿手拿卷好的报纸，在音乐中有精神地入场。

（2）准备运动（韵律操）

幼儿在教师的带领下，听音乐有节奏地手拿卷好的报纸，有精神地做操。

步骤二：活动部分

（1）教师打开报纸，启发幼儿边想边尝试，不用手去帮忙怎样才能让报纸贴在胸前而不掉下来，让幼儿自由分散活动。

（2）尝试后请幼儿集中，谈谈尝试的结果，得出结论：把报纸贴在胸口，快速地跑。

（3）第二次尝试将报纸贴在胸前往前跑，试跑几下，让幼儿得到结论，跑得越快，报纸贴得越紧，越不容易掉下来。

步骤三：教师带领幼儿做"大哭""大笑"的表情，以放松肌肉和情绪，对幼儿活动情况做简单评价，幼儿在音乐声中回到教室。

游戏活动 13　小小的消防员

活动目标

（1）练习跑、跳、钻、爬等相结合的动作。

（2）了解防火知识，培养消防意识，丰富自我保护的常识、方法。

拓展指标

培养幼儿相互合作的精神。

方式：户外活动。

时间：10~15分钟。

材料：6个纸板做成的火苗、两个可立住的半圆形圈、1根缠绕红纸的绳子、1个呼啦圈、2个里面放若干"布娃娃"的塑料筐、2个包上红布的瓶子做（灭火器）、8个软垫。

步骤一：角色分配——分成两队，每队两组。

步骤二：交代游戏内容、规则。

步骤三：幼儿游戏

（1）比赛开始，每队一人绕过火苗，钻过火圈，跳过火海，爬过火洞。

（2）到达目的地后（失火现场）进行灭火，抱回一个娃娃，拍第二个幼儿的手，游戏继续。

（3）游戏结束，教师总结。

游戏活动 14　美猴王打怪兽

活动目标

学习并练习投掷的基本方法，能用正确的投掷方法击中目标。

拓展指标

培养幼儿勇于克服困难的精神，以体验成功的快乐。

方式：户外活动。

时间：10~15分钟。

材料：纸球若干、不同大小的怪兽3只、大塑料滚筒3个、不同宽度小河3条（可用绳子代替）、桌子2张、椅子4把。

步骤一：热身活动

老师：猴子们，快跟大王去做运动！

在音乐伴奏下，儿童做热身操，进行队列训练。

步骤二：探索与学习

（1）自由尝试

老师：猴子们你们看，今天大王带来了一样好玩的东西，就是纸球。现在请你们每人拿一个纸球，找一块空地玩一玩，看看纸球能怎么玩（注意拿的时候：女孩优先！）

（2）师幼交流：拍手站大圆

老师：猴子们，你们是怎么玩的？谁愿意来展示一下？

（3）学习方法：站成男女2排

老师：猴子们你们看，刚才×××的这个动作，有个好听的名字，叫投掷。今天你们就跟大王学习这个本领，我们先学习正面投掷，看我，两脚前后开立（左脚在前），面对前方，右手拿东西向后向上放，上体稍向后屈，重心落在右脚上，右脚用力蹬地，同时右臂向前上方挥动，将物体掷出去。

（4）练习动作

老师：现在我们来练习投掷，我们分男女两组进行，比一比看谁投得远！（注意：前面一组投出去、捡完纸球回来，下一组听到口令才能投球，一定要听口令、注意安全，不能打到别的猴子。第一排听口令，大王数到三就投出去，一、二、三！第二排准备……）

步骤三：集体游戏——打怪兽

（1）老师：我的猴子们真棒，本领练好了！看，那边来了几只怪兽，我们一起去消灭它们！哪只猴子愿意先去探路？我们要跨过小河、钻过山洞、翻过小山，找到怪兽消灭它（注意：路上有一定的危险，过河时一定不能掉到河里，打怪兽时不能离得太近，小心受伤！我们有三条路，现在选择你喜欢的一条路，行动！）。

（2）观察幼儿对动作的掌握情况，教师纠正动作，请个别幼儿示范标准动作："跨过小河、钻过山洞、翻过小山，找到怪兽，瞄准目标，准备射击，打！"组织幼儿再次做游戏。

（3）师幼交流：拍手站大圆

老师：今天，我的猴子们出色地完成了任务，真能干，给自己鼓鼓掌！谁来说一说你是怎么消灭怪兽的？路上遇到了什么困难？你害怕了吗？鼓励幼儿大胆表达。我们以后在生活中也应这样，不管遇到什么困难，都要勇敢面对，想办法解决。能做到吗？

（4）放松整理：听音乐

在音乐伴奏下做放松运动，师幼共同整理场地。

游戏活动 15　玩转小布球

活动目标

进行抛、接、跳、投等多种动作技能的练习，发展幼儿的上下肢力量和身体协调等多种素质，激发幼儿的练习兴趣。

主要指标

3~4 岁儿童身体具有本体感觉和判断力，对距离有一定的理解和预知，手臂有一定力量，上肢动作协调灵活。

4~5 岁儿童有一定的弹跳能力、平衡能力，上肢有掷高掷远的能力。

5~6 岁儿童四肢稳定协调，腿部有力量，四肢可以同时协作发力。

拓展指标

培养幼儿合作和竞争的意识。

方式：户外活动。

时间：15~20 分钟。

材料：（1）利用废旧布的边角余料，缝制拳头大小的圆体，里面填充棉花、碎布条等软物，将其缝合成"布球"，人手一个或两个（可根据游戏需要制作不同颜色的"布球"，以增强趣味性）；（2）准备等同规格的红、蓝两种小布球若干，球数是参加游戏人数的倍数，桌子 2 张，篮筐 2 个。篮筐至桌面用胶带或其他方式简单固定。

步骤一：3~6 岁儿童进行个体或协同地抛、接等多种动作练习。

（1）双手向上连续抛、接球。

（2）双手向上抛球击掌接住球。

（3）双手交替向上抛、接球。

（4）两人相对，间隔一定距离，双手向上相互抛、接球。

（5）两人相对蹲立，间隔一定距离，沿地面双（单）手向前相互推滚、接球。

步骤二：在完成上述活动后，4~6岁儿童进行个体或协同地抛、接等多种动作练习。

（1）两人相对，间隔一定距离，用脚相互夹抛球。

（2）布球至地面，双（单）脚向前、后、左、右越球跳。

（3）进行头顶布球的各种走步练习，如直体走、蹲着走、走图形等。

（4）双脚夹布球向前连续跳。

（5）球至地面等同间隔，单（双）脚连续向前或向侧跳。

步骤三：在完成上述活动后，5~6岁儿童进行小布球投篮比赛

将幼儿均分成两队，分别站在圆线外，每人手持两个布球。当听到开始音时，儿童迅速向本方的篮筐里抛投布球。投中球数多的队为胜，反之为败。注意游戏规则：掷完球后，要迅速回到站位线上，如两队投中球数相等，以站队快者为胜；如有投错球筐的，球为另一队所有。

游戏活动 16　手指跳舞

活动目标

（1）训练手的精细动作和控制能力。

（2）提高创造力和手的协调运动能力。

拓展指标

培养幼儿的节奏感和创造性表现。

材料：旧挂历、画有大树的纸板、各式各样的纸偶若干。

步骤一：复习巩固对手指名称的认识。

步骤二：将准备的纸偶分别戴在两个手对应的手指上。

步骤三：教师边唱《手指歌》边做手指操，表情可夸张，以激发幼儿对手指操的兴趣。

步骤四：教师教幼儿边唱儿歌边做手指操。

儿歌

手指歌

伸开十指两把扇，紧握十指一双拳；

常动手指头脑灵，儿童们试试看；

大拇指头是小鸡，捉条小虫笑嘻嘻；

食指指头是小狗，哥俩见面转圈走；

中指指头个最高，见面点头又弯腰；

无名指头是小猫，捉只老鼠喵喵喵；

小拇指头是小鸭，扇扇翅膀呷呷呷。

步骤五：教师引导幼儿讨论我们有多少根手指？它们都叫什么名字？我们的手指都能做什么？

步骤六：教师指着大树说："你们看，春天到了，大树都长出了新叶子，我们这棵大树干还没有叶子，我们来帮大树贴上叶子好吗？"教师示范将各种颜色的纸撕成树叶，贴在大树干上，然后指导幼儿将纸撕碎贴上。教师可以和幼儿共同完成。

步骤七：整理活动。播放轻柔舒缓的音乐，教师和幼儿一起按摩手指，放松全身，分享活动的喜悦。

游戏活动 17　捡果子

活动目标

提高动作的灵敏性与准确性。

活动准备

每人一个背篓、若干纸球、音乐磁带。

活动过程

（1）捡果子

①教师描述秋收景象，引导幼儿进入游戏角色。

②交代游戏规则：不能直接把纸球放入背篓，要求用手将纸球抛起，然后用背篓接住纸球。

③幼儿练习抛接动作。

（2）捡果子比赛

①教师把纸球散洒在地上。

②以音乐为信号开始游戏，幼儿听音乐将纸球捡入背篓中；音乐停止，捡球即止。幼儿清点各自背篓里的纸球，数量在前 10 位的幼儿获优胜奖。游戏可反复数次，如果幼儿违反游戏规则，则判罚减少背篓中的两个纸球。

（3）追逐抛果比赛

以音乐为信号开始游戏，幼儿边跑边捡纸球并将球抛入别人的背篓中，并想办法躲开别人抛过来的球。音乐停止，追逐抛果游戏即止。清点各自背篓中的纸球，数量较少的前 10 位幼儿获优胜奖。游戏可反复数次。

游戏活动 18　三人五足行

活动目标

训练幼儿的平衡能力及协调能力。

活动准备

小椅子 2 把，并把其放在终点线后。

活动过程

将幼儿分成人数相等的两队，每队以 3 人为一组，各队按顺序排列在起点，面对终点线后的椅子。每组 3 人横排，两边的幼儿扮演助人为乐者，内侧手相拉，中间的一名幼儿扮演残疾人，一只脚站立，另一只脚弯曲搭在两位"助人为乐者"相拉的手上，两臂搭在"助人为乐者"的肩上。教师发出口令后，"助人为乐者"驾着"残疾人"向前跑，"残疾人"单脚跳。至终点线时，"残疾人"跑步绕过小椅子，3 人再恢复原样，跑回起点线，依次进行。先跑完的队获胜。

活动规则

各队两组间接替时，必须在前一组扮演残疾人的幼儿，拍后一组"残疾人"的手掌后，后一组方可起跑。

游戏活动 19　螃蟹赛跑

活动目标

提高幼儿动作的协调性及灵敏性。

材料

80 厘米长的绳子若干根。

步骤

参加游戏的幼儿两人一组，两名幼儿背靠背站立，腰部上系一根绳子，组成一只螃蟹。选一对为追者，其他都为逃者。幼儿一起唱儿歌："小螃蟹，横着跑，跑来跑去乐陶陶。螃蟹妈妈追来了，螃蟹赶快往家跑！"唱完儿歌，即开始追逃。追者一旦拍逃者，逃者便要出圈。等捉到一部分逃者后，可重新挑选追者，游戏重新开始。游戏结束后，捉螃蟹最多的幼儿获胜。

规则

逃者不能出圈，否则，即算被捉。

游戏活动 20　神奇的布袋

活动目标

提高幼儿的腿部肌肉力量及协调能力，培养幼儿合作做游戏的能力。

材料

教师用的布袋一只（底部装拉链，可开合）。

幼儿每人一只布袋（由于幼儿的身高不同，布袋的长度有所不同）。

皮球若干，障碍物若干，大的塑料筐若干。

步骤一：活动身体

教师扮袋鼠妈妈，幼儿扮小袋鼠，边唱儿歌，边活动身体。

步骤二：探索练习

（1）孩子们，今天我们用这个布袋来练习跳的动作好吗？

（2）幼儿自由探索活动方式，教师巡回指导，注意引导幼儿开展合作，仔细观察哪些幼儿用双脚跳，哪些幼儿用立定跳远的方式跳。

（3）请个别幼儿示范立定跳远的方法：两个幼儿手拉布袋的两端，使其成为一个可任意升降的障碍平面，另一幼儿以立定跳远的方法越过障碍。

（4）请个别幼儿将双脚放入布袋，示范双脚行进跳的方法并做简单的追逐游戏，引导幼儿讨论怎样才能跳得又快又稳。

（5）幼儿进一步练习，教师根据幼儿的身高差异提供合适的布袋，并随时调节活动量。

步骤三：小袋鼠运球

（1）幼儿分成两路中队，分别将双脚放入布袋，准备进行游戏。

（2）讲解游戏方法：袋鼠运球时先要跳过障碍物，在前方拿一个皮球装进布袋，然后跳到"家"里将皮球放在塑料筐里。

（3）教师注意观察哪些幼儿能自如地搬球，哪些幼儿的动作还不够协调等，以便在以后的体育活动中进行个别指导。

（4）根据幼儿体能安排游戏次数，并适时调节活动量，提醒幼儿注意安全。

步骤四：游戏结束，放松身体。

第九章　科学和数学游戏[*]

一　儿童认知发展的规律和条件

（一）3～4岁儿童认知发展的规律和条件

1. 视觉、听觉、触觉、味觉、嗅觉的逐步发展

随着幼儿大脑的不断发展，幼儿把活动范围从以家庭为主要场所拓展到社区、幼儿园等多个地方，3～4岁幼儿视觉、听觉、触觉、嗅觉、味觉逐步发展与完善。他们已经能够分辨红、黄、蓝、绿等常见颜色；能较准确地辨别各种声音；能通过手接触更多的物体，从而知道物体的凉热、软硬等；能分辨物体的大小和远近；能区分白天和黑夜；能辨认上下前后方位，掌握圆形、方形、三角形。

"五感"共同发展使幼儿具备一定的观察能力。但是3～4岁幼儿尚不能反省与监控自己活动的目的和任务，观察混乱，不细致，通常只能观察到事物的粗略轮廓，看到事物的表面现象。此外，幼儿尚未具备一定的意志力，观察活动容易分心，鲜明、移动、强度大的事物能分散幼儿的注意力，且幼儿的观察受情绪波动影响较大。

---

　　* 本章作者信忠义，心理学硕士研究生，陕西学前师范学院讲师，主要从事学校心理健康教育研究。张智华，教育学学士，陕西学前师范学院副教授，主要从事儿童科学教育和数学教育研究。

2. 服从一定目的的记忆能力较差

3~4 岁儿童在游戏、活动中能够偶然记忆一些知识，但要给幼儿设定一定的记忆目标让幼儿完成还存在较大的困难。这主要由于一方面幼儿记忆受事物特征的影响较大，诸如形象鲜明、具体生动、能满足幼儿个体需要的事物，容易被幼儿自然而然地记住，而刻板、晦涩的事物难以被记住；另一方面，幼儿还不能像年龄较大的儿童那样有意识、有目的地采取一定的记忆方法，记忆效果随喜怒哀乐、事物的吸引力大小而出现变化。

3. 能够进行"自由"的想象

3~4 岁幼儿已经能够将竹竿当成马"骑"，张开双臂自由地飞来飞去，他们具备一定的想象能力，这也是幼儿进行游戏活动的前提，但是他们的想象往往比较简单，是无意的、自发的，容易变换主题，所以他们很难像中学生一样长时间地憧憬自己的未来，回忆过去。

由于幼儿不能把想象的事物与现实的事物清楚地区分开来，因此常被家人误认为是在说谎。幼儿的言谈中常常有虚构的部分，对事物的某些特征和情节往往加以夸大，因而又表现出"说大话"的特征。

4. 思考离不开动作

这一阶段的孩子很明显的一个特征就是好动，好摆弄，很多时候被家人误以为孩子"淘气，不听话"。实际上，孩子的这种摸、打、拆、摔等行为是一种思考问题的方式。就如成人在遇见新奇的事物时，只需要动脑思考就可以了，因为成人的大脑已经成熟，而 3~4 岁幼儿大脑尚未成熟，刚从婴儿时期过渡而来，他们尚不能在头脑中进行思考，他们有自己的思维方式——操作事物，所以摸、打、拆、摔等动作反映出他们这一阶段的好奇心，爱思考的特性。当然这一思维方式比较简单、粗糙，难以认识高深的、抽象的知识。引发他们的思考需要呈现实物，以让他们自己摸索。

（二）4～5岁儿童认知发展的规律和条件

1. "五感"精度提高

从4岁起，幼儿就开始具有辨别物体细微区别的能力，例如他们能逐渐分辨混合色，区分各种颜色的明度和纯度。听觉的精确程度也有所提高，表现在他们对声音差别的感受能力上已有明显进步，对远距离物体的辨别能力也开始发展。在时间感觉上，他们能逐渐认识一天中早与晚，逐渐认识昨天、今天、明天。

2. 服从一定记忆任务的能力逐渐发展，抽象记忆开始萌芽

4～5岁幼儿已经能有意识地记住记忆任务。例如，父母带他去游乐场之前，要求他记住游乐场都有些什么，回家后他能清楚地说出来。这时，幼儿记忆保持的时间也逐渐延长，已能记住经多次重复讲述给他听的故事。4～5岁幼儿已能记住较为抽象的事物，例如家庭住址、电话号码、老师或家长教的某个词，他们都能较为顺利地记忆。

3. 能够在想象过程中加以补充、构造

这一阶段幼儿的语言逐渐完善发展，生活经验越来越丰富，因而想象变得更加丰富多彩，他们不再单纯重复成人或年长幼儿提出的话题，而是通过自己的构思来加以补充。尤其是成人在幼儿想象的时候加以言语引导，其想象力会充分地展现出来。但幼儿在此阶段的想象内容仍然较为零碎，受成人的影响较大，且容易受外界情景的影响。

4. 思考以实物为支撑

4～5岁幼儿由于具有一定的记忆能力，头脑中储存了部分事物静态或动态的"影像"，因为在思考时不再像前一阶段的幼儿必须"摆弄"，他们可以在头脑中再现事物的"影像"，从而完成思考。由此看来，他们的思

考依赖事物的具体形象,这就是幼儿记忆力细致入微的原因。显然,将事物的细枝末节都加以记忆是没有效率的,不仅记忆负担重,而且容易受到具体事物的限制,所以他们会说出"一只黑色的小白兔"这种充满童趣的话,另外,他们对抽象的概念"家具"困惑不解。

(三) 5~6 岁儿童认知发展的规律和条件

1. 观察能力初步发展

这一阶段,感知能力进一步提高,各种感官能够有机地配合,因而形成较为初步的观察能力。在生活环境和教育的影响下,5~6 岁幼儿观察的目的性增强,观察的时间也有所增加。他们会把事物的各个方面联系起来进行系统的观察,有顺序地观察,开始了解所观察的事物之间的内在联系和本质特征。

2. 能够采用一定的记忆方法提高记忆效果

5~6 岁幼儿记忆的目的性有了明显的发展。幼儿能够根据成人的要求有意识地复述故事、回想问题。在记忆中能主动运用初级的重复识记、探索记忆对象之间的关系等记忆方法来提高记忆效果。例如:给幼儿看这样一些词语"梨、猫、苹果、狗、橘子……"之后幼儿会回忆说:"水果有梨、苹果、橘子……,动物有猫、狗……"由此看来,幼儿已经有能力对记忆的内容进行一定的加工,以使它们更容易被记住。

3. 想象中的创造性逐渐发展

5~6 岁幼儿知识经验日益丰富,思维逐渐发展,他们的想象活动中开始出现一些创造性因素。他们的想象就不再完全按照成人的描述或指示,而能根据自己的想象进行加工。这种创造成分在游戏尤其是角色游戏和建造活动中表现得最充分,不仅内容日益丰富,而且想象的范围也日益扩大;不仅能重复反映在家庭或幼儿园里发生过的事情,而且还会想象在公园、公共汽车、医院等公共场所发生过的事情。

5~6岁幼儿创造想象的发展使他们能预见活动的过程，如在游戏之前，能想象出游戏的情节，商定游戏的规则，分配游戏的角色。在画图时，能先构思再动笔。在内容上，能反映范围广阔的周围事物，甚至反映他们熟悉的文艺作品等。

4. 思考"不实在"事物的能力开始萌芽

5~6岁幼儿的思维仍然严重依赖具体事物，只不过在这一时期，其思维中开始有了抽象逻辑思维的萌芽，即具有能思考一些熟悉的但"不实在"的事物的能力。具备一定的抽象、概括能力，如他们已能按照一定的类别为物体分类，但是他们掌握的概念大部分还是具体的，与直接可以感知的对象相联系，他们需要通过直观形象来理解抽象的概念。例如让幼儿对"苹果、梨、香蕉、皮球、橘子"进行分类，幼儿往往会将"香蕉"视为另类，因为他们的思维和概括以具体实在特征为依据，尚不能理解其本质。从这一点出发，我们的活动与游戏应该注意直观性、实在性、熟悉性。

二 幼儿科学探究发展的目标

3~6岁幼儿在教育活动的引导下，对周围的事物、现象产生兴趣，具有好奇心和求知欲；能够运用各种感官，动手动脑，探索问题；能用适当的方法表达、交流探索的过程和结果；爱护动植物，关心周围环境，亲近大自然，珍惜自然资源，具备初步的环保意识，最终使幼儿亲近自然，喜欢探究事物，具备初步的探究能力，且能在探究中认识周围事物和现象，为后续的科学探究能力发展打下基础。

（1）亲近自然，喜欢探究

①好奇。

②好问。

③好探究。

（2）具有初步的探究能力

①观察探索能力。

②思考猜测能力。

③调查验证能力。

④收集信息能力。

⑤得出结论能力。

⑥合作交流能力。

（3）在探究中认识周围事物和现象

①认识常见的动植物。

②认识常见的物体和材料。

③认识常见的物理现象。

④认识天气与季节变化。

⑤认识科技产品与人们生活的关系。

⑥认识人们生活与自然环境的关系。

三　教育指南的要求和发展指标

教育指南的要求和发展目标见表9-1、表9-2、表9-3。

表9-1　目标1　亲近自然，喜欢探究

指标	3~4岁	4~5岁	5~6岁
内容	1. 喜欢接触大自然，对周围的很多事物和现象感兴趣 2. 经常问各种问题，或好奇地摆弄物品	1. 喜欢接触新事物，经常问一些与新事物有关的问题 2. 常常动手动脑探索物体和材料，并乐在其中	1. 对自己感兴趣的问题总是刨根问底 2. 能经常动手动脑寻找问题的答案 3. 在探索中有所发现时感到兴奋和满足

表9-2　目标2　具有初步的探究能力

指标	3~4岁	4~5岁	5~6岁
内容	1. 对感兴趣的事物能仔细观察，发现其明显特征	1. 能对事物或现象进行观察比较，发现其相同与不同之处 2. 能根据观察结果提出问题，并大胆猜测答案	1. 能通过观察、比较与分析，发现并描述不同种类物体的特征或某个事物前后的变化 2. 能用一定的方法验证自己的猜测

续表

指标	3～4岁	4～5岁	5～6岁
内容	2. 能用多种感官或动作去探索物体,关注动作所产生的结果	3. 能简单地调查收集信息 4. 能用图画或其他符号进行记录	3. 在成人的帮助下能制订简单的调查计划并执行 4. 能用数字、图画、图表或其他符号记录 5. 探究中能与他人合作与交流

表9-3　目标3　在探究中认识周围事物和现象

指标	3～4岁	4～5岁	5～6岁
内容	1. 认识常见的动植物,能注意并发现周围的动植物是多种多样的 2. 能感知和发现物体和材料的软硬、光滑和粗糙等特性 3. 能感知和体验天气对自己生活和活动的影响 4. 初步了解和体会动植物对人类的贡献	1. 能感知和发现动植物的生长变化及其基本条件 2. 能感知和发现常见材料的传热等性质或用途 3. 能感知和发现简单物理现象,如物体形态或位置变化等 4. 能感知和发现不同季节的特点,体验季节对动植物和人的影响 5. 初步感知常用科技产品与自己生活的关系,知道科技产品有利也有弊	1. 能察觉到动植物的外形特征、习性与生存环境的适应关系 2. 能发现常见物体的结构与功能之间的关系 3. 能探索并发现常见的物理现象产生的条件或影响因素,如影子、沉浮等 4. 感知并了解季节变化的周期性,知道变化的顺序 5. 初步了解人们的生活与自然环境的密切关系,知道尊重和珍惜生命,保护环境

四　科学游戏与活动

(一) 亲近自然,喜欢探究

游戏活动1　风

活动目标

(1) 亲近自然,感受风。

（2）了解风是什么，为什么会有风。

（3）喜欢接触新事物，经常问一些与新事物有关的问题。

发展指标

3～4 岁儿童喜欢接触大自然，对周围的很多事物和现象感兴趣。

4～5 岁儿童喜欢接触新事物，经常问一些与新事物有关的问题。

5～6 岁儿童探索中有所发现时感到兴奋和满足。

生活情境

（1）妈妈让小新去捡掉在地上的衣服，小新好奇地问妈妈："为什么衣服挂得好好的会掉下来？"妈妈和蔼地告诉小新："因为风伯伯把它们吹下来了，它们怕疼。"

（2）妈妈让花花站在院子里，闭上眼睛张开手，感受风吹过指尖的感觉并告诉她"这是来自大自然的善意"。

具体活动

（1）家长可带幼儿出去放风筝，在放风筝过程中可以告诉幼儿因为有风的存在风筝才可以飞起来。

（2）家长可跟孩子一起用塑料袋装满空气，然后将塑料袋开一个口以让空气慢慢跑出，感受制造风的过程。

说明：大自然中的风无处不在，在户外、户内皆可对幼儿进行引导，让幼儿了解到，自然给了我们很多恩赐，要亲近自然。多带幼儿出去走走，让他们亲身感受自然的奥秘，若有疑问，家长应及时做出回答或者让幼儿自己去探索。

游戏活动 2 云

活动目标

（1）对自己感兴趣的问题刨根问底。

（2）喜欢接触新事物，经常问一些与新事物有关的问题。

（3）感受自然，亲近自然。

发展指标

3～4 岁儿童喜欢接触大自然，对周围的很多事物和现象感兴趣。

4～5 岁儿童喜欢接触新事物，经常问一些与新事物有关的问题。

5～6 岁儿童在探索中有所发现时感到兴奋和满足。

生活情境

（1）带幼儿躺在草地上看天空（注意草地的卫生及眼睛安全）。

幼儿问："爸爸，为什么天上有只小狗？"爸爸告诉幼儿："那是云彩，是大自然把它变成可爱的模样。"

（2）家长带小孩去散步，并笑着跟小孩说："你去跟天上的云赛跑吧，看是你跑得快还是它？"

具体活动

（1）家长可给幼儿一张纸，让幼儿画出天空中云彩的样子（注意保护幼儿眼睛）并告诉幼儿，云是像棉花糖一样可以变成任何形状的。

（2）乌云遮住阳光的时候，家长可以告诉幼儿"不是太阳公公下班了，是乌云挡住了太阳公公"并可告诉幼儿雨水也是从云朵里来的。

说明：家长带幼儿观察云朵的时候要注意幼儿用眼安全，并让幼儿大概了解云朵不是一成不变的而是瞬息万变的。鼓励幼儿多去观察自然万物。

游戏活动 3　太阳、地球和月亮

活动目标

（1）亲近自然，喜欢探究。

（2）探索中有所发现时感到兴奋和满足。

（3）能认识事物之间的关系。

发展指标

3～4 岁儿童喜欢接触大自然，对周围的很多事物和现象感兴趣。

4～5 岁儿童喜欢接触新事物，经常问一些与新事物有关的问题。

5～6 岁儿童在探索中有所发现时感到兴奋和满足。

生活情境

（1）小明问妈妈："为什么有的时候天是亮的，有的时候又黑了呢？"妈妈告诉小明："当太阳公公出来的时候天就亮了，如果太阳公公下班回家休息，天就黑了。"

（2）在中秋节的时候，一家人可以一起坐在院子里赏月，并教小孩子背诵关于月亮的诗句。

具体活动

（1）可用地球仪代表地球，乒乓球代表月球，红色小台球代表太阳，给幼儿讲解地球、月球和太阳之间的关系。

（2）告诉幼儿"太阳是自动发光发热的，生活中的光和热都来自太阳"。可用发热的小灯泡代表太阳，让幼儿隔着一点距离感受一下光和热。

（3）教师可让幼儿围成一圈，找三个人分别代表太阳、月亮和地球，并让幼儿按照太阳、月亮、地球的位置关系绕着走。

游戏活动 4　吹泡泡

活动目标

（1）能经常动手动脑寻找问题的答案。

（2）常常动手动脑探索物体和材料，并乐在其中。

发展指标

3～4岁儿童经常问各种问题，或好奇地摆弄物品。

4～5岁儿童常常动手动脑探索物体和材料，并乐在其中。

5～6岁儿童能经常动手动脑寻找问题的答案。

生活情境

（1）妈妈在洗衣服，小花跑进来惊奇地欢呼"哇，妈妈，你是怎么做出来透明的小气球的？"

（2）在阳光照射下的泡泡美轮美奂，小艺跟哥哥一起开心地抓泡泡玩，爸爸告诉他们："泡泡是脆弱的天使，所以不能用手碰哦。"

具体活动

（1）给幼儿吸管、肥皂。询问幼儿："如果将肥皂在水中搅拌会发生什么？""如果用吸管将肥皂水吹出会发生什么？"让幼儿根据自身经验展开讨论和想象，并鼓励幼儿说出自己的

图 9 - 1　吹的泡泡示意

想法，让幼儿实验。

（2）请吹的泡泡大的幼儿介绍自己吹泡泡的方法。幼儿两两结伴，比吹的泡泡的大小。

（3）请幼儿尝试在杯口吹一个大泡泡，把大泡泡作为照相机，观察周围的事物。

（4）让幼儿从外面回到教室后画泡泡。

吹的泡泡示意见图 9 - 1。

游戏活动5 认识植物

活动目标

（1）认识常见的动植物，能注意并发现周围的动植物是多种多样的。

（2）喜欢接触新事物，经常问一些与新事物有关的问题。

发展指标

3～4岁儿童经常问各种问题，或好奇地摆弄物品。

4～5岁儿童常常动手动脑探索物体和材料，并乐在其中。

5～6岁儿童能经常动手动脑寻找问题的答案。

生活情境

（1）两个小孩在说自己喜欢的水果，一个说"香蕉最好吃"，另一个在使劲争辩"胡说，明明苹果最好吃了"。

（2）爸爸告诉小强，"站有站姿，坐有坐姿；站如松，坐如钟"，并告诉小强，松树是很坚强的植物。

具体活动

（1）带幼儿去植物园，家长可以问："你最喜欢的水果（蔬菜）是什么啊？"然后可带幼儿去参观那些其喜欢的东西，发现其长在哪里。

（2）教师出示苹果、梨、香蕉等水果，并让幼儿回答其是什么水果。然后将水果用布盖好，教师说明水果外部特征，请幼儿猜一猜是什么水果，再摸出来。

说明：不管幼儿观察的是否细致，回答的是否正确，都应适当给予其口头上的鼓励。

游戏活动 6　蒙眼猜物

活动目标

（1）在探究中认识周围事物和现象。

（2）在探索中有所发现时感到兴奋和满足。

发展指标

3～4岁儿童经常问各种问题，或好奇地摆弄物品。

4～5岁儿童常常动手动脑探索物体和材料，并乐在其中。

5～6岁儿童对自己感兴趣的问题刨根问底，能经常动手动脑寻找问题的答案；在探索中有所发现时感到兴奋和满足。

具体活动

（1）将幼儿喜欢或熟悉的玩具放在桌子上（最少10种），让所有幼儿一起玩游戏，随机选出一个幼儿用手绢蒙上其眼睛，然后把玩具顺序打乱，让幼儿自行触摸其中一件玩具，并说出玩具的名称，其他幼儿依次参加活动。

（2）可把玩具换成别的东西，例如水果、房子模型等，将幼儿双眼蒙住，让其自行触摸其中一件，并说出摸出的物品的名称。

游戏活动 7　玻璃杯满了吗？

活动目标

（1）能通过观察、比较与分析，发现并描述不同种类物体的特征或某个事物前后的变化。

（2）能用一定的方法验证自己的猜测。

（3）能用数字、画、图表或其他符号记录。

（4）在探究中能与他人合作与交流。

发展指标

3～4岁儿童经常问各种问题，或好奇地摆弄物品。

4～5岁儿童常常动手动脑探索物体和材料，并乐在其中。

5～6岁儿童对自己感兴趣的问题刨根问底，能经常动手动脑寻找问题的答案；在探索中有所发现时感到兴奋和满足。

生活情境

（1）哥哥在帮毛毛吹气球，毛毛一直在喊："再吹大一点，大一点。"哥哥告诉毛毛："有的时候你看某些东西已经到极限了，其实不一定。"

（2）老师领着儿童一起做"玻璃杯满了吗？"的实验。

具体活动

活动材料：玻璃杯、鹅卵石、沙子、水。

内容：教师将玻璃杯、鹅卵石、沙子、水呈现给幼儿，让一位幼儿用鹅卵石将玻璃杯填满，问幼儿"玻璃杯满了吗？"接着，让幼儿们往玻璃杯中填鹅卵石直到他们认为已经填满为止，继续往玻璃杯中一点一点地填沙子，直到幼儿们一致认为玻璃杯再一次被填满了。最后，让幼儿们再往里面一点一点加水，幼儿们可能会感到惊讶，由此让他们讨论发生了什么。

游戏活动 8 太阳

活动目标

（1）亲近自然，喜欢探究。

（2）具备初步的探究能力，在探索中认识周围的事物。

发展指标

3～4岁儿童喜欢接触大自然，对周围的很多事物和现象感兴趣。经常问各种问题。

4～5岁儿童喜欢接触新事物，经常问一些与新事物有关的问题。

5～6岁儿童对自己感兴趣的问题刨根问底，能经常动手动脑寻找问题的答案；在探索中有所发现时感到兴奋和满足。初步感知常利用科技产品与自己生活的关系，知道科技产品有利也有弊；初步了解人们的生活与自然环境的密切关系，知道尊重和珍惜生命，保护环境。

生活情境

（1）"妈妈，妈妈，"小花跑着来跟妈妈说，"你昨天挂在院子里的裙子怎么变轻了？""因为太阳公公帮我们把水收走了啊，"妈妈告诉小花。

（2）夏天的晌午，小萌问妈妈："为什么天亮了就这么热，晚上就凉快了呢？"妈妈告诉小萌："我们生活中的热和光都是太阳带来的。"

具体活动

（1）让幼儿每人事先准备一副墨镜（或一块涂上墨汁的玻璃片或无用的彩色胶片）。选择有太阳的日子带领幼儿到室外用所带的材料看天空的太阳。并且可问，例如"太阳是怎样的？为什么要用墨镜等看太阳？"引导告诉幼儿："太阳是圆圆的，会发出很强烈的光，所以我们不能用眼睛直接看太阳。"

教师可通过适当讲解让幼儿知道太阳是个大火球，能发光、发热，能给大地带来光明和温暖，并让幼儿分别站在阴暗处和阳光处感受一下，太阳照在身上的感觉。

（2）给每人一只放大镜，选择有阳光的地方，引导幼儿发现放大镜在阳光照射下，会慢慢地聚集太阳光而使其成为一个很亮的小光点。再让幼儿将火柴放在光点，火柴即刻便会燃烧起来，要求幼儿仔细观察实验过程中所呈现的种种现象，并思考其原因。

（3）欣赏并学习儿歌。

儿歌

太阳

火红太阳照四方，它的好处说不完。

太阳不晒草不绿，太阳不晒花不香。

太阳不晒果不熟，太阳不晒苗不长。

被褥也要太阳晒，太阳晒了暖洋洋。

人体更要太阳晒，太阳晒了才健康。

游戏活动9　光

活动目标

（1）亲近自然，喜欢探究。

（2）能经常动手动脑寻找问题的答案。

（3）在探索中有所发现时感到兴奋和满足。

生活情境

（1）大雨过后，天上出现了一条彩虹，妈妈告诉小宝贝"彩虹是光形成的哦""光折射以后就形成了彩虹"。

（2）晚上爸爸在灯光下给茜茜讲小鸭子的故事，茜茜问爸爸："为什么这个灯是亮的啊？"爸爸告诉茜茜："灯在发光，所以灯是亮的，光可以带给我们光明哦。"

（3）正午时分，房间里充满斑斑点点，小美踩着斑点玩，妈妈告诉她："这是光精灵在跳舞哦。"

具体活动

（1）将幼儿带入一间暗室，可以问他们，比如"为什么这间房子是黑色的""为什么大家什么也看不到"，接着可告诉幼儿，因为有光的存在，大家才看见事物。

（2）询问幼儿，什么东西是可以带来光的，当幼儿回答诸如火柴、手电、手机等的时候，应操作此类东西，让幼儿感受到光发生的过程。

知识讲解

光是明亮的，它可以给我们带来光明，让大家看见东西。光能射向四面八方。

（二）具有初步的探究能力

游戏活动 10　称空气

活动目标

（1）具有初步的探究能力。

（2）喜欢接触新事物，经常问一些与新事物有关的问题。

发展指标

3～4岁儿童能用多种感官或动作去探索物体，关注动作产生的结果。

4～5岁儿童能对事物或现象进行观察比较，发现其相同与不同之处。能根据观察结果提出问题，并大胆猜测答案。

5～6岁儿童能通过观察、比较与分析，发现并描述不同种类物体的特征或某个事物前后的变化，能用一定的方法验证自己的猜测。

生活情境

（1）老师问丽丽和小美："你们说你们两个谁比较重呢？"

（2）小红拿着两个气球，妈妈问她"你想办法给妈妈说一下哪个气球拿起来更费劲"，然后可以引导幼儿，想比较物体的轻重，可以用称的方法。

具体活动

（1）教师将一个空塑料袋的口张开，在空中划一下，让袋子鼓起来，然后扎住口。用托盘天平称出空气袋的重量，再将袋子中的空气放掉，将瘪了气的塑料袋和解下的细线再放入托盘天平，让幼儿观察天平放砝码的一边明显地下降了。启发幼儿回答：袋子中的空气跑掉了，所以袋子这边变轻了。

（2）可以让幼儿两人一组，一人装空气，一人协助扎袋口，看谁扎得快，装的空气多。将扎好的空气袋，分别放在天平的两端，轻的一端被淘汰，最后最重的一个空气袋获胜。

游戏活动 11　万有引力

活动目标

（1）具有初步的探究能力。

（2）能用一定的方法验证自己的猜测。

（3）在成人的帮助下能制订简单的调查计划并执行。

发展指标

3～4岁儿童对感兴趣的事物能仔细观察，发现其明显特征，能用多种感官或动作去探索物体，关注动作所产生的结果。

4～5岁儿童能对事物或现象进行观察比较，发现其相同与不同之处。能根据观察结果提出问题，并大胆猜测答案。

5～6岁儿童能通过观察、比较与分析，发现并描述不同种类物体的特征或某个事物前后的变化，能用一定的方法验证自己的猜测。

生活情境

（1）妈妈要跟小敏做个游戏，说"小敏，你觉得能把这个玩具扔天上去并让它一直不掉来吗"，小敏试了几次，都不能成功。妈妈笑着跟小敏说："你永远也不能让一个东西一直留在上面，因为地球是有引力的。"

（2）告诉孩子"牛顿被苹果砸到头的故事"。

具体活动

首先，教师可讲解地球引力的相关粗浅知识。

其次，让幼儿观看不同物体（石头、羽毛、硬币、纸等）从不同高度丢下的降落过程，并让幼儿根据自己或他人的演示将物体分成两类，一类是降落速度较快物体，另一类是降落速度较慢的物体；然后鼓励幼儿观看两组物体的特征，说出一组物体降落慢而另一组物体降落快的原因。

游戏活动 12　冰

活动目标

（1）具有初步的探究能力。

（2）探究中能与他人合作与交流。

（3）能用多种感官或动作去探索物体，关注动作所产生的结果。

（4）能感知和发现简单物理现象，如物体形态或位置变化等。

发展指标

3～4 岁儿童对感兴趣的事物能仔细观察，发现其明显特征，能用多种感官或动作去探索物体，关注动作产生的结果。

4～5 岁儿童能对事物或现象进行观察比较，发现其相同与不同之处；能根据观察结果提出问题，并大胆猜测答案；能通过简单的调查收集信息。

5～6 岁儿童能通过观察、比较与分析，发现并描述不同种类物体的特征或某个事物前后的变化；能用一定的方法验证自己的猜测；在探究中能与他人合作与交流。

生活情境

（1）每个儿童手里握一块冰，让儿童观察其变化。

（2）可将冰放入热水中，再让儿童观察其变化。

（3）让儿童观察冰遇热会融化，除了把冰放在手里会融化外，冰在火炉上、冰在太阳光照下也会融化。

具体活动

（1）结冰实验，在小盘中放上水，将彩色纸屑、细线放到水中，并放置室外或冰箱冷冻层，第二天早晨即可看到美丽的"冰锣"。

2. 带幼儿观察自然界中的各种结冰现象（屋檐下的冰凌等），及冰在太阳光照下的融化情景，以引起幼儿的探索兴趣。

游戏活动 13　磁铁

活动目标

（1）能根据观察结果提出问题，并大胆猜测答案。

（2）能通过简单的调查收集信息。

（3）能用图画或其他符号进行记录。

（4）具有初步的探究能力。

发展指标

3～4岁儿童能用多种感官或动作探索物体，关注动作所产生的结果。

4～5岁儿童能通过简单的调查收集信息。

5～6岁儿童能通过观察、比较与分析，发现并描述不同种类物体的特征或某个事物前后的变化，能用一定的方法验证自己的猜测。

生活情境

（1）爸爸说给杨阳洋变个魔术，桌子上面是钥匙，然后钥匙居然跳起了舞，吓了杨阳洋一大跳。这特别惊奇，最后杨阳洋才知道爸爸在桌子下面放了个吸铁石。

（2）妈妈向杨阳洋展示磁铁还有什么用处，出示图片、实物：在工厂里，工人叔叔用的吊车里有大磁铁，吊车专门吊那些很大的铁的机器，这样机器移动起来就很方便了。另外收音机、录音机里都有磁铁。

具体活动

（1）老师将幼儿分为两个组，每个组准备两个装满纸屑的小筐，里面藏一些回形针，每人一个磁铁。让两组幼儿进行比赛：看谁先把回形针找出来。

（2）动脑筋，想办法。

①灵灵到井边去打水，一不小心，铁桶掉到井里，这下灵灵可着急了，这可怎么办呢？

②奶奶在缝衣服，一不小心，针掉到地上了，豆豆跑来说："奶奶我来帮你找。"你们猜豆豆用什么方法一下就找到那根针了。

（三）在探究中认识周围事物和现象

游戏活动 14　给小动物喂食

活动目标

（1）亲近自然，喜欢探究。

（2）认识常见的动植物，能注意并发现周围的动植物是多种多样的。

（3）能感知和发现动植物的生长变化及其基本条件。

发展指标

3~4岁儿童认识常见的动植物，能注意并发现周围的动植物是多种多样的。

4~5岁儿童能感知和发现动植物的生长变化过程及其基本条件。

5~6岁儿童能察觉到动植物的外形特征、习性与生存环境的适应关系。

生活情境

（1）妈妈准备了胡萝卜、菜叶、虫子、苹果。问贝尔，"你的兔子饿了，你告诉妈妈你应该用这里的哪种东西喂它呀"（从生活中告诉孩子动物吃的食物）？

（2）带儿童去动物园，可以组织他们去给动物喂食（在动物园允许的前提下）。

具体活动

（1）将动物头像粘在贴绒板上，将动物食物画片放在小篮子中。

（2）先将幼儿分成人数相等的两组。教师发出开始信号后，每组第一位幼儿向前跑出，走过平衡木，到贴绒板前，从篮子里取出一张食物画片，贴在绒布上相应的动物头像下面，表示喂食，然后跑回本组。

（3）幼儿依次进行，直至最后。

规则：哪一组贴得对，而且又跑得快为胜。

说明：此游戏适合小、中、大各年龄班，但动物的种类及食物可根据幼儿年龄确定。小班应选择种类较少的、常见的动物，并可以不设平衡木。

游戏活动 15　下沉和漂浮

活动目标

（1）在探究中认识周围事物和现象。

（2）能感知和发现常见材料的传热等性质或用途。

（3）能发现常见物体的结构与功能之间的关系。

发展指标

3～4 岁儿童能感知和发现物体和材料的软硬、光滑和粗糙等特性。

4～5 岁儿童能感知和发现简单物理现象，如物体形态或位置变化等。

5～6 岁儿童能探索并发现常见的物理现象产生的条件或影响因素，如影子、沉浮等。

生活情境

（1）多多在游泳，小美羡慕地说："她好棒啊，为什么我一下水就会沉下去啊。"

（2）和风习习，芳芳跟爸爸和妈妈一起划船玩，爸爸问芳芳："你知道船为什么会漂在上面吗？"

具体活动

准备不同物体（木头、石头、气球、硬币等），将幼儿分为两组，分别将这些物品放入水中，观察是漂浮还是下沉，引导幼儿思考，哪些物体会下沉，哪些会漂浮，并让两组幼儿思考，如果把文具盒放入水中会下沉还是漂浮。

游戏活动 16　小动物找家

活动目标

（1）在探究中认识周围事物和现象。

（2）初步了解人们的生活与自然环境的密切关系，知道尊重和珍惜生命，保护环境。

（3）能察觉到动植物的外形特征、习性与生存环境的适应关系。

发展指标

3~4岁儿童认识常见的动植物，能注意并发现周围的动植物是多种多样的。

4~5岁儿童能感知和发现动植物的生长变化及其基本条件。

5~6岁儿童能察觉到动植物的外形特征、习性与生存环境的适应关系。初步了解人们的生活与自然环境的密切关系，知道尊重和珍惜生命，保护环境。

准备材料

小动物头饰若干，如鱼、鸭子、鸡、蝴蝶、蜜蜂、老虎、狮子、狐狸头饰。

具体活动

（1）用积木或小椅子搭成几个不同的环境，如池塘、花丛、山洞、树林等，给小动物制作家园。

（2）每个幼儿戴着一个动物头饰，将其平均分成两组，不但要考虑让人数均等，还需考虑让动物种类相同。

（3）当游戏开始的时候，随着音乐声，"小动物"们在空地散步，音乐声一停，"小动物"们赶快找到自己的"家"，老师喊"停"或吹哨子，没找到"家"的或找错"家"的小动物被罚下场。

规则

（1）游戏结束，看哪组幼儿数量多，罚下场少者为优胜。

（2）"小动物"若有一只脚进了"家"，不能算到"家"。

游戏活动17　打电话传口令

活动目标

（1）在探究中认识周围事物和现象。

（2）能感知和发现物体和材料的软硬、光滑和粗糙等特性。

（3）能感知和发现简单物理现象，如物体形态或位置变化等。

发展指标

3～4 岁儿童能感知和发现物体和材料的特性。

4～5 岁儿童能感知和发现常见材料的性质或用途。

5～6 岁儿童能探索并发现常见的物理现象产生的条件。

准备材料

冰激凌塑料小杯若干只、剪成约 2 米长一段的棉线（装订线最好）若干根、火柴一盒。

生活情境

（1）当家里人一起看宇航员的视频时，爸爸告诉媛媛："媛媛你看，在太空中说话是听不到的，因为声音是没法传播的哦。"

（2）花轮站在大山下面喊："嗨，我是花轮哦。"他也听到大山在跟他喊"嗨，我是花轮哦。"

具体活动

（1）教师事先在每只冰激凌塑料小杯的底部中心钻一小孔，让幼儿将棉线穿过小孔，用火柴梗将线的一端扣住。同样，再将一只塑料小杯固定在线的另一端，两只塑料小杯组成一对电话。分别由两位幼儿合作完成这对电话的安装。让幼儿用一对电话将细线绷紧，互相通话，感受细线传声的乐趣。

（2）将幼儿分成几组，将纵队之间相隔约 1 米。每路纵队前后两名幼儿之间的距离与电话棉线的长度相当。然后让幼儿相互传话。

游戏活动 18 小鸭和小鸡

活动目标

（1）在探究中认识周围事物和现象。

（2）能察觉到动植物的外形特征、习性与生存环境的适应关系。

（3）认识常见的动物，能注意并发现周围的动物是多种多样的。

发展指标

3～4 岁儿童认识常见的动物，能注意并发现周围的动物是多种多样的。

4～5岁儿童能感知和发现动物的生长变化及其基本条件。

5～6岁儿童能察觉到动物的外形特征、习性与生存环境的适应关系。

准备材料

小鸡和小鸭各一只、碎米、螺蛳及一盆水。

具体活动

出示分别装有小鸡和小鸭的笼子，提问幼儿"今天我们请来了什么小客人呀？你是怎么知道的？"（放出小鸡和小鸭）

仔细观察小鸡和小鸭，提问"小鸡和小鸭走来走去的干什么？"，当儿童回答找东西吃后让儿童喂碎米给它们。

接着观察，谁吃到了碎米？为什么？［观察小鸡的嘴是尖尖的，小鸭的嘴是扁扁的（学说词语：尖尖、扁扁），所以小鸡能吃到碎米］小鸡还爱吃什么？小鸭可以吃些什么？（螺蛳、菜叶等）

提问幼儿："你喜欢小鸡和小鸭吗？为什么？"（引导幼儿观察它们的头及身体的特征：圆圆的）

（让幼儿摸摸小鸡身上的毛）小鸡身上的毛摸上去感觉怎样？（毛茸茸的）

（出示一盆水让幼儿观察小鸭在水中游泳的动作）谁最喜欢游水呢？（比一比小鸭和小鸡的脚有什么不同，并丰富词语：脚爪、脚蹼）

延伸活动

在园内或家里饲养小鸡和小鸭，进一步了解它们的外形特征及生活习性，鼓励幼儿从家里带来米和菜叶来园内喂养，共同关心、饲养小鸡和小鸭，如切菜、泡米，天冷时为它们保暖，培养幼儿对小动物的兴趣和责任感。

游戏活动 19　不乱丢垃圾

活动目标

（1）在探究中认识周围事物和现象。

（2）初步了解人们的生活与自然环境的密切关系，知道尊重和珍惜生命，保护环境。

生活情境

（1）老师带同学去街道上观察行人走过的路面，老师告诫同学们：

"一定不可以乱扔垃圾。"

（2）可跟儿童讨论，怎样才能使马路不脏？启发幼儿不乱丢果壳、糖纸、瓜皮等，不在马路上大小便，看到地上的脏东西要捡起来扔到垃圾箱里等。

具体活动

（1）引导幼儿观察街道清洁工扫马路的过程，并欣赏已扫净的马路，且进行比较。教师可提问："他们是谁？在干什么？""他们是怎样扫马路的？""你感到扫干净的马路怎么样？"

（2）教师引导：清洁工叔叔阿姨一扫把一扫把地扫得很累，马路上扫得干干净净多舒服啊！

游戏活动 20　认识鱼

活动目标

（1）在探究中认识周围事物和现象。

（2）认识不同的动物。

发展指标

3~4 岁儿童认识常见的动物，能注意并发现周围的动物是多种多样的，初步了解和体会动物对人类的贡献。

4~5 岁儿童能感知和发现动物的生长变化及其基本条件。

5~6 岁儿童能察觉到动物的外形特征、习性与生存环境的适应关系。

具体活动

（1）猜谜语

谜语：身体像把刀，有眼没眉毛，无脚行千里，能在水上漂。

（2）准备多种类型的鱼，让幼儿仔细观察鱼游泳的动作、摆动幅度、怎么呼吸等。也可提问幼儿，认识哪种鱼，并让他们进行简单介绍。

游戏活动 21　认识水果

活动目标

（1）在探究中认识周围事物和现象。

（2）认识常见的植物，能注意并发现周围的植物是多种多样的。

（3）能察觉到植物的外形特征、习性与生存环境的适应关系。

发展指标

3～4岁儿童认识常见的植物，能注意并发现周围的植物是多种多样的。

4～5岁儿童能感知和发现植物的生长变化及其基本条件。

5～6岁儿童能察觉到植物的外形特征、习性与生存环境的适应关系。

具体活动

（1）教师出示苹果、梨、橘子、香蕉，分别让幼儿说出名称。

（2）将水果用布盖好，教师说水果外部特征，请幼儿猜猜是什么水果，再摸出来。

（3）出示小筐，里面装着水果图形若干，告诉幼儿："这个小筐里面有许多水果娃娃，它们都找不到水果妈妈了，请你帮它们找到自己的妈妈。"

（4）出示苹果树、桃子树、椰子树、香蕉树和葡萄树图片，问幼儿："你看，这里有许多树妈妈，你们认识它们吗？告诉我，这些都是什么树？"

游戏活动 22　认识蔬菜

活动目标

（1）在探究中认识周围事物和现象。

（2）认识常见的植物，能注意并发现周围的植物是多种多样的。

（3）能察觉到植物的外形特征、习性与生存环境的适应关系。

发展指标

3～4岁儿童认识常见的植物，能注意并发现周围的植物是多种多样的。

4～5岁儿童能感知和发现植物的生长变化及其基本条件。

5～6岁儿童能察觉到植物的外形特征、习性与生存环境的适应关系。

生活情境

小帆有个爱挑食的坏习惯，妈妈告诉小帆，胡萝卜含有多种身体必需的维生素，必须多吃，

具体活动

（1）让幼儿闭上眼睛尝一尝（西红柿），说出吃的是什么？教幼儿正确说出西红柿的名称。让幼儿睁开眼睛看一看西红柿，说出西红柿的形状、颜色。启发幼儿说出西红柿的吃法（生吃、做菜吃），知道西红柿是蔬菜。

（2）两名幼儿为一组，一名扮演营业员，另一名扮演顾客，营业员闭上眼睛，让顾客随意挑选，先说出这一蔬菜名称的幼儿获胜。游戏反复进行。

游戏活动 23　雪

活动目标

（1）在探究中认识周围事物和现象。

（2）感知并了解季节变化的周期性，知道变化的顺序。

（3）初步了解人们的生活与自然环境的密切关系，知道尊重和珍惜生命，保护环境。

发展指标

3～4岁儿童能感知和体验天气对自己生活和活动的影响。

4～5岁儿童能感知和发现不同季节的特点，体验季节对人的影响。

生活情境

（1）下雪了，大家都在外面堆雪人，小杰堆了一个，可第二天早上却不见了。他很伤心。妈妈告诉小杰："雪人其实就是水变的，它只是变成了自己的本来样子而已，不要难过。"

（2）都已经下完一场雪了，本来梦梦是想脱掉厚重的羽绒服的，妈妈却又让她加上了一件小棉袄。梦梦很生气，但到了学校才感觉到，虽然雪已经停了，但比前几天还要冷。而她也终于知道，雪的融化是要吸热的。

具体活动

（1）下雪天组织幼儿在室外接雪花，观察雪。让幼儿用黑纸片接雪花，看看雪花是什么形状的。

（2）让幼儿观察落在手里的雪花的变化。接着让幼儿用手和黑纸片同时接雪花，分别观察其融化现象。

（3）组织幼儿观赏雪景。雪天里，地上、树上、房顶上一片白茫茫。

（4）请家长带幼儿到大自然中观赏雪景，寻找雪地上的各种痕迹（走路的脚印、车轮的印子等），并用美工手段（绘画、撕贴）表现美丽的雪景。

（5）欣赏儿歌。

儿歌

雪花

雪花，雪花，你有几个小花瓣？

我用手心接住你，让我数数看，

一二三四五六，咦！

刚数完，雪花怎么不见了？

只留下一个圆圆的小水点。

游戏活动 24　轮子为什么是圆的

活动目标

（1）在探究中认识周围事物和现象。

（2）能感知和发现物体和材料的软硬、光滑和粗糙等特性。

（3）能感知和发现常见材料的传热等性质或用途。

（4）能感知和发现简单物理现象，如物体形态或位置变化等。

发展指标

3～4 岁儿童能感知和发现物体和材料的特性。

4～5 岁儿童能感知和发现常见材料的用途，初步感知常用科技产品与自己生活的关系，知道科技产品有利也有弊。

5～6 岁儿童能发现常见物体的结构与功能之间的关系。

拓展指标

推理和分析事物间明显的关系，了解事物的结构特点，推测和证实它们的用途。

生活情境

（1）云云帮同学搬书，"好重啊，"书压的云云都直不起腰了，然后，老师就帮云云找了一个脚踏板，云云把书放上面，立马轻松了。

（2）看着小伙伴们都在玩溜冰，云云也想学旱冰。可是只要她一站上去，那个鞋子就马上走了，害她摔了好几跤。

具体活动

（1）让幼儿在周围找找、看看。提问："哪些东西上装有轮子，这些轮子是怎样的？""你还知道哪些东西上是装轮子的，都是用什么材料制作的？"并可以让幼儿量一量轮子有多大。与幼儿共同讨论怎样测量，并示范测量的方法。

（2）比一比，轮子有什么相同的地方？（启发幼儿从轮子的大小和材料进行比较）

讨论

（1）提供方形和圆形积木在斜板上做实验，观察哪种积木滚得快，提问："你看哪个积木滚得快，为什么？"

小结：圆形的物体比其他形状的物体滚得更远，所以轮子就成了圆形的。

（2）提供球和圆形积木，让幼儿试着玩，比一比球形、圆形物体在滚动时，有什么不同之处。

小结：球形轮较灵活，容易改变方向；圆形轮则没有球形轮灵活，只能朝着一个方向。

延伸活动：让幼儿在日常生活中观察有轮子的车子、机器……看它们是怎样工作的？

游戏活动 25　摩擦生电

活动目标

（1）在探究中认识周围事物和现象。

（2）能感知和发现常见材料的传热等性质或用途。

（3）能发现常见物体的结构与功能之间的关系。

发展指标

3～4岁儿童能感知和发现物体和材料的特性。

4~5岁儿童能感知和发现常见材料的传热等性质或用途，能感知和发现简单物理现象，如物体形态或位置变化等。

5~6岁儿童能探索并发现常见的物理现象产生的条件或影响因素。

准备材料

玻璃棒、木块、乒乓球、丝绸、皮毛等材料。

生活情境

（1）秋天的时候一脱毛衣，小玉就看到衣服上到处是小亮点。吓得她大叫，最后爸爸告诉她，这是摩擦起电的缘故。

（2）用梳子长时间梳头时，头发随着梳子动，会粘到手上。

提出问题

老师说："前几天，我发现了一个奇怪的现象，塑料笔在头上擦几下，能把小纸屑吸起来，纸屑跳起舞来，不信，你们也可以试一试哦。"

进行实验

先让幼儿用塑料尺、笔等在头上摩擦后吸纸屑。再让幼儿用塑料尺、笔等，在其他地方如毛衣、裤子等摩擦后再吸纸屑。出示玻璃棒、木块、木梳、乒乓球，分别与丝绸、皮毛等进行摩擦，让幼儿观察有无静电现象。

游戏活动 26　影子

活动目标

（1）在探究中认识周围事物和现象。

（2）能探索并发现常见的物理现象产生的条件或影响因素。

发展指标

5~6岁儿童能探索并发现常见的物理现象产生的条件或影响因素，如影子、沉浮等。

生活情境

（1）妈妈告诉苗苗："你是乖孩子，所以会有天使一直跟着你，当你走在光下面的时候回头看，地上的影子就是你的小伙伴哦。"苗苗问妈妈："为什么影子只有在光下面才有？"

（2）哥哥在跟妹妹玩"踩影子"的游戏。

具体活动

（1）教师将玩具娃娃、长颈鹿等布偶的影子照在幕布上，并提问："你们猜猜看老师手上拿的是什么，你是怎么知道的？"

（2）请幼儿到室外寻找影子，并说："我找到了××的影子，因为××挡住了太阳光。"

游戏活动 27　会跑的空气

活动目标

（1）初步了解人们的生活与自然环境的密切关系，知道尊重和珍惜生命，保护环境。

（2）在探究中认识周围事物和现象。

（3）能感知和发现简单物理现象，如物体形态或位置变化等。

发展指标

3～4岁儿童对感兴趣的事物能仔细观察，发现其明显特征。能用多种感官或动作去探索物体，关注动作所产生的结果。

4～5岁儿童能对事物或现象进行观察比较，发现其相同与不同之处，能根据观察结果提出问题，并大胆猜测答案。

5～6岁儿童能通过观察、比较与分析，发现并描述不同种类物体的特征或某个事物前后的变化，能用一定的方法验证自己的猜测。

准备材料

蜡烛两根，打火机、蚊香、纸筒、乒乓球若干。

具体活动

（1）教师点燃两只蜡烛，并将其放于门口（门开一条缝）。让幼儿观察并提问：蜡烛火苗朝向什么方向？为什么？

（2）选择开阔的空间，让幼儿每人点一支蚊香，分别放于门口、窗前、走廊等不同位置，观察蚊香的烟朝什么方向？为什么？

（3）在纸筒里放入一个乒乓球，纸筒一端封闭，对着筒吹气，看乒乓球会发生什么现象？再把纸筒的这一端打开，对着纸筒吹气，又会发生什么呢？

游戏活动 28 认识四季

活动目标

（1）能感知和发现不同季节的特点，发现季节对动植物和人的影响。

（2）感知并了解季节变化的周期性，知道变化的顺序。

（3）在探究中认识周围事物和现象。

发展指标

3～4岁儿童能感知和体验天气对自己生活和活动的影响。

4～5岁儿童能感知和发现不同季节的特点，发现季节对动植物和人的影响。

5～6岁儿童感知并了解季节变化的周期性，知道变化的顺序。

生活情境

（1）"真是烦死了妈妈，又加衣服，为什么就不能一直是夏天呢，这样我就可以穿我最喜欢的裙子了，"小丸子抱怨到。

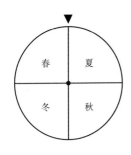

图 9-2 四季转盘示例

（2）"夏天到了，爸爸，我可以吃我最喜欢的水果了，嘿嘿，"小丸子可开心了。

具体活动

准备自制四季转盘一只（见图 9-2），转盘上画有四季景象，让幼儿自己转动四季转盘，等转盘停下后，面对幼儿的是哪个季节，就请其讲一讲这个季节的天气特征、景物现象、穿什么衣服、吃什么应时水果。然后再请一位幼儿继续玩此游戏，对说得好的幼儿给予表扬。

游戏活动 29 中午的太阳变小了吗

活动目标

（1）在探究中认识周围事物和现象。

（2）能感知和发现简单物理现象，如物体形态或位置变化等。

（3）初步了解人们的生活与自然环境的密切关系，知道尊重和珍惜生命，保护环境。

发展指标

3 ~ 4 岁儿童能感知和发现物体和材料的软硬、光滑和粗糙等特性。

4 ~ 5 岁儿童能感知和发现简单物理现象，如物体形态或位置变化等。

5 ~ 6 岁儿童能探索并发现常见的物理现象产生的条件或影响因素，如影子、沉浮等。

准备材料

6 只大圆片、6 只小圆片、2 只中等圆片（同一种圆片大小应一样）。

生活情境

老师在给儿童讲"两小儿辩日"的故事，并让儿童讨论，哪个孩子的说法是对的。

具体活动

家长可在早上和中午分别让孩子观察太阳，并让他们思考，到底哪个时间段的太阳比较大？

接着，在黑板上钉上 6 只大圆片、6 只小圆片和 2 只中等圆片。排列的位置是把一只中等圆片放在 6 个大圆片中间，把另一个中等圆片放在 6 个小圆片中间（如图 9 - 3）。问幼儿，中间的圆片哪个大些？他们认为放在 6 个小圆片中间看起来要大些。家长把两个中等圆片拿下来，让幼儿自己来对比，结论是一样大。

图 9 - 3　放置图片
示例

教师解惑

早晨我们看到太阳在天空的一角，附近的山、树木、房屋等景物做太阳的背衬，我们就觉得太阳大些。中午太阳升到头顶上，博大的天空做太阳的背衬，所以中午的太阳就显得小些。另外，早晚阳光斜着入射地面，阳光被大气层折成了椭圆形，我们误以为椭圆形的太阳更大。

游戏活动 30　现代化工具

活动目标

（1）在探究中认识周围事物和现象。

（2）能发现常见物体的结构与功能之间的关系。

（3）能探索并发现常见的物理现象产生的条件或影响因素。

（4）初步感知常用科技产品与自己生活的关系，知道科技产品有利也有弊。

发展指标

4～5岁儿童初步感知常用科技产品与自己生活的关系，知道科技产品有利也有弊。

5～6岁儿童能发现常见物体的结构与功能之间的关系。

生活情境

（1）小玉看着妈妈把米放进电饭煲，一会米就熟了。小玉特别好奇。妈妈就告诉她电饭煲做饭的原理。

（2）风间洗完澡，感觉好冷啊，爸爸马上拿出吹风机帮他吹头发，还说："你们现在太幸福了，我们小时候都没有这些东西。"

具体活动

（1）家长引导幼儿看各种建筑工具，说出名称，让其记住外形，介绍建筑工具简单的用途，如搅拌机、打桩机、起重机、挖土机等，并问："这些都叫什么工具？使用这些工具有什么好处？"

（2）带幼儿边参观或边看边介绍农业工具及其用途，如拖拉机、抽水机、播种机、收割机、灌溉机、脱粒机等。通过提问或参观来引起幼儿的观看兴趣。"你们去过农村吗？你看到农民种庄稼时用的是什么工具？"

（3）准备带有飞机、火车、地铁、双层客车等现代交通工具的图片，并交给幼儿辨认。

（4）让幼儿找找在周围环境中见到过的新机器、新工具，也可请家长向幼儿介绍自己单位的现代化工具。

五 数学游戏活动

幼儿一出生就开始学习，生活中许多的数学现象就在幼儿周围，比如，吃饭时，家长会说"吃一口""再吃一口""吃最后一口"等；又如，"这孩子长得真快，都这么高了""这孩子和我家儿子一样大，但他比我儿子长得高"。吃饭时，每人一碗饭、一双筷子、一只勺等。其实这些活动都是自然的数学活动，如果家长有意识地去进行这样的活动，并在这样的活动中鼓励幼儿参与，就会对幼儿今后的数学学习产生积极的影响。

家长应该知道，儿童在日常生活中有很多机会可以自主获得"数学"经验，在这种日常活动中，家长的作用是为孩子提供丰富、有趣的环境，如可以让孩子看、摸、尝、闻和听的活动。家长可以观察儿童的活动，并对活动进行一定的反馈，如和孩子进行眼神交流、点头、微笑，对孩子的行为做语言描述，用言语表扬、鼓励孩子等，通过这些方式让孩子知道做哪些应该做的事。

（一）学前儿童感知集合发展的特点

学前儿童数学认知能力的发展主要包括儿童对数、计算、空间（几何）、测量和模式认知的能力。其中数包括对基数、序数、集合比较以及对初步的数符号系统的理解和运用；计算主要是对 10 以内的加减运算的理解；空间（几何）主要是对一些基本图形的特征、图形组合知识的了解，以及对基本的空间概念、方位和空间关系的认识；测量是把待测定的量与一个作为标准的量进行比较；模式认知是指个体对物体间内在规则关系的认知。

1. 感知集合发展具有自然性

集合就是由具有某种相同属性的对象所组成的整体，如红色的玩具放在一起构成了一个集合，其中红色就是这些玩具的相同属性。

儿童的日常生活中充满了各种有趣的集合现象，如医生都是穿白大褂的，要给宝宝打针；宝宝的衣服是放在固定衣橱内的；橱柜里的碗、筷子是餐具；书橱里放的是书；幼儿喜欢吃的果冻，按照品牌集合，而果冻通常又会和糖放在一起，它们被统称为糖果等，现实生活环境中处处有"共同属性"的一些物体，这些都是生活中常见的集合现象。

幼儿对集合的感知在生活中逐渐渗透，如果成人有意识地引导幼儿获得更多的集合体验，就将对其今后的数学学习带来积极的影响。

2. 感知集合发展具有阶段性

学前儿童感知集合的发展经历了以下四个阶段。

第一阶段：对集合感知的笼统阶段（2~3岁）

2~3岁儿童对集合的感知没有明显的界限，而只是一种相当笼统的对集合中元素模糊的泛化的知觉。这一时期的幼儿还不能精确地说出一组物品的数量。也就是说，对集合只有多与少的感知，还不能精确地意识到元素的个数。并且当某一集合元素个数的变化差异较小时，他们往往感知不到，所以，当成人悄悄地拿走幼儿的一两件玩具时，他们通常觉察不到。

第二阶段：对集合界限的感知阶段（3~4岁）

这一阶段的儿童能在集合边界内逐步感知集合，也能运用对应的比较方法来确定两个集合间元素数量的等量关系（5个以内）。但儿童对集合元素的感知从集合边界逐步向内部移动，到了4岁左右才能达到对集合内部元素的清晰感知，如让幼儿给五个排成一排的洋娃娃玩具"喂水"，他们通常给两边的洋娃娃玩具"喂完"之后就会告诉你说，我已经喂完娃娃啦；他们可以给5个以内的茶杯配上相应的茶杯盖，但对多出一个的茶杯往往不知如何处理。

这一阶段的儿童能够注意到自己有几个洋娃娃、几辆小汽车等玩具。但他们在注意洋娃娃玩具的过程中，一般对位于两边的洋娃娃玩具感知更为清晰，这个时期，幼儿的手和眼的运动是逐渐从两边向中间移动的；幼儿能够对常见的一些物体，按照颜色、形状、大小、长短等明显的外部特征进行分类，但他们只能做初步、简单的分类活动，还不能理解类（集合）的包含关系。

第三阶段：集合元素的感知阶段（4~5岁）

这个阶段的特点是学前儿童进入了集合元素的感知阶段，他们能准确地感知集合及其元素的数量；能把一个集合的元素与另一个集合的元素一一对应地摆放；能初步理解集合与子集的包含关系。

例如，幼儿可以通过分别计数来比较一起做游戏的儿童的数量和家里水果糖的数量（5个以内或稍多），幼儿在这一过程中，既感知到了儿童和水果糖这两个集合的存在，也感知到了这两类物品数量相等（两个集合的元素数量相等），初步形成了集合元素相等的意识。家长可以引导幼儿将儿童分成两组做游戏，并通过计数的办法来比较两组人数的多少，由此，引导幼儿发现整体是可以被分成若干部分的，幼儿逐步感知到了集合中包含子集的现象。

一些专家曾对3~7岁儿童理解包含关系能力做过比较实验，给其3张都穿救生衣的小猪卡片，其中2张穿红裤衩，问其"穿救生衣的小猪多"还是"穿红裤衩的小猪多"？要求幼儿回答并说明理由。结果4岁的幼儿能正确回答的数量只占总人数的5%，而5岁幼儿能正确回答的数量占总人数的45%，这就说明了，这一阶段的儿童，对集合包含关系的理解能力有了一定的提高。但此时，幼儿思维仍处于"半逻辑"阶段，即思维还不具备可逆性，将整体分成若干部分后，幼儿的思维对整体与部分之间、集与子集之间的类包含关系还是很模糊的。

第四阶段：集合包含关系的感知阶段（5~6岁）

这个阶段的特点是学前儿童对集合的理解能力进一步提高，幼儿能够理解集合的不同特点，能从不同的角度认识集合，掌握了按物体的外部特征或内部属性正确地对物体进行分类。

例如，幼儿能根据外部属性把铅笔、杯子、手帕等物品进行分类。给出一组大小不同、颜色不同的圆形和正方形几何图片，其中，幼儿能从中把大小不同、颜色不同的正方形图片找出来，表明其能较好地理解集合和子集的包含关系。

但由于这一阶段的儿童，没有形成类包含的逻辑观念，因此他们只会将整体作为单独的一部分，而不将其作为一个包含其他部分的整体看待，他们对整体与部分（即集合与子集）的比较，只习惯于从数量的多少来判断。例如，幼儿通过操作运算后知道大班人数比每个小组的人数多。

事实上，这一阶段的儿童，可达到初步的集合的运算阶段，他们能根据物体的外部特征或内部属性、不同的要求进行不同的分类，即进行多角度（多重）分类，并能较为准确地说出集合的元素个数等，逐步懂得数的组成和加减运算具有数群和子群的关系，能在理解的基础上掌握数的组成和加减运算。

幼儿阶段是儿童积极获得基本概念和基本技能的阶段。数概念是数学知识的构成要素。其可用来组织和分类复杂的数学内容，解决日常生活中遇到的种种新问题。学前儿童数概念的发展主要指 10 以内初步的数概念发展。数学知识本质的高度抽象性和逻辑性决定了数概念本身的抽象性、逻辑性，因此儿童数概念的形成与发展是一个非常复杂的过程。

（二）儿童数概念发展的一般特点

幼儿数概念的早期发展是从对集合的笼统感知开始的，如对集合元素多少的感知。幼儿对集合元素的感知状态最初是一种笼统感知（即对元素多少的感知）状态，之后则会逐渐过渡到对几何元素清晰的感知。真正意义上的理解计数是建立在幼儿能够对集合元素清晰感知的基础之上的，因此"1"和许多、"一一对应"等教学活动对幼儿建立最初的数概念是非常重要的，本部分把幼儿数概念形成标志作为研究儿童数概念发展的基本线索。

1. 儿童数概念形成的标志

表 9 – 4 表明了一位妈妈的疑惑。

表 9 – 4　一位妈妈的疑惑

我有一个男孩,他在两岁时就能口头数 1~30,而且能手口一致地点数 1~5。可现在他已经三岁了,反而不会数了。这是什么原因? 怎样才能使幼儿数数不断巩固和进步呢

实际上在生活中我们总会发现一些幼儿数数时总是乱数，家长教了很多次也没有用。我们也经常会遇到家长带着孩子一边走，一边教其数数。而有些孩子在 2 岁、3 岁时就能数到比较大的自然数。

这是否意味着，会数数的孩子已经建立了相应的数概念呢？答案是不确定的，会数数只是幼儿建立数概念的一个必要条件，而不代表其已经形成了相应的数概念，他们更多的只是机械地背诵自然数名称，而并不理解数的实际意义。他们在进行点数时往往会出现手口不一致的现象，这说明幼儿在数数的过程中，还不能将外部动作与内部动作很好地协调起来，因此也不能形成相应的数概念。数概念的形成是一个复杂的智力活动过程，这个过程是连续而有序的过程。

一般认为幼儿形成数概念的标志应当包括以下几个方面。

理解数的实际意义：①理解 10 以内的基数和序数的意义；②10 以内数的守恒，即幼儿在判断物体数量时能不受物体大小、形状和排列形式的干扰，确定物体的数量，如 3 可以代表 3 个苹果，也可以代表 3 朵花、3 棵树、3 头猪等，也就是说，幼儿要理解 3 的实际意义，就要理解 3 可以代表所有以 "3" 为数量的物体，点到最后的数是所有数过物体的总数，与它们在空间上如何排列无关。

数的顺序：①理解 10 以内自然数的相邻关系，即理解自然数中的任何一个数（除 "1" 以外）都比前一个数大 1，比后一个数小 1，如 2 在 3 之前，3 在 2 之后，2 比 3 小 1，3 比 2 大 1；②理解自然数的顺序表现出固定不变的关系。

数的组成：理解自然数的包含关系，即整体与部分的关系，如 "3" 是由三个 "1"、一个 "1" 和一个 "2"、一个 "2" 和一个 "1" 组成；而三个 "1"、一个 "1" 和一个 "2"、一个 "2" 和一个 "1" 又构成了 3。

2. 儿童计数能力的发展的一般过程

幼儿的计数能力的发展标志着他们对数的实际意义的理解程度，是形成数概念的必要条件。计数是有目的、有手段、有结果的活动。其要确定物体的数量，其手段为一种数数的操作，其结果表现为数的形式，因此，计数活动就是在具体集合的元素与自然数列里从以"1"开始的自然数之间建立起一一对应的关系，即口说数字、手点实物，使每个数字与一个集合内的每个元素建立一一对应的关系，结果用数字来表示。计数包括以下几个阶段。

（1）口头数数

2～3岁的幼儿在成人的教育下，逐步学会数个别数，如"1""2"，但往往不能正确地用其表示实物的数量。

幼儿这时仅仅在口头上数数，大多像背儿歌似的背诵这些数字，这种方式带有顺口溜的性质，并没有形成数与相应的实物一一对应的联系，幼儿仅仅口头表达了数的读法和数的顺序，还无法理解数的实际意义，如3岁左右的幼儿在口头数数中，常会出现遗漏数字或循环重复数的现象。尽管口头数数是一种机械记忆的结果，但是对幼儿学习、理解计数具有一定的积极意义，它能使幼儿获得数词的名称以及自然数顺序方面的知识和经验，而这恰恰是幼儿正确计数所不可缺少的。

（2）按物点数

3～4岁的幼儿能用手逐一指点物体，同时有顺序地说出数，但往往说不出总数。正确地按物点数需要手、眼、口、脑的协同活动，是口头数数后必经的基本计数过程。但在两个过程的过渡中，有时幼儿也会出现手口不一致的现象，即数数与实物没有一一对应，出现重复数、漏数现象。3～4岁的幼儿点数实物，特别是点数5以上的实物时，往往在早期会出现手口不一致的现象，不是手点得快口说得慢，就是口说得快手点得慢，经常漏数或重复数，点数1～5个实物后，他们说不出物体的总数；5岁多的幼儿按物点数的数目与口头数的数目基本上一致；6岁以上的幼儿基本上具有按物点数的能力。

（3）说出总数

确定一组实物的总数，就要数数，这也是计数的目的。说出总数的发展要比按物点数能力的发展更晚一些，因为这需要在掌握点数的基础上理解数到最后一个实物时，它所代表的这一组实物的总数，要把数过的实物作为一个整体——数群来把握。由于幼儿的理解能力和概括能力较差，需要一个较长的时间反复实践才能逐步掌握。我们常常见到3~4岁的幼儿虽然能正确点数实物，但不能正确说出实物的总数，而是随意地说出一个数，或者总是说固定的一个数。

（4）按数取物

按数取物是对数概念的实际运用，也能检测幼儿是否真正理解总数的含义。按数取物首先要求幼儿记住要取物的数目，然后按数目取出相应的实物。3~4岁的幼儿一般只能按数取出5个以内的实物，幼儿按物点数的数目都比说出的总数和按数取物的数目多。5~6岁的幼儿不仅计数的范围逐步扩大，计数的准确性也逐步提高，基本上能按指定的数正确取出实物。

除以上四个阶段之外，在计数活动中，幼儿的动作最终实现手、眼、口协调一致，其中手的动作大致要经历：触摸物体—指点物体—用眼代替手区分物体。语言动作大致要经历：大声说出数—小声说出数—默数。

3. 儿童数概念发展的年龄阶段与特征

第一阶段：对数量的感知动作阶段（3岁左右）

这个阶段的特点是：对数量有笼统的感知，能区分明显的大小、多少的差别，对不明显的差别则不会区分；会口头数数，但一般不超过10；逐步学会手口一致地点数5以内的物体，但不会说出总数。总之，这一阶段幼儿主要通过感知和运动来把握物体的数量，只具有对少量物体的模糊的数的观念，还算不上真正具有了数的概念。

第二阶段：对数和物体数量间建立联系的阶段（4~5岁）

这个阶段的特点是：点数实物后能说出总数，即有了最初的数群的概念；末期开始出现数的"守恒"现象；这个阶段前期的儿童能分辨大小、多少、一样多，中期能认识第几和前后顺序；能按数取物；逐步认识数与数之间的关系，有数序的观念，能比较数目大小，能应用实物进行数的组成和分解；能开始做简单的实物运算。这一阶段幼儿所反映出来的特征表明他们已经在较低水平上达到了形成数概念的水平。

第三阶段：简单的实物运算阶段（5~6岁）

这个阶段的特点是：对10以内的数大多数儿童能保持"守恒"；计算

能力发展较快，大多数儿童从表象运算向抽象的数字运算过渡；基数概念、序数概念、运算能力等各方面都有不同程度的扩大和加深。大多数儿童可以学会 100 以内的数；个别的可以学会 20 以内的加减运算。这一阶段的儿童已经在较高水平上形成了数的概念。

（三）学前儿童空间方位概念发展的特点

空间方位是指个体对物体空间位置的辨别和对物体间相互关系的了解。物体的空间位置及物体之间的空间关系基本的是上与下、前与后、左与右的相对位置及关系。引导幼儿认识空间方位概念，就是教幼儿认识上下、前后、左右。

1. 学前儿童空间方位概念发展的一般过程

幼儿在辨别空间方位概念的发展过程中，体现出以下几个特点。

（1）上下—前后—左右

儿童对周围空间方位的辨别有一个先辨别上下，再识别前后，最后认识左右的发展过程，这一发展性顺序与方位本身的复杂程度有关。

上下以"天地"为基准，是永恒不变的，即不会由于位置或方向的改变而发生变化，因此，儿童比较容易辨认。前后和左右具有方向性，会随着自身位置的改变而改变，如儿童身体位置转动以后，原来的前面（或左面）就变成了后面（或右面）。

（2）以自身为中心—以客体为中心

幼儿在辨别空间方位的过程中要经历以自身为中心到以客体为中心的定向过程。幼儿辨别空间方位，首先从自身开始并以自身为坐标来辨别周围客体的方位。幼儿首先学会的是辨别自己身体部位的方位，将不同方位与自己身体的一定部位相联系，在此基础上，幼儿再以自身为中心确定相对于自己的客体所处的方位。

（3）从近的空间区域范围扩展到远的空间区域范围

当幼儿以自己的身体为中心去确定相对于自己的客体所处的方位时，

一开始往往局限在离自己身体不远的、较狭窄的空间范围内，面向自己的客体，随着年龄的增加，尤其是对于空间方位的相对性、连续性的逐渐理解，幼儿开始逐渐意识到并且辨别离自身较远的上下、前后或左右的空间方位。

2. 学前儿童认识空间方位概念发展的年龄特征

（1）3～4岁

这一年龄段的幼儿基本上能较好地区分上下的空间位置，而对前后方位的辨别则表现出一定的局限性，主要反映在所理解的空间方位的区域十分有限，对离自身近的，正对自身的客体较易辨别，如一个3岁左右的儿童，对位于其前方30°～45°区域内的物体位置的判断往往表现为否定它是在自己前面的位置，而认为它只是在旁边。

（2）4～5岁

这一年龄段的幼儿在空间方位区分的范围上有了较大的进步，表现为区分前后区域的面积有所扩大，沿着某一方向（横向或纵向）的距离有所增加，已经能够对离自己稍远的或斜对自身前后位置的客体方位有较正确的判断，此外，开始以自身为中心判断左右的空间方位。

（3）5～6岁

对于这一年龄段的大多数幼儿来说，其能把空间分成两个区域，如左和右、上和下等，还能够把其中的某一个区域分成两部分，如前左和前右、后左和后右等。这一阶段，其对上下、前后、左右空间方位的区分是能够掌握的，对空间位置定向的相对性、连续性、可变性在适当的教学影响下也是能够理解的。

（四）学前儿童时间概念发展的特点

理解时间对儿童来说是比较难的学习任务。因为时间看不见也摸不着，只能通过对物质运动变化过程的持续性和顺序性来感知。例如花的开与谢、太阳的升与落、白天和黑夜、昨天和今天等，都需要用时间来表示。

1. 学前儿童认识时间概念的一般特点

（1）易受生活实际经验的影响

幼儿对时间的感知是在感性经验基础上形成的。对于年龄较小的幼儿来说，这种感知往往是与形成它的具体活动相联系的，其应用范围也较狭窄。越是与他们的生活有联系的时间单位，如早上、中午、晚上等，幼儿越容易掌握，如早上就是起床的时候，上午就是上幼儿园的时候，下午就是妈妈来接的时候……这些时间概念对年龄很小的幼儿来说，也是容易区分的。而那些与幼儿生活联系不紧密的时间单位，如分钟、小时等，其则较难掌握。

（2）易和空间关系混淆

幼儿在理解时间概念中易受知觉影响，在对时间的认知上没有能够将不同速度的运动纳入统一的时空参照系中。皮亚杰认为学前儿童常把一个物体移动的距离远近与时间的长短混同起来，不会考虑速度。因此他们很难将空间关系和时间关系严格地区分开，而是混淆二者。

（3）更易理解短周期时间顺序

在对时间顺序和周期的理解上，学前儿童往往较易理解的是短的周期，如一天。随后逐步将其发展到更长的周期，如一个星期、一个月、一年。

（4）对表达时间的词语的认识存在一定困难

在表达时间的词语使用方面，幼儿往往表现出含糊、不精确的特点，即使用了单位时间的词语，也未必真正理解它们的含义。他们往往用"昨天"泛指过去，"明天"泛指将来，例如，有个中班儿童说"昨天我爸爸带我去公园了"，实际上是很久以前去的；"我明天要过生日了"，实际上离他过生日也许还有很长时间。

2. 学前儿童认识时间概念的年龄特点

学前儿童认识时间概念的发展特点是：越是与他们的生活有联系的时间单位，幼儿越容易掌握。而那些与幼儿生活联系不紧密的时间单位，如分钟、小时等，其则较难掌握。幼儿对时间的理解是从和生活紧密联系的

"一天"开始的,然后逐步向更长和更短的时间延伸。

(1) 3~4岁

这一年龄段的幼儿一般能掌握一些初步的时间概念,如早上、晚上、白天,但对时间的理解往往和生活中的事件相联系,如在"星期天",许多家庭会带幼儿到公园游玩,因此幼儿非常爱过星期天。在幼儿的"生日"当天,很多家长给孩子买玩具等礼物,孩子一般很难忘。因此,对于"星期天""生日"等,幼儿就会有很深的感触。而对具有相对意义的时间如昨天、今天,其还不能完全掌握。

(2) 4~5岁

这一年龄段的幼儿已经能够比较准确地确定不太长的时间间隔,借助个人经验,基本上知道经过早晨、白天、夜里就是经过一天,能逐步认识今天、昨天和明天。

(3) 5~6岁

这一年龄段的幼儿对时间的认识逐步向更长、更短的时间段扩展。他们能认识前天、后天,明白"星期"和"几点钟",表明在初步建立起时间更替观念的同时,还提高了其对时间分化认识的精确性,能区分较小的时间单位(如认识时钟上的整点和半点等)。

(五)学前儿童数学游戏活动设计

1. 3岁以内幼儿的数学活动

3岁以内的幼儿已经对生活中的数、量、形、空间及其关系等方面有了一些简单的体验,家长可以有意识地引导幼儿获得更多的数、量、形状、空间等方面的经验,这些经验的获得是3岁以后的幼儿进行数学学习的基础。

幼儿应当掌握的数与量的关系包括:(1)初步比比多与少,即对多与少有笼统的感知;(2)按顺序读出数字(口头数数),愿意读多少就读多少;(3)可以按照要求取出1个和2个物体;(4)常用生活用品之间的对应关系等。

幼儿应当掌握形状、空间（包含时间）等方面的内容包括：差异明显的大与小的物体、白天和黑夜、上和下等关系。

数学活动1　生活中的1、2、3（3岁以内的幼儿）

活动目标

充分利用日常生活中幼儿熟悉的环境，使幼儿知道生活中有很多食物、玩具、钱币是可以用数表达的。

具体活动

爸爸、妈妈可以利用生活中的吃饭、喝水、购物等活动，来帮助幼儿理解1、2、3的实际意义（不是死记硬背地说出1、2、3）。

（1）小明拿给妈妈两枚硬币，并对妈妈说：这是你的两块钱。

（2）小杰正在吃橘子，妈妈可以问他："你吃几瓣橘子啦？"小杰回答说："我已经吃了三瓣橘子了。"（同时举起三个手指头）

（3）小红想买一个玩具，于是和妈妈说：我想要一个娃娃。妈妈说：你不是已经有两个娃娃了吗？为什么还要买呢？再买一个娃娃，你有几个娃娃了呢？

（4）小杰正在拍球，拍一下数一下，如1、2、3下等。

（5）上楼梯的时候，家长可以引导孩子进入每一层同时说出对应的数字（也可以使用稍大的数字），但是要切记，当孩子不懂数的真正含义时，她（他）说出的数字一般是背下来的。

（6）经常问问孩子，自己家里有几口人。

说明：这样的活动可以在孩子的各种游戏中开展，家长不要强迫孩子学习，而要引导孩子很自然地在活动中展示他们的"数学"能力；家长应当鼓励孩子的微小进步，不要总是妄想让孩子从1数到100，这对幼儿来说只是更多地发展了他们的背书能力，而不是理解力。

数学活动2　生活中的对应活动

活动目标

通过日常生活情景，幼儿理解生活中有些东西是对应的，存在某种对应关系。

具体活动

（1）妈妈在幼儿每天起床穿衣时，要和幼儿一起进行穿衣活动。妈妈在教幼儿穿衣时，要和幼儿交流，比如妈妈可以说"这是上衣，穿在宝宝上身"等类似的话，与其进行语言交流要和穿衣活动一起进行。

（2）幼儿穿鞋时，家长可以帮助幼儿一起进行，最终让幼儿可以自己穿鞋。在穿鞋的活动中，要让孩子意识到，一只脚只能穿一只鞋（鞋有左右之分）。当然3岁左右的孩子还不能理解左右关系，但家长可以在生活中逐渐地渗透这种左右观念。

（3）吃饭时，家长可以引导幼儿给每一只饭碗配一双筷子（特别强调是一双筷子，而不是一根筷子），或者给每只碗里放一只调羹等。

（4）玩具中的一一对应关系，如给娃娃穿衣物，男孩穿男装，女孩穿女装；在镶嵌玩具的各种形状内嵌入相同形状的图块。

说明：幼儿理解对应关系是理解数量关系的基础。帮助幼儿建立各种对应关系（逻辑关系）是非常重要的。对这种对应关系理解得越好，越有利于孩子们今后的数学学习。因为数学本身就是数、量、形等的关系组合。

数学活动3　可爱的洋娃娃

活动目标

通过手摸、眼看体验1和2。

具体活动

家长可以和孩子一起进行这样的学习活动。

家长向幼儿提问："娃娃的眼睛在哪里？""娃娃的耳朵在哪里？"让孩子指出娃娃的眼睛、耳朵并触摸、感知形状。然后让孩子找一找娃娃有几只眼睛、几只耳朵、几张嘴巴等。最后让孩子拿娃娃和自己比一比，引导孩子说一说："我的娃娃有两只眼睛，一个鼻子，两只耳朵，我也有……"

妈妈也可以故意说错："娃娃有两个鼻子，找一找娃娃的两个鼻子在哪里？"引导幼儿发现妈妈的错误，帮助妈妈纠正错误。

活动的材料可以是小熊、机器人等玩具，还可以利用孩子的其他动物玩具或画报、杂志上的动物图片来引导孩子感知数量1、2。

数学活动 4　神秘的豆子

活动目标

通过按数（1和2）取物，幼儿感知和理解1和2的意义。

具体活动

家长准备一个幼儿小手可以伸进去的口袋（不宜过大，略有空间余地即可），里面事先放上几粒豆子（稍大些较好），然后和孩子一起玩"按数取物"游戏。家长可以先说数字1或2，引导孩子用小手在口袋里摸出1个或2个相对应的豆子，如果孩子对了，家长就可以用小红旗奖励孩子；反过来，家长让孩子说数字1或2，自己去口袋里拿出相应的豆子，家长可以故意出错，引导幼儿纠正。

这种活动可以使用家里有的现成的物件，只要可以用来触摸和计数的物体都可以被使用。小口袋也可以换成纸盒子。

要特别注意的是，整个活动都是在不看袋子（盒子）里面的具体物件的状态下进行的。

数学活动 5　区分大与小

活动目标

通过区分常见差异明显的大与小的生活现象，找出大与小的量的不同之处。

具体活动

（1）比个子：家里来了个大哥哥，可以引导幼儿和大哥哥比个子，看谁高（10岁的哥哥比3岁的宝宝个子高）。

（2）比力气，看谁的力气大：幼儿和大孩子掰手腕，和爸爸掰手腕。在掰手腕的过程中，幼儿可以清晰地体验到自己个子矮、力气也小的事实，同时也可以清楚地观察到自己的小手和大手握在一起的差异。

（3）全家人围坐在一起吃饭时，引导幼儿观察自己用的小碗和爸爸用的大碗的区别。

（4）和爸爸、妈妈一起比：大手、小手；大脚、小脚等。

（5）讲故事，例如，三只熊的故事，特别在讲到与大小有关的故事情节时，家长要注意运用语调的变化，引起幼儿对熊爸爸——高大、坐在大椅子上、用大碗吃饭和熊宝宝——个矮、坐在小椅子上、用小碗吃饭等情节的注意。

（6）如果家里有多个皮球，则可以用来进行大与小的比较，如妈妈拍大球，孩子拍小球，比一比看谁的皮球跳得高（这个年龄的孩子，精细动作还不完善，只要能够拍起来即可，不要过高地要求孩子做出连续的拍球动作）。

数学活动 6　白天和黑夜（早上、晚上）

活动目标

通过白天生活中需要做的一些事和晚上需要做的事，幼儿发现天亮了和天黑了的不同。

具体活动

孩子早上起床时，家长要引导幼儿穿衣、洗脸、刷牙、吃早餐等，比如妈妈可以说：宝宝，天亮啦，太阳公公都快出来啦，赶紧起床吧，妈妈已经做了宝宝最爱吃的蒸鸡蛋，还有一杯香香的牛奶。或者说，宝宝自己会穿衣、漱口啦，你和妈妈比赛看谁穿得快等。这些活动是每天都会出现的，可以变换不同的话语或花样，使幼儿意识到，有些活动一定是早晨（天亮了）起床以后必须做的，比如吃早餐、看日出、整理床铺等。

同理，晚上的睡前活动也是一样的，家长引导幼儿意识到，天逐渐变黑，太阳公公下山回家休息，月亮出来，我们就要睡觉了。睡觉前，要洗脸、刷牙、洗脚等，家长要引导幼儿自己脱衣服、叠衣服，并将衣服放在固定的地方，然后妈妈给宝宝讲睡前故事等。

说明：晨起、睡前的各种生活实践活动是幼儿感知时间变化的最佳机会。儿童大约到5岁才能够逐渐学会认识整点，而对复杂的时间的感知要到6岁、7岁之后才能逐渐掌握。

数学活动 7　和妈妈一起捉迷藏

活动目标

幼儿在捉迷藏的活动中，体验上面和下面。

具体活动

这个活动可以和邻居家的幼儿一起做。

妈妈蒙上眼睛，让幼儿分别在床下、桌下躲藏，妈妈找到谁，谁就说他的上面有什么，下面有什么。

变换桌子上和床上的物品，让一名幼儿蒙上眼，请其他的幼儿藏在桌下、床下，蒙眼幼儿捉到谁，谁就要说出他的上面有什么，下面有什么等。

可以对说对的幼儿进行奖励，使用食物、糖果或者小红旗、印章等幼儿喜欢的东西进行。

2. 3~4 岁儿童的数学学习目标与活动

这个阶段的儿童应当达到的数学学习目标如下。

（1）感知和发现周围物体的形状是多种多样的，对不同的形状感兴趣。

（2）体验和发现生活中很多地方都用到数。

（3）能感知和区分物体的大小、多少、高矮、长短等量方面的特点，并能用相应的词表示。

（4）能通过一一对应的方法比较两组物体的多少。

（5）能手口一致地点数 5 个以内的物体，并能说出总数，能够按数取物（5 以内）；能用数描述事物或动作，如我有 4 本书。

（6）能注意物体较明显的形状特征，并能用自己的语言描述。

（7）能感知物体基本的空间位置与方位，理解上下、前后、里外等方位词。

数学活动 1　宝宝分餐具

活动目标

能够理解多种生活用品之间的对应关系；能够通过两组物品之间的"一一对应"理解"一样多"、"多 1"和"少 1"。

活动材料

餐具若干，包括小盘子、小碗、筷子等。

具体活动

这是每天都可以进行的活动，以下的活动并非在一天内完成，而需要在若干天里逐渐完成。

吃午饭或晚饭前，家长可以要求孩子给大家摆碗筷，给每个家人分 1 个小盘子、1 个小碗、1 双筷子。

在最初的活动中，先从数量相等的配对开始。家长应当为孩子准备数量相等的盘子、小碗、筷子（以双为单位），在引导孩子摆放餐具时，一定要先进行盘子、小碗、筷子之间的等量配对活动（如 5 个盘子配 5 个小碗和 5 双筷子），并注意一定的摆放顺序，即先把盘子摆好，然后在每个盘子上放 1 只小碗，最后将筷子摆在盘子的旁边，要求孩子摆放整齐。

当孩子已经能够顺利完成等量配对活动之后，家长应当在孩子发放餐具过程中，制造一些障碍，如故意让小碗少 1 个或多 1 个等，引导孩子思考为什么少了一个小碗，解决问题的办法是什么？第一种办法是从碗柜里拿一个小碗放在那个盘子上；第二种办法是去掉一个盘子和一双筷子。当然，无论哪种解决问题的办法，都要使每个家人有餐具吃饭。

在孩子进行非等量配对的活动中，一定要引导孩子思考如何解决多 1 个或少 1 个的问题，即去掉 1 个还是填上 1 个，但这两种办法都要符合生活经验，如果拿走多出的盘子，就有可能会造成某个家人没有餐具吃饭，这种办法就是不可行的。

每次分完餐具，可让孩子说一说家里有几个人吃饭，他/她摆了几个碗、几个盘子、几双筷子。

说明：本活动利用日常生活琐事来引导孩子学习一一对应关系，数数，感知生活中数量关系，需要坚持一段时间。成人要特别注意观察孩子解决分餐具时出现的问题（如多出 1 双筷子或少了 1 个碗等）的方法，只要他给每人分得一样多，就不要干涉；在出现不一样多时，可以适度引导，而不是替孩子解决问题。

数学活动 2　下飞行棋（适合 3.5 岁到 4 岁的孩子）

活动目标

通过掷骰子逐渐学会点数 1~6；能够根据骰子上的点对应的数，使用棋子走出相应的步子；逐渐学会遵守游戏规则；游戏结束时能够将棋盘、棋子、骰子收拾进盒子里，并摆放整齐。

活动材料

一幅飞行棋，包括棋盘、两种颜色的棋子（上面画有小飞机）、骰子。

具体活动

这个活动适合家长和孩子在闲暇时进行。

在玩之前，家长要看懂游戏规则。一般由两人轮流通过分别掷骰子的方法来决定走几步棋；家长可以示范给孩子，让其看如何操作。具体步骤如下。

家长和孩子一起摆好棋盘，做好准备工作。

首先，家长示范：掷骰子，用手指指着骰子正面朝上的点来点数，然后手拿自己的飞行棋按照棋盘上的步骤提示向前走；家长要特别注意示范点数的动作，如用手指指着骰子上的点点数，并念出声来。

其次，引导孩子操作：掷骰子—点数—拿自己的棋走出点数到的"数"的步子，点"几"，就走几步。

再次，要特别提醒孩子注意，有时候棋子刚好走到一个"陷阱"里，这个陷阱要求棋子往回走"几"步，那就往回走几步；当然也有可能会出现向前飞行几步的情况。

最后，谁的棋子先走到大本营，谁为胜利者。

说明：这个游戏可能在多次后，孩子才能逐渐掌握游戏规则；孩子学习这个游戏的玩法需要一个过程，可能刚开始，孩子对游戏规则不能很好遵守，这时家长要有耐心，不要过于追求完美；当孩子点较大数字（如 5 和 6）出现错误时，家长不要着急，可以适度引导和提示，并用足够的耐心等待孩子完成点数，再进行下面的活动；建议家长使用较大个的骰子，以便于孩子点数。

数学活动3　藏猫猫

活动目标

能够以某物为中心，辨别上下、里外的空间方位，能够使用"我在'某某'的上或下、里或外、前或后发现（找到、捉到）了'某某物'的句式描述"。

具体活动

家长在和幼儿一起做游戏时，要和孩子讲清楚游戏规则。其一，藏猫猫的地方要有一定的范围。其二，捉到藏的人或找到玩具后，孩子必须说：我在"某某"的上或下、里或外、前或后发现（找到、捉到）了……

可以从"人找人"的活动逐渐过渡到"人找物"的活动。后一种活动比前一种活动稍有难度，一般应在"人找人"的活动熟练后再开展"人找物"的活动。

第一部分：人找人

家长先藏，让孩子捉。游戏开始，孩子脸对着墙，用手蒙着眼睛，然后从1到10数数（数数的速度适中）；家长必须在孩子数数的时间里藏好；孩子数到10以后就可以开始寻找，捉到大人后，一定要说：我是在"某某"的上或下、里或外、前或后发现（找到、捉到）了……例如，我是在床底下发现了爸爸，或者，我是在柜子里发现了爸爸。

然后，让孩子藏起来，家长来捉。捉到孩子后，同样要让孩子说类似的句式。例如，爸爸是在床底下发现（捉到）了我，或者，爸爸在帘子的后面捉到了我。

第二部分：人找物

家长将玩具事先藏在不同的地方，引导孩子去寻找。藏玩具的地方一定是安全并且在孩子能够找到的范围内。

如可以藏在窗台上、花盆后面、洗衣机里、暖气片下面、书柜最下面、床上面、门后面等孩子可以够得着的地方。孩子每找到一样玩具，家长都要引导孩子说上面的句式。然后可以逐渐提高活动难度，如让孩子蒙上眼睛来找玩具。

说明：这个活动的关键是，一定要注意引导孩子说出：我在"某某"的上或下、里或外、前或后发现（找到、捉到）了……

该活动可以根据情况循序渐进地多次进行。

数学活动 4　给娃娃排队

活动目标

能够在若干娃娃里找出最大的娃娃和最小的娃娃；能够将大小不等的娃娃按从小到大的顺序排成一排（横排或竖排）。

活动材料

家长可以使用硬纸壳做出形状大致相同、大小（身高）不同、长相也不同的娃娃 5 个左右。

具体活动

最初，家长可以将做好的娃娃的轮廓按照从小到大的顺序描在一张较大的纸上，引导孩子将娃娃分别放在相应的（大小和轮廓吻合）位置上，并要求孩子用手指出，最大的娃娃在哪里，最小的娃娃在哪里。

之后，家长就可以先引导孩子给娃娃涂一涂自己喜欢的颜色。然后让孩子说一说你给最大的娃娃涂了什么颜色，给最小的娃娃涂了什么颜色，让孩子把他们找出来。

最后，家长可以要求孩子给娃娃排个队，按照从小到大的顺序进行，可以是横排也可以是竖排，家长不必干涉排列的方向，顺其自然。如果出错，家长可以和孩子一起找一找"哪里看着最难看"——顺序出错的地方最难看，因为看起来很乱。

说明：这个活动可以先从 3 个娃娃开始，以后逐渐增加到 5 个左右。所用的材料也可以是大小不等的瓶盖、钥匙等。

数学活动 5　我帮妈妈分豆豆

活动目标

能够将相同的豆子挑出来并放进指定的盒子（盘子、碗）里；说一说把一些豆子放在一起的原因。

活动材料

大豆、绿豆、红豆若干，三个分别画着大豆、绿豆、红豆标志的盒子（或者将纸盒分别涂上三种豆子的颜色）。

具体活动

妈妈将一把混合的大豆、绿豆、红豆放在一个盘子里，然后引导孩子来帮自己干活，一定要采用鼓励加奖励的办法吸引孩子的注意力，不要强迫孩子完成此类任务。

妈妈可以示范一下，让孩子把长得一样的豆子放进相应标志的盒子里。当孩子出错时，妈妈先不要着急提示，等孩子做完了，引导孩子看看有哪一个"调皮"的豆子跑到别人"家"里去了，找一找，找到后，送这个豆子回"家"。

家长可以和孩子比赛，看谁分得快。家长可以多准备几个盒子，和孩子一起进行这个活动。

最后，家长要让孩子说一说，你为什么把红豆放进一个盒子里，引导孩子说出，因为它们都是"红颜色"的；绿豆放在一起，是因为它们都是"绿颜色"的；大豆放在一起，因为它们都是"黄颜色"的等。

说明：颜色是孩子最容易注意到的物体的分类特征；家长在孩子掌握按颜色分类之后，可以逐渐使用形状不同的物体让孩子进行分类，如把娃娃放在一起、把小汽车放在一起等。

3. 4~5岁儿童的数学学习目标与活动

（1）在成人的指导下，感知和体会有些事物可以用形状来描述。

（2）在成人的指导下，感知和体会有些事物可以用数来描述，对环境中各种数字的含义有进一步探究的兴趣。

（3）能感知和区分物体的粗细、厚薄、轻重等量方面的特点，并能用相应的词语描述。

（4）能通过数数比较两组物体的多少。

（5）能通过实际操作理解数与数之间的关系，如5比4多1；2和3合在一起是5。

（6）会用数描述事物的排列顺序和位置。

（7）能感知物体的形体结构特征，画出或拼搭出该物体的造型。

（8）能感知和发现常见几何图形的基本特征，并能进行分类。

（9）能使用上下、前后、里外、中间、旁边等方位词描述物体的位置和运动方向。

数学活动1　匹配同等数量的物品（一一对应）

活动目标

儿童能够将与易拉罐上点数相同的物品放进罐内；初步认识"没有"可以用0表示。

活动材料

10个易拉罐或者其他类似的容器；在9个罐上分别画出1~9个圆点，剩下1个罐上面不画任何圆点，表示0个圆点；雪糕棒、纽扣、小豆子等物品若干。

具体活动

家长可以示范活动规则：先数一数易拉罐上的圆点，然后在数出相同的雪糕棒放在对应的罐子里。

家长引导孩子开始进行活动：先让孩子将易拉罐从左向右按照圆点数量从小到大排成一排，没有圆点的罐子放在左数第1位，然后让孩子从0数到9。接着让孩子根据每个罐子的圆点数量，说一说，这是几；下面引导孩子数出对应的雪糕棒，放进相应的罐子里；最后要求孩子说一说：我装了几个罐子，每个罐子上的圆点是"数字几"，我数的雪糕棒和圆点数一样多。

特别注意：其中一个罐子上没有圆点，所以一个雪糕棒也不能放，因为没有东西在罐子里，所以可以用"0"表示，即"没有"可以用"0"表示。

可以换成其他的材料，如纽扣（形状可以不一样），当孩子使用纽扣计数的时候，家长应当引导孩子理解"扣子的个数"与它的形状、颜色、大小无关。

同理，在使用豆子计数的时候，也最好使用颜色、形状各异的豆子进行。

说明：家长可以和孩子一起进行这个活动，也可以邀请邻居的同龄孩子和自己的孩子一起进行活动。如果有同伴，则可以让孩子每人做一次，看看谁做得更好，可以使用奖励手段，如贴小红花（小的动漫贴）或糖果等作为奖励。在活动中，以鼓励为主，多看到孩子的成功之处。

数学活动 2　排队玩游戏（序数）

活动目标

能够知道生活中有些活动必须排队，理解排队的意义；学习序数第 1、第 2、第 3、第 4；理解从不同的起始方向排序，物体的序是不同的。

活动材料

4 个沙包或小皮球；其他 4 个相同的物品，如 4 把椅子。

具体活动

对序数的学习是在孩子们已经能够正确数到 5 以后进行的内容。

在生活中，家长可以经常带这一阶段的孩子，参加需要排队进行的活动，可以引导孩子说说自己排在第几个？我前面有几个人？我后面排了几个人？当然如果数字过大超出孩子们的认识能力（一般在 5 以内），则不必勉强。

家长可以和孩子做一些比较正式的数学活动来学习序数。最好邀请 3 位儿童和自家的孩子一起参与。

（1）家长设计需要儿童轮流玩的游戏：向筐里投掷沙包。

妈妈可以给每个孩子准备一个沙包，然后要求孩子数一数，一共有多少个沙包？有多少个儿童？

大家一起要玩的游戏是：儿童站在固定的地方，将手里的沙包投到小筐里，投中的可以得到一面小红旗（事先准备好一张可以给儿童画上红旗的纸和一支红笔）。然后家长向孩子提问："这个游戏可以 4 个人一起同时向筐里投沙包吗？"家长要引导孩子们理解，为什么不能同时向筐里投沙包？（必须轮流玩才能知道"谁的沙包投入了筐里"）

儿童们必须轮流玩：你第 1 个，他第 2 个，我第 3 个……要求每个孩子记住自己的数字，轮到自己时，要先说出自己是第几个，如我是第 1 个（第 2 个、第 3 个、第 4 个），然后再开始投沙包。

（2）将 4 个相同的物品排成一排，首先从左到右开始说这是第 1 个，这是第 2 个，这是第 3 个，这是第 4 个；然后可以变换方向，如从右到左，从上到下，从下到上等，引导孩子们感知，起始方向不同，同一个物体的"序"也有所不同。

（3）家长要有引导性地提问，如"你能指出第 2 个（第 1 个、第 3 个、第 4 个）吗？"

（4）把 4 把椅子排成一排（横排或竖排均可），让孩子们玩开火车的游戏。到第一站由第一个儿童报站名，到第二站由第二个儿童报站名，依此类推（站名可以采用童趣的名字，如苹果站、雪糕站等）。

说明：以上活动可以分多次进行。首先使用相同的物品或图片，当孩子们都能够顺利完成任务时，可以提高难度，采用不一样的物品排成一排，引导孩子理解物品的位置和它们的形状、大小没有关系；最后，序数可以逐渐延伸到 10 以内进行。

数学活动 3　整理玩具和衣橱（整理与分类）

活动目标

孩子在整理自己的玩具中学会按照玩具功能、材质等分类；在整理自家衣柜的过程中，学会将衣服按照上衣、裤子或厚薄分类。

活动材料

孩子们的玩具；家中成员的若干上衣和裤子等。

具体活动

（1）整理玩具，按照玩具代表的功能分类

使用玩具后，引导孩子将玩具按照其生活中对应的功能放入指定的收纳箱或柜子里，如交通工具类，包括小汽车、民用飞机、轮船等；球类，包括小球、大球、乒乓球、橄榄球等；武器类，包括手枪、机关枪等。

在整理的过程中，家长要求孩子说一说，小汽车、飞机、轮船的用途，我们在哪里乘坐它们可以最方便？依此类推……

也可以自定规则进行分类，如按照材质的软硬程度将玩具分类等。

（2）整理衣橱中的衣服。

首先，家长和孩子一起整理衣橱，要求孩子把上衣挑出来，分别说出是谁的衣服，并按照厚衣服或薄衣服进行分类。同时，要求孩子说出厚衣服是什么时候穿的，薄衣服是什么时候穿的。

其次，要求孩子将有纽扣的衣服和有拉链的衣服进行分类。要求孩子将每件衣服的纽扣扣好，让孩子数一数每件衣服上的纽扣。家长可以提问孩子：有脱落的纽扣吗？你是怎么发现的？（引导孩子使用点数的办法比较纽扣和扣眼的数量是否一样多，并让其把纽扣一样多的衣服放在一起）

最后，要求孩子说一说，放在一起的衣服各有几颗纽扣。有拉链的衣服，由家长将拉链拉好，引导孩子说一说这些衣服是有拉链的，另一些衣服是有纽扣的。让孩子说说自己喜欢带纽扣的衣服还是带拉链的衣服，为什么？

数学活动 4　串珠子

活动目标

串珠子的活动，使孩子们理解物体按照某种规则（模式）进行排列时比较漂亮；能够按照自己定的规则串出喜欢的珠串或花片。

活动材料

各种颜色的珠子若干，各种颜色的花片若干。颜色至少要有几种基本色，如红、黄、蓝、绿等。珠子和花片的大小要便于取放和穿绳，不能太大或太小，绳子要有一定的硬度，这样便于串珠子或花片。

具体活动

家长先示范按照某种规则进行串珠的动作，如按照红黄蓝，引导孩子进行此项活动。然后，可以按照 1 红 2 黄进行串珠活动，这个相对于第一种规则稍稍难一些。串好后，让孩子说一说，你是按照什么样的顺序（规则）串的珠子，比一比哪一种规则串出的珠串更好看。

之后，可以使用花片，引导孩子串可以戴在脖子上的项链。规则可以自定,串好后,可以要求孩子说一说其是按照什么方法做成的项链,哪一种更漂亮?

这个活动也可以使用手塑泥做出各种漂亮的花边,花边可以按照某种规则进行设计。

数学活动5　找出不一样的物体（求异、求同）

活动目标

能够在若干相同的物体中找出一个"相异"（不一样）的物体;能够说明找出的"不一样"的理由。

具体活动

(1) 在一堆相同的东西中,放置一个特征差异较大的物品,要求孩子挑出那个不一样的东西。

在一堆书中,放置一辆玩具小汽车。请孩子拿出里头不是书的东西。当孩子把小汽车拿出来的时候,请他/她说一说为什么要拿出这个东西。家长要认真倾听孩子的理由,要给予其适当的引导,以帮助其建立"异"（特征不一样）、"同"（特征一样）的概念。也可以在几个娃娃中间,放置一本书,要求孩子将不是娃娃的东西拿出来。然后,让孩子说说这样做的理由。

在日常生活中,还有许多做这种活动的机会,如在几个碗中拿出盘子,在一把筷子里拿出一个调羹等。

(2) 在一堆相同的物品中,放置一个差异较小的物品,要求孩子挑出那个不一样的东西。

在几个苹果中,放置一个梨,要求孩子把不是苹果的水果挑出来。然后说一说这样挑的理由（苹果和梨有什么不同）。

在一堆一元的硬币中,放入一枚一角的硬币,要求孩子把不是一元的硬币挑出来,并让孩子说一说这样做的理由（一元和一角硬币有什么不同）。

这个活动的关键点是:引导孩子理解"求同",就是发现物品之间的共同点;"求异",就是发现物品之间的不同点。

例如苹果和橙子都是水果（求同）,但它们的形状、颜色、味道不一样（求异）。引导孩子理解苹果、橙子的共同点都是水果；它们不一样的地方，如形状、颜色、香味不同。你的孩子更喜欢哪一种水果呢？

4. 5～6 岁儿童的数学学习目标与活动

（1）能发现事物简单的排列规律，并尝试创造新的排列规律。

（2）能发现生活中许多问题都可以用数学的方法来解决，体验解决问题的乐趣。

（3）初步理解量的相对性（多与少、高与矮、厚与薄、冷与热等是相对的）。

（4）借助实际情境和操作（如合并或拿取）理解"加"和"减"的实际意义。

（5）能通过实物操作或其他方法进行 10 以内的加减运算。

（6）能用简单的记录表、统计图等表示简单的数量关系。

（7）能用常见的几何形体有创意地拼搭和画出物体的造型。

（8）能按语言指示或根据简单示意图正确取放物品。

（9）能辨别自己的左右。

数学活动 1　温度的测量

活动目标

学会使用温度计测量温度（冷热）；理解温度是对冷热的相对测量；结合物品、天气和一年四季变化体验热、温和冷。

活动材料

家长准备三种温度计（体温计、室内温度计、室外温度计）、四季图片、一杯热水和一杯冷水、带有活动温度手柄的卡通温度计和各种衣服的图片（春夏秋冬）、一些能够区别冷和热的物品的杂志。

具体活动

（1）在日常生活中，家长要经常引导孩子感知热、温、冷等现象，如热水、温水、冷水；热的暖气片、凉的玻璃窗等。

（2）使用四季的图片，和孩子一起讨论每个季节的温度。如哪一个季节的天气是冷的、热的、温的？每一个季节需要穿什么衣服？家长可以事先做一个带有活动手柄的卡通温度计（也可以购买）和准备一些画着各种衣服的图片，如薄外套、毛衣、棉衣、泳衣等，在和儿童讨论天气的时候，让孩子自己拨动温度手柄，来确定某个季节的可能温度，然后说一说对应季节应当穿哪一种衣服；最后，根据各种衣物，来讨论户外的温度。

（3）要求孩子把旧的杂志上的冷的、热的物品剪下来，分别贴在画着冷热标识的粘贴板上（也可以是由硬纸壳做的）。

（4）家长拿出三种温度计，即一个体温计、一个室内温度计、一个室外温度计，和孩子一起讨论，在什么地方使用三种温度计。

（5）每天和孩子一起记录室外的温度，并将其填写在事先做好的温度表里。

说明：家长应当在日常生活中，有意识地使用正确的术语来形容温度的变化。例如，今天32℃，好热啊！今天0℃，要结冰啦！我们这里太冷啦，才2℃，海南现在25℃，真暖和，我们去海南过年吧。

数学活动2　认识日历

活动目标

了解日历对于人们生活的重要性；认识一周（周一到周日）在日历上是如何表示的。学会在日历上做标记，如标记天气、生日、郊游情况等。

活动材料

准备日历，可以是台历或挂历。最好使用当年的日历。

具体活动

（1）找生日

家长可以先和孩子一起讨论家庭成员的生日，逐渐过渡到讨论孩子的生日。如家长提问："你什么时候过生日呢？"在孩子回答出来后，其与孩子共同在日历上找，先找月份再找具体的一天，要在日历上使用彩色的笔标出自己的生日，然后请孩子找一找爸爸、妈妈的生日，找到后可以在日历上用笔把它圈起来。

（2）认识月份与星期：家长与孩子一起认识日历，可以提问："这是什么？上面有什么？一共有几个月？每个月天数一样多吗？"

①认识周六和周日：每个月上红色的日子是什么？（指着红色的地方问，也可能是其他颜色）一定要引导孩子说出红色的日子是周六和周日。可以让孩子说一说：周六和周日自己的活动与平时的活动有什么不同？爸爸和妈妈周六和周日一般都做些什么事？

②认识星期和月：先数一数一年有几个月，家长引导孩子数，然后在事先准备好的卡片上记录下来；再数数一个月有几个星期，并记录下来。引导孩子发现每个月周数都在 4 周或多一点。

③在日历上做标记：引导孩子给家人的生日做标记，如生日都标记成红色的，在每一个人的生日旁边，画一个头像（自己、爸爸、妈妈）但不宜太多；在一些重大节日上做标记，如国庆节（画一面国旗）。

家长要和孩子一起养成做标记的习惯，如计划去郊游，就可以先使用日历和孩子一起讨论哪一天适合出去郊游，然后做好标记。

家长要特别注意，经常和孩子一起查日历，这样才能使孩子养成使用日历的好习惯。

最后，特别说明，以上的活动可以分多次进行，其中的内容也可以有所变化。

数学活动 3　数的组合

活动目标

学习 10 以内数的组成；能够记录投掷活动中出现的数的组合，并学会按照某种规则整理数据，发现数的组成中的规律。

活动材料

一元硬币 10 个、花朵形硬纸片 10 张（一面涂成红色，一面涂成黄色）。

具体活动

抛钱币：家长取出若干钱币，一般从小的数字开始，如从 3 开始，引导孩子记录 3 个硬币的正反次数，最终要记成图 4 - 3 的样子。

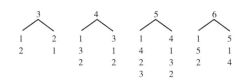

图 9 - 4　记录形式示例

以上记录形式，可以一直到 10。

家长确定好钱币的个数，先请孩子数一数钱币有几个（有几块钱），并说一说这些钱能够买哪些东西。然后让孩子将钱币撒在桌子上，数一数正面和反面的个数并记录，在重复数次直到所有的组合出现后停止活动。

这个活动的规则：第一，当出现全是正面或反面的组合时，不记录，原因是将一个数分成 0 和它自己已经超出了这个年龄段孩子的理解能力；第二，当出现和已经记录过的组合形式一样时不重复记录。

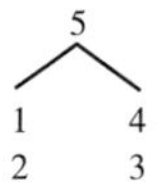

最后，当活动结束以后，家长要引导孩子找一找它们中间的规律，如总结出 5 是由 2 和 3、3 和 2、1 和 4、4 和 1 组成，因为看见 2 和 3 就可以想起 3 和 2，看见 1 和 4 就可以想起 4 和 1，所以只要记住 5 是由 2 和 3、1 和 4 组成即可。也就是说，可以从图 9 - 4 中，把 3 和 2、4 和 1 的组合划掉，使其成为图 9 - 5 的表示形式即可。

图 9 - 5　记录形式示例

说明：（1）此活动也可以采用花片或其他材料进行；此活动的道具可以由家长自己不断创新（例如开心果的壳），但形式基本一样；（2）此活动可以循序渐进分多次进行，先从较小的数字开始，之后过渡到较大的数字；（3）此活动是孩子学习 10 以内加减运算的基础，也就是说，加减运算应当在孩子熟练掌握数的组合或分解的基础上进行。

数学活动 4　二等分

活动目标

能够找到可以被一分为二的生活用品；引导孩子自己动手将可以等分的图形剪开。

活动材料

可以对折的孩子衣服，最好是夏天穿的圆领 T 恤衫和裤子等；可以等分的各种图形若干，最好是从画报上剪下来的图片，如上衣、裤子、足球、正方形、正三角形、碗、水杯等，材料要稍大些，以便于孩子操作。

具体活动

（1）家长和孩子一起整理衣物。引导孩子将自己的 T 恤衫按照中心线对折，让孩子观察衣物对折后是否两边完全重叠在一起；家长提问，怎样叠衣服它们就会重叠呢？怎样叠就不会重叠呢？然后要求孩子再叠一叠自己的小裤子，也是从中心线向两边对折，观察两边（裤腿）是否重叠在一起。家长继续提问，怎样叠裤子就会重叠？怎样叠就不会重叠呢？

（2）给孩子提供衣服、裤子的图片，让孩子找一找，从哪里折下去，图形两边刚好重叠在一起，然后尝试使用剪刀将重叠的图形沿着中心线（对称轴）剪开。

之后可以提供给孩子更多的图片，如足球、正方形、碗、房子等，在重复上面的过程之后，要求孩子说一说"等分"之后变成了什么图形？如正方形分成两份变成两个长方形。足球图片分成两份，变成两个半圆等。

（3）要求孩子将剪开的等分图形随意组合，看看能够组合出什么图形，可以将组合好的图形粘贴到事先准备好的纸上。

说明：这个活动可以循序渐进多次进行，所提供的图形要适于二等分，可根据孩子能力增加等分的份数，如四等份等。

数学活动 5　生活中的应用题

活动目标

儿童能够感知到生活中处处有计算（加或减）；能够理解应用题中的"一共""还剩下"的意义；能够围绕"一件事、两个数、一个问"来自编应用题。

活动材料

羊玩耍的图片，其他动物图片若干。

具体活动

家长出示一幅有羊在玩耍的图片，要注意引导孩子关注以下几个问题。

第一，这个图片讲了一件什么事？绿油油的草地上羊在做游戏。其中，草地、羊、游戏构成了一件事的基本情节。

第二，图片里有什么？有 3 只羊，从远处又来了两只羊。"原来 3 只，又来了 2 只"的数量关系和算法（加法）隐含在情节中，要引导孩子注意"又来了"是增加了的意思。

第三，现在一共有几只羊？把 3 只羊和 2 只羊合起来，即加起来。

第四，家长要引导孩子将图片中发生的事总结成一句话（即说出题意），并让幼儿反复套用这一句式来说自己或同伴在生活、游戏、劳动等中的事情，以让幼儿了解应用题的基本结构。

如果是减法，就要从上面的第二项发生变化，如有 3 只羊，一会儿有两只羊走了。这里家长要引导孩子注意"走了"是减少了的意思；然后，就要变成"现在还剩下几只羊？"从 3 只羊里去掉"走了的羊"就是剩下的羊，这个运算过程就是"减法"。

特别说明：（1）"加法"一定要在学习"减法"之前进行，先学加法，后学减法；（2）以上的活动一般要分多次进行；（3）家长应当理解口编应用题是孩子理解抽象数字运算的基础，例如要理解"3 + 2 = 5"就必须理解这个算式的实际意义，因此必须从生活中的口编应用题开始。

家长在引导孩子编应用题时，要紧紧围绕"一件事、两个数、一个问"来引导幼儿。提醒孩子注意"一共"和"还剩下"这两个关键词。

第十章　社会情感游戏[*]

一　儿童社会情感发展规律和条件

1.3~4 岁儿童的社会情感发展特征。面临的挑战增多，需要主动地、有目的性地采取行动。

2.4~5 岁儿童的社会情感发展特征。成人要求幼儿具有更强的责任感，照看好自己的物品。不了解游戏规则的意义。

3.5~6 岁儿童的社会情感发展特征。进入游戏年龄，学会了团体规范，开始遵守游戏规则，认为所有的规则都是对的。

二　社会情感发展的目标

增强幼儿的自尊、自信，培养幼儿关心、友好的态度和行为，促进幼儿个性健康发展。

1. 人际交往

目标 1：乐意与人交往，礼貌、大方，对人友好。

目标 2：能够与他人合作，懂得互相帮助和分享。

目标 3：具有自尊、自信、自主的表现。

---

[*]　本章作者鲁肖麟，社会学硕士研究生，陕西学前师范学院讲师，主要从事儿童社会情感发展研究。

2. 社会情感

目标1：关心和尊重他人。

目标2：能够正面表达自己的情绪并理解他人的情绪。

3. 社会适应

目标1：乐于接受任务，不怕困难，努力做好力所能及的事。

目标2：知道对错，遵守基本的行为规范和社会规则。

目标3：具有初步的归属感，爱父母、爱老师、爱同伴、爱家乡、爱祖国。

三 教育指南的要求和指标

人际交往发展要求见表 10 – 1、表 10 – 2、表 10 – 3。

表 10 – 1 目标 1 乐意与人交往，礼貌、大方、对人友好

指标	3 ~ 4 岁	4 ~ 5 岁	5 ~ 6 岁
内容	1. 喜欢和儿童一起做游戏。想加入同伴的游戏时，能友好地提出请求 2. 喜欢与熟悉的长辈一起活动 3. 初步掌握礼貌用语，见到长辈和认识的人会问好	1. 喜欢和儿童一起做游戏，会运用介绍自己、交换玩具等简单技巧加入同伴游戏 2. 喜欢和长辈交谈，有事愿意告诉长辈 3. 乐意与他人交往，能使用准确的礼貌用语	1. 有自己的好朋友，能把自己的朋友介绍给别人，也能吸引同伴和自己一起做游戏 2. 有高兴的或有趣的事愿意与大家分享 3. 能主动、准确地使用礼貌用语，以恰当的方式与人交往

表 10 – 2 目标 2 能够与他人合作，懂得互助和分享

指标	3 ~ 4 岁	4 ~ 5 岁	5 ~ 6 岁
内容	1. 在成人指导下，不争抢、不独霸玩具。把用过的玩具和物品放回原处 2. 与同伴发生冲突时，能听从成人的劝解 3. 不提无理要求，不无故哭闹和发脾气	1. 对大家都喜欢的玩具能轮流、依次使用，能够与同伴分享 2. 与同伴发生冲突时，能在他人帮助下和平解决 3. 不欺负弱小，尊重他人的权利	1. 活动时能与同伴分工合作，遇到困难能一起克服 2. 与同伴发生纠纷时能使用恰当的语言协商解决 3. 不欺负别人，也不允许别人欺负自己

表 10 - 3　目标 3　具有自尊、自信、自主的表现

指标	3～4 岁	4～5 岁	5～6 岁
内容	1. 知道自己的姓名、性别、年龄,了解自己身体主要部分的特征和功能 2. 为自己的好行为或活动成果感到高兴 3. 愿意尝试做一些力所能及的事情	1. 初步了解自己和他人的异同 2. 知道自己的优点和长处,对自己感到满意 3. 自己的事情尽量自己做,在少许帮助下能完成力所能及的事情	1. 理解每个人的想法不一样,与别人看法不同时,敢于坚持自己的意见并说出理由 2. 做了好事或取得成功后还想做得更好 3. 自己的事情自己做,不会的愿意学

四　社会情感发展要求

社会情感发展要求见表 10 - 4、表 10 - 5。

表 10 - 4　目标 1　关心尊重他人

指标	3～4 岁	4～5 岁	5～6 岁
内容	1. 长辈讲话时能认真听,并能听从长辈的要求 2. 身边的人生病或不舒服时表示同情 3. 在提醒下能做到不打扰别人	1. 会用礼貌的方式向长辈表达自己的要求和想法 2. 能注意到别人的需要,并有关心、体贴的表现 3. 知道父母的职业和辛劳,能自觉做到不打扰别人	1. 理解和尊重他人的观点 2. 能关注别人的需要并能给予力所能及的帮助 3. 珍惜他人的劳动成果

表 10 - 5　目标 2　能够正面表达自己的情绪,并理解他人的一般情绪

指标	3～4 岁	4～5 岁	5～6 岁
内容	1. 保持愉快的心情,愿意与他人沟通 2. 身边的人不开心时能够表示同情	1. 初步理解自己和他人的一般情绪 2. 能注意到别人的情绪,并有关心、体贴的表现	1. 初步学会控制自己的情绪和行为 2. 能关注别人的情绪并能给予力所能及的理解和帮助

五 社会适应发展要求

社会适应发展要求见表 10 - 6、表 10 - 7、表 10 - 8。

表 10 - 6 目标 1 乐于接受任务，不怕困难，有初步的责任感

指标	3~4 岁	4~5 岁	5~6 岁
内容	1. 喜欢承担一些小任务，能理解任务 2. 会做自己力所能及的事情，喜欢做少量的家务活	1. 敢于尝试有一定难度的活动和任务 2. 可以帮忙做一些家务活，初步学会克服困难，能有始有终地完成任务	1. 能主动承担任务，遇到困难能够坚持独立解决而不轻易求助 2. 能独立承担简单的家务活，能够认真负责地完成自己接受的任务

表 10 - 7 目标 2 知道对错，遵守基本的行为规范和社会规则

指标	3~4 岁	4~5 岁	5~6 岁
内容	1. 在提醒下，能遵守游戏规则和活动安排 2. 知道不经允许不能拿别人的东西，借用的东西要归还 3. 在成人提醒下，爱护玩具和其他物品	1. 感受规则的意义，并能基本遵守公共场所的规则 2. 不私自拿不属于自己的东西 3. 知道说谎是不对的，做了错事敢于承认，不说谎	1. 理解规则的意义，能与同伴协商制定游戏和活动规则 2. 爱惜公物，爱护公共环境 3. 初步学会分辨是非，懂得应向好的榜样学习，能够改正缺点

注意：不同年龄段的孩子的认知水平不同，同样的游戏，可以提不同的标准和要求（比如游戏活动：过硫酸河）。

表 10 - 8 目标 3 具有初步的归属感，爱父母、爱老师、爱同伴、爱家乡、爱祖国

指标	3~4 岁	4~5 岁	5~6 岁
内容	1. 对群体活动有兴趣，对幼儿园（或小组活动）有好奇心 2. 知道和自己一起生活的家庭成员及其与自己的关系，体会到自己是家庭的一员 3. 能说出自己家所在街道、小区（乡镇、村）的名称 4. 认识国旗，知道国歌	1. 喜欢自己所在的幼儿园和班级，或者喜欢自己参加的活动小组 2. 能感受到家庭生活的温暖，爱父母，亲近与信赖长辈 3. 能说出自己家所在地的省、市、县（区）名称，知道当地的有代表性的物产或景观 4. 知道自己是中国人，知道国家的一些重大成就，有民族自豪感	1. 愿意为集体做事，为集体的成绩感到高兴 2. 能感受到家庭的发展变化并为此感到高兴 3. 能感受到自己家乡的发展变化并为此感到高兴 4. 知道自己的民族，知道中国是一个多民族国家，各民族之间要互相尊重，团结友爱

六　游戏与活动

游戏活动 1　我们是朋友

活动目标

乐意与人交往，礼貌、大方、对人友好。

主要指标

3~4岁儿童喜欢和其他儿童一起游戏。想加入同伴的游戏时，能友好地提出请求。

4~5岁儿童喜欢和其他儿童一起游戏，会运用介绍自己、交换玩具等简单技巧加入同伴游戏。

5~6岁儿童有自己的好朋友，能把自己的朋友介绍给别人，能吸引同伴和自己一起做游戏。

拓展指标

适用年龄范围：3~6岁。

方式：游戏。

时间：10~15分钟。

步骤一

向大家介绍游戏内容：现在我们一起来做一个游戏，名字叫找朋友。

分组：根据参与的人数把孩子们分成大龄组和幼龄组，两组人数相等。

步骤二

教孩子们唱《找朋友》。

歌曲

> 找呀找呀找朋友，找到一个好朋友，
>
> 敬个礼，握握手，你是我的好朋友，再见！

然后让大龄组孩子手拉手围成一圈，幼龄组孩子在圈内手拉手围成小圈面朝外，两组孩子面对面，一边唱歌一边加入动作：

"找呀找呀找朋友"（边唱边围着跑），"找到一个好朋友"（停下，面对一个孩子），"敬个礼"（互相敬礼），"握握手"（握手），"你是我的好朋友，再见！"（挥手然后继续围着跑）上述过程重复三次。

步骤三

重新分组：根据年龄分为 3~4 岁组、4~5 岁组和 5~6 岁组。

5~6 岁组开始拉成一圈玩游戏（内容由孩子们自己决定），让 3~4 岁组的孩子依次上前说："哥哥姐姐，带我一起玩吧！"每个孩子说完之后，5~6 岁组就把他/她拉进圈内。

在此期间，4~5 岁组的孩子去周围采花，或者捡果实，或者抓昆虫，也可以去拿自己的玩具，并作为礼物带回现场，送给 5~6 岁组的孩子，依次说："我叫×××，哥哥姐姐带我一起玩吧！"说完就被拉进圈内。

最后恢复步骤二的队形，大孩子在外圈，小孩子在内圈，边跑边唱《找朋友》。

步骤四

所有孩子坐下，让外圈和内圈的孩子互相介绍自己。然后让一名大孩子拉着对面的小孩子站起来，大孩子向大家介绍自己面前的孩子。所有大龄组孩子依次轮流介绍一圈。

组织者示范一次："我叫×××，今年×岁啦，我喜欢做×××，很高兴认识你们。这是我的朋友×××，他/她今年×岁了，你们愿意和他/她做朋友吗？"其他孩子举起手喊："愿意！"

游戏活动 2 　老鹰抓小鸡

活动目标

乐意与人交往，礼貌、大方、对人友好。

主要指标

3~4 岁儿童喜欢与熟悉的长辈一起活动。

4~5 岁儿童喜欢和长辈交谈，有事愿意告诉长辈。

5~6 岁儿童喜欢把高兴的或有趣的事与大家分享。

拓展指标

适用年龄范围：3～6岁。

方式：游戏。

时间：10～15分钟。

材料：老鹰和母鸡的头饰样品、铅笔、纸、彩色蜡笔。

步骤一

分组：按照年龄分成三组，即3～4岁组、4～5岁组、5～6岁组。

步骤二

3～4岁组邀请自己的家长和孩子们一起用纸和彩色蜡笔制作老鹰和母鸡的头饰。做好之后仍然分三组，让4～5岁组的孩子给所有没玩过老鹰抓小鸡的家长讲解游戏规则。然后家长和孩子们分三组一起玩老鹰抓小鸡，家长扮演老鹰。所有被老鹰抓住的小鸡都要离开队伍蹲在老鹰背后。

步骤三

当每组被抓的"小鸡"达到3个之后，游戏结束，由5～6岁组的孩子轮流给每组的老鹰讲故事，必须讲生活中遇到的有趣的或者高兴的故事。每讲一个，就可以换回1名被抓的"小鸡"。直到所有"小鸡"都归队为止。

游戏活动3 有礼貌的儿童

活动目标

乐意与人交往，礼貌、大方、对人友好。

主要指标

3～4岁儿童初步掌握礼貌用语，见到长辈和认识的人会问好。

4～5岁儿童乐意与他人交往，能使用准确的礼貌用语。

5～6岁儿童能主动、准确地使用礼貌用语，以恰当的方式与人交往。

拓展指标

适用年龄范围：3～6岁。

方式：游戏。

时间：10~15分钟。

材料：礼貌用语卡片上写"你好""再见""请""谢谢""不用谢""对不起""没关系"。

步骤一

让所有孩子按照年龄排队，向他们展示礼貌用语卡片，让年龄较大的孩子挑选自己熟悉并知道用法的一张礼貌用语卡片，并面对其他孩子，展示自己手里的卡片。

步骤二

讲几个情景小故事，同时让孩子们表演出来，在合适的时候问孩子们应该用什么礼貌用语，如果孩子们答不出来，就让拿着相应的用语卡片的孩子上前一步，并说出正确用法。

（1）一名幼儿不会拉拉链，向另一名幼儿寻求帮助：

请你帮我一下好吗？

好的，我来帮你吧。

谢谢！

不用谢！

（2）不小心踩到儿童的脚：

对不起，我不是故意的。

没关系。

（3）到儿童家里做客：

叔叔阿姨好！

你好，请坐，请喝茶。

谢谢！不用谢。

再见，

欢迎下次再来！

（4）爸爸干完活回到家，给他端上一杯水：

爸爸辛苦啦！请你喝杯水！

步骤三

让所有孩子分组表演以上情境小故事，每组都要有不同年龄的孩子。

游戏活动 4　我们一起来

活动目标

能够与他人合作，懂得互助和分享。

主要指标

3～4 岁儿童在成人指导下，不争抢、不独霸玩具。用过的玩具和物品放回原处。

4～5 岁儿童对大家都喜欢的东西能轮流依次使用，能够与同伴分享。

5～6 岁儿童活动时能与同伴分工合作，遇到困难能一起克服。

拓展指标

适用年龄范围：3～6 岁。

方式：游戏。

时间：35～40 分钟。

材料：装在大口袋里的毛绒玩具、两根绳子、八块硬纸板（深色）。

小游戏一　我们一起玩

步骤一

按年龄分成三组，分别是 3～4 岁组、4～5 岁组、5～6 岁组。让孩子们排队领玩具，年龄小的先领，年龄大的后领。玩具的数量是孩子数量的一半。玩具领光之后，让已经拿到玩具的孩子邀请没有玩具的孩子，两人一组轮流玩，让孩子们自由组合。鼓励领到玩具的孩子和别人分享。

步骤二

保证每一个孩子都玩过自己想要的玩具。5～10 分钟后，将所有玩具收回，要求孩子们自己把玩具送回来并放进包里。引导讨论：跟哥哥姐姐一起玩开心吗？玩具不够的时候怎么办？我们和别人都想玩一个玩具的时候怎么办？我们在生活中要不要跟小伙伴分享自己的东西？

小游戏二　帮帮小兔子

具体活动

老师跟所有孩子一起围成一圈坐下来，老师从口袋里选出刚才最受欢迎的那个毛绒玩具（如小兔子），说：刚才很多儿童都很喜欢这个小兔子，它是我们的好朋友。然后把它凑到自己的耳边，停一下之后，对孩子们说：小兔子告诉我说，他想绕着我们跑一圈，可是他刚才跟你们玩得太累了，我们一起帮助它跑一圈好吗？然后把兔子递给旁边的孩子，示意他们一个一个传下去。传完一圈回来之后，再次把他贴近耳朵，然后告诉大家：小兔子说它很开心，还想再跑一圈，但这次想跑快一点，我们一起来帮助它好吗？然后递给旁边的孩子，再传一圈。

小游戏三　帮小动物过河

步骤一

用两根绳子平行放在地上象征河流，在绳子中间零星放几块硬纸板代表河流里的石头。把所有孩子分成两人一组，每组有一个大孩子和一个小孩子。

步骤二

从口袋里拿出所有的动物玩偶，每组分一个。

步骤三

背景："森林里要开舞会啦，所有的小动物都想去参加，可是它们面前有一条宽宽的大河，怎么才能过去呢？让我们一起帮助小动物们过河吧。"

要求小孩子抱着动物玩偶，大孩子帮助小孩子，一起踩着"石头"过河。如果小孩子踩到硬纸板外边，就让大孩子把他们救起来（拉着他们踩到硬纸板内）。所有孩子都过河之后，大家一起鼓掌。

小游戏四　拔萝卜

步骤一

让孩子们围坐一圈，讲故事。老奶奶种了一个大萝卜，天天给它浇水，结果大萝卜长得比老奶奶还大，熟了之后根本拔不动。老奶奶就找老爷爷来帮忙，结果还是拔不动，就找小弟弟来帮忙，仍然拔不动，就找小妹妹帮忙。大家一起嘿哟嘿哟拔萝卜，终于把大萝卜拔起来了。

步骤二

用录音机播放歌曲《拔萝卜》，找一名大孩子表演萝卜，四个孩子一起表演老奶奶、老爷爷、小弟弟、小妹妹。然后一边播放歌曲，一边表演拔萝卜。

步骤二

5 分钟后，大家一起讨论：一个人的力量大，还是大家的力量大？我们有哪些事情是一个人做不了的？我们在家里和在外面，还可以一起做哪些事情？

游戏活动5 踩脚以后

活动目标

能够与他人合作，懂得互助和分享。

主要指标

3~4 岁儿童与同伴发生冲突时，能听从成人的劝解。

4~5 岁儿童与同伴发生冲突时，能在他人帮助下和平解决。

5~6 岁儿童与同伴发生纠纷时，能使用恰当的语言协商解决。

拓展指标

适用年龄范围：3~6 岁。

方式：游戏。

时间：15~20 分钟。

步骤一

讲一个情景小故事，边讲边让两个大孩子 A 和 B 表演出来。

儿童们正在做游戏，突然 A 不小心踩了 B 一脚，B 捂着脚大叫一声："哎哟！" A 一看，不但不道歉，还捂着嘴笑了起来，B 更生气了，要踩他一脚，A 拔腿就跑，B 跟在后边追，绕着院子跑了两圈，追上 A 重重踩了他一脚。A 被踩疼了，生气地推了 B 一下，两个人就扭打起来了。

步骤二

讨论：他们为什么会打起来？如果你是 A 你会怎么办？如果你是 B 你会怎么办？

结论：踩了别人要道歉，被踩的人才能原谅你。

步骤三

再次表演适当的做法。

步骤四

如果不小心弄坏了别人的东西应该怎么办？启发 5～6 岁的孩子自己想办法解决。分组讨论，然后每组轮流表演。

游戏活动 6　烦人的狗娃

活动目标

能够与他人合作，懂得互助和分享。

主要指标

3～4 岁儿童不提无理要求，不无辜哭闹和发脾气。

4～5 岁儿童明白不能欺负弱小。

5～6 岁儿童不欺负别人也不允许别人欺负自己。

拓展指标

适用年龄范围：3～6 岁。

方式：游戏。

时间：15～20 分钟。

材料：积木、狗尾巴草、一朵野花。

步骤一

请一名 3～4 岁的孩子边听故事边表演：花花在玩积木，可是老搭不好，她越着急越容易倒，一会儿她就发脾气了，一边哭一边把积木都推倒了，还坐在地上乱踢。

步骤二

讨论：她的做法对吗？她为什么发脾气？发脾气能让积木搭好吗？那她应该怎么办？

引导：慢慢想办法，找哥哥姐姐教她（表演出来，找一名 4～5 岁幼儿来表演姐姐）。

步骤三

狗娃（一名 5～6 岁的孩子扮演）来捣乱，一会儿去扯姐姐的头发，姐姐发出"哎呦"一声，一会儿又把花花的积木推倒，花花开始大哭。

讨论：狗娃这样做对不对？大家喜欢狗娃吗？愿意跟他玩吗？为什么？欺负别人对不对？能不能让别人欺负自己？

步骤四

讨论：花花和姐姐应该怎么办？（表演不同解决方式）

（1）大声骂狗娃：讨厌鬼！不准捣乱！以后没人跟你玩了！

（2）告诉狗娃的妈妈，让狗娃的妈妈打他屁股。

（3）躲开狗娃，去别的地方玩。

（4）姐姐说：别捣乱，你来跟我们一起玩积木吧。狗娃笑着跟他们一起玩，有点不好意思地摸摸花花的头，说："对不起，别哭啦。"花花也不哭了，三个人一起高兴地玩起来。

游戏活动 7　我是谁

活动目标

具有自尊、自信、自主的表现。

主要指标

3～4岁儿童知道自己的姓名、性别、年龄，了解自己身体主要部分的特征和功能。

4～5岁儿童初步了解自己和他人的异同。

5～6岁儿童理解每个人的想法不一样，与别人看法不同时，敢于坚持自己的意见并说出理由。

拓展指标

适用年龄范围：3～6岁。

方式：游戏。

时间：20～30分钟。

材料：彩色蜡笔、硬纸板（数量不得少于孩子的数量）。

步骤一

每个人在硬纸板上画出自己，要把全身的每个部分都画完整。画完之后写上名字、年龄、性别。

步骤二

讨论身体各部分的功能（包括五官）。

步骤三

把所有的画摆在一起，启发孩子们用不同的标准把相同的画归类。比如，哪些人的年龄是一样的，把他们摆在一起。哪些是男孩子，哪些是女孩子，分别按性别摆在一起。或者按照相同的服装摆在一起等。

步骤四

把所有的画摆在一起，让每个4岁以上的孩子轮流说出自己和别人的异同。

步骤五

启发：我们看到了，每个人都有跟别人看起来不一样的地方，那我们每个人的想法一样吗？

讨论：你们喜欢吃什么？看看这些彩色蜡笔，你们最喜欢什么颜色？你们觉得什么季节最好？

每个孩子轮流回答以上问题，5～6岁的孩子要说出理由。

总结：所有人的想法可能是不一样的，在跟别人想法不同的时候，我们可以说出自己的想法和自己的理由。

游戏活动8　我真棒

活动目标

具有自尊、自信、自主的表现。

主要指标

3～4岁儿童为自己的好行为或活动成果感到高兴。

4～5岁儿童知道自己的优点和长处，对自己感到满意。

5～6岁儿童做了好事或取得成功后还想做得更好。

拓展指标

适用年龄范围：3～6岁。

方式：游戏。

时间：20～30分钟。

材料：彩色铅笔、100张硬纸卡片、一张大纸、一个漂亮的礼品盒子（上面写着"你真棒"）。

准备工作：在大纸上画一个表格，写上所有孩子的名字，名字下面留出足够的空白（见表10-9）。

表 10-9　准备的表格示例

×××	×××	×××	×××	×××	×××	×××	×××	×××	×××	×××	×××

注："×××"指孩子的名字。

步骤一

讨论：你的优点是什么？每个孩子轮流说出自己的优点（按年龄由大到小）。然后把卡片平均分给孩子们，让大家在一张卡片上写上自己的名字，再写下自己的优点。不会写的可以让自己的家长帮忙（侧重于4～5岁的孩子）。

步骤二

组织讨论：我们可以自己做哪些事？可以为别人做什么？好孩子可以自己的事情自己做，还会为别人做好事，你愿意做好孩子吗？

让孩子们轮流说出自己可以独立完成的事情（侧重3～4岁的孩子），以及自己帮助别人做过的事情（侧重4岁以上的孩子），比如帮助家人做家务、帮忙照看弟弟妹妹、学写字等。每个孩子说完，其他孩子一起鼓掌喊："你真棒!"

步骤三

让孩子们把自己做的事情画在卡片上，有几件事就在几张卡片上画，并且写上自己的名字。收集所有的卡片并将其放进礼品盒。告诉孩子们，下周会继续来收集卡片，自己做的事情都可以画下来。

步骤四

在大表格里把每个孩子做的事情写在他们的名字下面。告诉孩子们，以后每周来做活动的时候都要记录一次。在当地的一个公共场所找一面墙把表格挂上去。

步骤五

组织讨论：除了这些事之外，你们还想做什么？（侧重5~6岁的孩子）

鼓励大家：你们一定可以做得更好。

游戏活动9 穿衣比赛

活动目标

具有自尊、自信、自主的表现。

主要指标

3~4岁儿童愿意尝试做一些力所能及的事情。

4~5岁儿童自己的事情尽量自己做，在少许帮助下能完成力所能及的事情。

5~6岁儿童自己的事情自己做，不会的愿意学。

拓展指标

适用年龄范围：3~6岁。

方式：游戏。

时间：20~30分钟。

材料：有拉链和有扣子的衣服（外套）。

步骤一

按年龄分组，进行比赛，穿脱衣服各一次。

3~4岁儿童在家长的帮助下穿脱衣服。

4～5岁儿童尽量独立穿脱衣服，有困难的可以求助。

5～6岁儿童自己独立穿脱衣服。

步骤二

4～5岁儿童独立穿脱衣服各一次。

5～6岁儿童一对一帮助3～4岁儿童穿脱衣服。

步骤三

讨论：大家有哪些自己的事情可以自己做？轮流说：我会自己做……
每个孩子说完，大家一起鼓掌，然后大声鼓励他："真能干！"

游戏活动 10　妈妈说

活动目标

关心尊重他人。

主要指标

3～4岁儿童在长辈讲话时能认真听，并能听从长辈的要求。

4～5岁儿童会用礼貌的方式向长辈表达自己的要求和想法。

5～6岁儿童理解和尊重他人的观点。

拓展指标

适用年龄范围：3～6岁。

方式：游戏。

时间：20～30分钟。

步骤一

游戏：听妈妈的话

让每个孩子邀请自己的家长一起参加游戏，孩子和家长面对面站成两
排。家长说一句话，孩子照着做，看谁做得又对又快。

步骤二

情景剧表演：妈妈我要

请4～5岁的儿童表演以下场景，问大家这样做对不对，如果不对应该
怎么说怎么做。

（1）我想吃糖，想让妈妈给买糖吃，妈妈说糖吃多了会有蛀牙，不给

我买。我就又哭又闹，赖在卖糖的商店门口不肯走。

5~6岁的孩子讲一讲妈妈为什么不给我买糖，妈妈说的有道理吗？是不是为我好？

（2）天冷了，我一定要穿花裙子，妈妈说会感冒的，我说那我现在不穿，天气热了再穿。妈妈很高兴地帮我把裙子收起来，说到了夏天就让我穿。

5~6岁的孩子讲一讲妈妈为什么不让我穿裙子，她说的有道理吗？是不是为了我好？

（3）爸爸有事要进城，我想让爸爸带我一起去，爸爸说不行。我问为什么啊？爸爸说，他要去城里办事，不能照顾我，怕我丢了。我明白了，就点点头说："那我不去了，爸爸早点回来，下次带我去吧。"

5~6岁的孩子讲一讲爸爸为什么不让我去，他说的有道理吗？我们该不该听？

讨论：如果我们想要什么，应该怎么跟妈妈说呢？能不能任性、哭闹？还是要讲道理，好好说话？

游戏活动 11　妈妈病了

活动目标

关心尊重他人。

主要指标

3~4岁儿童对身边的人生病或不舒服时表示同情。

4~5岁儿童能注意到别人的需要，并有关心、体贴的表现。

5~6岁儿童能关注别人的需要并能给予力所能及的帮助。

拓展指标

适用年龄范围：3~6岁。

方式：游戏。

时间：20~30分钟。

材料：乌鸦玩偶两只，喜鹊玩偶一只，一张椅子，一个盘子，一个杯子，一把伞（没有的话用荷叶代替），爷爷、奶奶、爸爸、妈妈、姐姐、弟弟的头饰。

步骤一

讲故事：有一天，小乌鸦正在林子里玩，碰到了小喜鹊。小喜鹊说："小乌鸦！不好啦！我路过你家门口的时候看见你妈妈没精打采地撑着头扶着大树往回走，她好像生病了。"小乌鸦一听，赶紧往回飞。它急急忙忙赶回家，发现妈妈坐在家里的门槛上撑着脑袋喘气，它上去扶着妈妈说："妈妈！你怎么啦？是不是不舒服？"妈妈说："我生病了，头晕得厉害，一点力气都没有。"小乌鸦说："那我扶你进屋躺着吧。"它扶着妈妈躺下，端来水给妈妈喝，然后出去自己抓虫子，叼回来喂给妈妈吃。妈妈感动地说："孩子，你真懂事。"小乌鸦说："我小时候妈妈也天天抓虫子喂我的，我长大了也要照顾妈妈。"妈妈幸福地笑了。在小乌鸦的精心照顾下，妈妈慢慢好起来了。

步骤二

提问

1. 小乌鸦为什么急急忙忙赶回家？

2. 小乌鸦是怎么照顾生病的妈妈的？

3. 小乌鸦是不是一个懂事的好孩子？

4. 如果你的妈妈、爸爸、爷爷、奶奶生病了，你会怎么做？

步骤三

表演：我们怎么做？

给4岁以上的儿童发放爷爷、奶奶、爸爸、妈妈、姐姐、弟弟的头饰。然后让其他孩子轮流表演以下场景。

（1）吃水果的时候，我们是自己先吃还是先让爷爷、奶奶、爸爸、妈妈吃？

（2）奶奶要喝药，可是手抖得厉害，我们要帮她倒水、拿药。

（3）爸爸干活回来累坏了，腰酸背疼，我给他捶背，对他说："爸爸辛苦了。"

（4）妈妈做饭很辛苦，我拿来毛巾帮她擦汗，帮忙端饭菜。

（5）爷爷要洗脚，弯不下腰，我帮他倒水、洗脚。

（6）姐姐没带伞，突然下雨了，我与她合用我的伞，或者找一片荷叶撑着。

（7）弟弟学走路摔了一跤，大哭起来，我把他扶起来拍拍灰，说别哭了，我拉着你走吧。

步骤四

讨论：在生活中，你关心身边的人吗？当别人遇到困难的时候，你帮助他们吗？让孩子们说说自己帮助别人的事情。说完之后写在墙上的好事表格里。

游戏活动 12　我叫轻轻

活动目标

关心尊重他人。

主要指标

3~4岁儿童在提醒下能做到不打扰别人。

4~5岁儿童知道父母的辛劳，能自觉做到不打扰别人。

5~6岁儿童珍惜他人的劳动成果。

拓展指标

适用年龄范围：3~6岁。

方式：游戏。

时间：20~30分钟。

材料：《我叫轻轻》歌曲录音、哨子、一只玩偶猫、一个篮子、一个木碗、一张桌子（或者又大又平的石头）。

步骤一

讲情景故事，找3个4岁以上的孩子表演（一个女孩两个男孩）。

爸爸干活回家累坏了，躺在床上睡觉。红红采蘑菇回来看见了，轻手轻脚从他身边走过去，轻轻把蘑菇篮子放在桌子上，还把门轻轻关上。过了一会儿，狗娃回来了，嘴里叼着一个小哨子，边走边吹，红红一把拉住他说："嘘！别吵！爸爸在睡觉。"可是狗娃根本不听，一个劲儿吹哨子，把爸爸吵醒了。他还在屋子里乱跑，踢倒了凳子，还撞倒了红红的蘑菇篮子，蘑菇滚了一地，都被他踩碎了。红红生气了，爸爸也生气了。

讨论：狗娃和红红谁做得对？为什么？别人休息的时候我们应该怎么办？还有哪些时候我们不能吵闹？（比如长辈在谈话，家里来客人，或者在医院看望病人等）这些时候我们应该怎么做？

步骤二

拿出小猫玩偶，以小猫的口吻说："我是小猫轻轻，轻轻走路轻轻说话的轻轻。大家想学我一样轻轻走路吗？"

放录音，一起学唱歌《我叫轻轻》，边唱边做动作，大家跟在老师后面轻轻走路，像小猫一样。

步骤三

讨论：在刚才的故事里，狗娃除了吵醒爸爸，还做了什么不对的事情？为什么不对？红红辛辛苦苦采的蘑菇被踩碎了，所以她很生气。大家想想，如果你刚画好一幅画，就被别人撕坏了，你会高兴吗？为什么？我们能不能破坏别人的劳动成果？

大家说一说，我们身边还有哪些劳动成果（爸爸割的麦子、妈妈做的饭、大伯种的果树、晒谷场上的谷子、挂在房檐下的玉米、稻草垛）？这些劳动成果都是谁辛辛苦苦劳动得来的呢？我们能不能去破坏？我们应该怎么做？

游戏活动 13　魔棒和表情钟

活动目标

能够正面表达自己的情绪，并能理解他人的一般情绪。

主要指标

3～4岁儿童保持愉快的情绪，愿意与他人沟通。

4～5岁儿童初步理解自己和他人的一般情绪。

5～6岁儿童初步学会控制自己的情绪和行为。

拓展指标

适用年龄范围：3～6岁。

方式：游戏。

时间：20~30分钟。

材料：一根装饰过的25厘米长的棍子、彩笔、圆形硬纸板做的钟（只有一根指针，周围画上一圈不同的表情）。

小游戏一　魔棒

步骤一

让所有的孩子在场地中自由地走动，告诉他们：被老师的"魔棒"碰到的人，就要保持原地不动，并且对老师露出微笑。

老师边走边用魔棒触碰不同的孩子，直到所有孩子都被碰过为止。

步骤二

讨论：当一个人微笑的时候，说明他/她的情绪怎么样？是高兴还是不高兴？

请大家以后见到老师的时候都微笑。见到认识的人，也要对他们微笑。

小游戏二　表情钟

步骤一

讨论：我们有哪些不同的心情？什么情况下会有这样的心情？鼓励孩子们说出引起自己不同情绪的事情。

步骤二

展示表情钟，告诉大家："这个钟只有一根指针，在不同的时候，人们会有不同的感觉和不同的心情，有快乐、严肃、悲伤、生气、惊讶、害怕、疲倦、瞌睡。我们来看看，这些表情都代表什么心情呢？"然后把指针指向不同的表情，让孩子们说出每种表情所代表的心情。

步骤三

"在场的人们都是什么表情？找一个有表情的人，在表情钟上指出他的表情。"让4岁以上的孩子轮流找，其他的孩子做出不同的表情。

小游戏三　听懂了吗

步骤一

老师说："儿童们，我们平时在听别人说话的时候，可以听懂别人的心情吗？我们来做个小测验，请大家闭上眼睛听我说一句话，然后告诉我你们听出来什么样的心情。"

步骤二

大家闭上眼睛，老师开始带着情绪读以下句子，每读完一句问大家听出了什么。

（1）啊？怎么是你？（惊讶）

（2）啊！怎么又是你！（气愤）

（3）（叹一口气）我不想吃饭。（悲伤）

（4）什么声音？（害怕）

（5）妈妈回来啦！（快乐）

鼓励：大家真棒，都听懂了！

小游戏四

步骤一

讲故事：任性的小黑。

小黑今年4岁，家里只有他一个孩子，爸爸妈妈都很爱他。有一天，隔壁小花的妈妈带着小花到小黑家里做客，小黑的妈妈拿出水果给小花吃，可是小黑一把抢过来，说："这是我的，不给她吃！"然后把水果盘子抱在怀里，自己吃起来，嘴里还故意发出"叭叭"的声响。爸爸又拿出花皮球给小花玩。小黑扔下水果，又抢过皮球："不给！不给！"妈妈生气地说："小黑，不许胡闹！怎么这么任性！"妈妈生气了。小黑看妈妈今天没依着他，就放声大哭，遍地乱滚，怎么劝都不肯起来。真扫兴！小花妈妈只好带着小花回家了。

小黑这么任性，谁也不愿意到他家里做客了。可是小黑是个爱热闹的孩子，没人来找他玩，他就出去玩。

小黑来到树林里，一群儿童正在那里爬树玩。小黑说："我们来比赛爬树！""一、二、三……"他才爬了三步，儿童们已爬上了树顶。"小黑输了！小黑输了！"儿童们喊道。小黑恼羞成怒，一掌打在一个儿童的脸上。儿童捂着脸呜呜直哭，小黑却像一个胜利者似的，大摇大摆地走了。

从此，没有谁再理睬小黑了，只要见他来了，大家都躲得远远的。小黑失去了所有的朋友，感到十分孤独。他找到爷爷，向他诉说心中的苦闷，还流下了伤心的眼泪。爷爷慈爱地看着他，语重心长地说："孩子，好好想一想，大伙为什么不愿和你在一起？想明白了，你就不再是孤独的小黑了。"

步骤二

讨论：故事里的小黑为什么没有朋友了？他做了哪些不好的事情？他怎样才能找回朋友？

小结：任性的缺点会让人做错事，这会使其成为大家不喜欢的人。

游戏活动 14　小熊哭了

活动目标

能够正面表达自己的情绪，并能理解他人的一般情绪。

主要指标

3～4 岁儿童对身边的人不开心时能够表示同情。

4～5 岁儿童能注意到别人的情绪，并有关心、体贴的表现。

5～6 岁儿童能关注别人的情绪并能给予力所能及的理解和帮助。

拓展指标

适用年龄范围：3～6 岁。

方式：游戏。

时间：20～30 分钟。

材料：身上贴满胶布的小熊玩偶一个。

小游戏一

步骤一

让孩子们坐成一圈。老师出示小熊玩偶，表演小熊在哭的场景，老师说："咦，这不是小熊吗？你怎么变成了这样？"然后用小熊的口吻说："昨天下午我在荡秋千，不小心从秋千上摔下来了，摔成了这样，哎哟喂……"

问大家："儿童们，看到小熊摔伤了这么痛苦的样子，你会怎么说呢？"

老师示范，摸摸小熊的头说："小熊，你还疼吗？别哭，吃了药马上就会好的。"

　　然后让孩子们轮流安慰小熊。小熊说："谢谢你们。"

　　步骤二

　　请一名4岁以上的幼儿扮演哭泣的苗苗。讲述故事：今天苗苗带着小狗出去玩，可是把小狗丢了，他很伤心，我们怎么安慰他呢？我们应该问他什么？我们应该说些什么？让大家轮流对苗苗说安慰的话。最后苗苗笑着对大家说："谢谢你们，我现在觉得好多了。"

　　步骤三

　　讨论：辛苦了一天的爸爸妈妈回到家时，你该对爸爸妈妈说什么安慰的话？或者做点什么呢？

游戏活动 15　猜一猜

　　活动目标

　　乐于接受任务，不怕困难，有初步的责任感。

　　主要指标

　　3~4岁儿童喜欢承担一些小任务，能理解任务。

　　4~5岁儿童敢于尝试有一定难度的活动和任务。

　　5~6岁儿童能主动承担任务，遇到困难能够坚持独立解决而不轻易求助。

　　拓展指标

　　适用年龄范围：3~6岁。

　　方式：游戏。

　　时间：20~30分钟。

　　小游戏一

　　步骤一

　　把孩子按三人分成一组，每组都有年龄大的孩子和年龄小的孩子，每组最大的孩子做组长。让孩子们在自己的小组内悄悄商量一个动作，然后每组轮流做出这个动作（比如洗脸、穿衣服、喂动物、推磨、浇水、抓蝴蝶等），其他组的孩子来猜他们在干什么，然后讨论，最后由每组的组长说出答案。

步骤二

如果孩子们说错了，老师就向他们解释，并让做动作的小组再次重复动作。

小游戏二

步骤一

让所有4岁以下的孩子站成一列纵队。老师声明前面的孩子不许偷看，要等后面的孩子拍他肩膀，才能转过去看后边孩子做的动作，然后把动作记住，再拍拍前面的孩子，重复一遍动作。

步骤二

当最前面的孩子转过头看完之后，请队伍最后的孩子到前面来，让最前面的孩子做一遍他看到的动作，然后再让队伍最后面的孩子重复一遍自己最初做的动作，比较一下两个人做的有多大差异。问大家："这个任务难不难？"（可能有的说难，有的说不难）鼓励大家再来一次，但是换不同的方式。

步骤三

队伍首尾的孩子归队，然后所有人向后转，把队伍反过来。由队伍最后面的孩子拍拍前面孩子的肩膀，在他耳边说一句悄悄话，然后依次往前传话。最后让队伍最前面的孩子把自己听到的话大声说出来。再让队伍最后面的孩子重复一遍自己最初说的话。

小游戏三

步骤一

让大家围成一圈坐下来，找一名4岁以上的孩子，老师悄悄告诉他一句话，让他用动作表演出来，但是他不能说话。其他的孩子猜他表演的是什么。猜完之后老师公布答案。

老师可以悄悄告诉他的话如下。

（1）我睡不着。

（2）我好饿啊。

（3）我很渴。

（4）我的衣服脏了。

（5）我的衣服湿了。

（6）我很生气。

（7）这是我的，不给别人。

步骤二

让 4 岁以上的孩子轮流表演，直到所有人都表演过为止。

游戏活动 16　小小农庄

活动目标

乐于接受任务，不怕困难，有初步的责任感。

主要指标

3~4 岁儿童会做自己力所能及的事情，喜欢参与小的家务活。

4~5 岁儿童可以帮忙做一些家务活，初步学会克服困难，能有始有终地完成任务。

5~6 岁儿童能独立承担简单的家务活，能够认真负责地完成自己接受的任务。

拓展指标

适用年龄范围：3~6 岁。

方式：游戏。

时间：20~30 分钟。

材料：一张大桌子、与人数相等的凳子、塑料餐具、喷壶、三种用硬纸板制作的徽章（扫帚徽章代表卫生小分队、胡萝卜徽章代表菜农小分队、小鸡徽章代表饲养员小分队、勺子徽章代表厨师小分队）、一家养鸡的农户。

步骤一

老师引导："从前有一座小小农庄，住着很多心灵手巧的儿童，他们是小小农庄的主人。他们自己动手养猪养鸡种菜种米，每个人都有自己的任务。（拿出徽章讲解）这里有负责打扫卫生的卫生小分队、负责种菜收菜的菜农小分队，还有负责做饭的厨师小分队。你们看，小小农庄多热闹!"

让 3~4 岁的孩子们戴上"卫生小分队"和"饲养员小分队"的徽章,卫生小分队拿上扫帚、抹布打扫现场卫生,扫地,擦桌子。"饲养员小分队"每人抓几颗米去喂鸡,观察鸡吃米的情景,跟家长一起讨论:什么时候母鸡要下蛋?什么时候小鸡会长大?

4~5 岁的孩子们戴上"菜农小分队"的徽章,用喷壶给场地周围的植物浇水。浇水之后告诉大家,蔬菜熟了,让他们在家长的带领下去就近的菜地,每人摘一根黄瓜、一个西红柿等可以生吃的蔬菜或者水果。

5~6 岁的孩子们戴上"厨师小分队"的徽章,把塑料餐具按人数摆放在餐桌上,把蔬菜洗干净,平均分到每个人的碗里。

老师对大家说:小小农庄开饭啦!大家辛苦了,快去洗洗手,开始吃饭吧!大家可以吃自己碗里的蔬菜,也可以互相交换。

吃完之后 4~5 岁的孩子把餐具归类收回,5~6 岁的孩子负责洗碗。

步骤二

老师组织大家讨论:小小农庄的孩子们,你们真能干!大家说说,我们的蔬菜品尝会为什么能成功?大家都做了什么?在这一过程中有没有人遇到任何困难?你们是怎么克服的?

"正是因为我们每个小分队的成员都完成了自己的任务,我们的品尝会才能成功。那么在家里,你们也这么能干吗?你们在家帮爸爸妈妈做了哪些家务呢?能不能完成爸爸妈妈给你们的小任务?"

请孩子们轮流说他们自己做过的事情和以后要做的事情。

结语:让我们把小小农庄搬回家,在自己的家里做一个勤劳的小主人吧。

游戏活动 17 传送鸡蛋

活动目标

知道对错,遵守基本的行为规范和社会规则。

主要指标

3~4 岁儿童在提醒下,能遵守游戏规则和活动安排。

4～5岁儿童感受规则的意义，并能基本遵守公共场所的规则。

5～6岁儿童理解规则的意义，能与同伴协商制定游戏和活动规则。

拓展指标

适用年龄范围：3～6岁。

方式：游戏。

时间：30分钟。

材料：记号笔、报纸、鸡蛋（每组2个）、大白纸。

步骤一

分组：12～15人为一组，根据参与的人数分成4～6组。

步骤二

说明游戏规则

（1）各组站成一队，每两人一小组，将一张报纸折成四份，两人握住四个角，报纸就成了传送带。

（2）从起点到终点有10米的距离，要求将鸡蛋通过"传送带"传送到终点："面包房"。

（3）最后一个小组将第一个鸡蛋放到报纸上，将鸡蛋向前传，然后传送第二个鸡蛋；第二个鸡蛋传送后，最后一个小组跑到第一个小组接着传，一直到终点（面包房）。

（4）第一名将获得奖励。

（5）手不能碰鸡蛋，用手碰鸡蛋的，必须回到起点，重新开始。

（6）鸡蛋不能掉在地上，如果掉在地上打碎了，必须赔偿一个新的。

（7）如果违反了传送的顺序，裁判会暂停该两人组参与游戏。

（8）如果有人指责和辱骂合作伙伴，裁判将出示"红牌"，请他/她出局，剥夺他/她做游戏的权利。

步骤三

游戏开始，裁判监督游戏过程。

步骤四

分享和讨论

（1）让你们小组成功的因素是什么？

（2）让你们小组失败的因素是什么？

（3）你们能否清楚、准确地说出这个游戏的规则，及违反规则的结果。

（4）在游戏的过程中，是否有儿童攻击其他儿童？或者发脾气了。

（5）谁是最遵守规则的儿童？老师为什么表扬、鼓励和欣赏那些遵守规则、表现好的儿童？

游戏活动 18　借玩具

活动目标

知道对错，遵守基本的行为规范和社会规则。

主要指标

3～4 岁儿童知道借用别人的东西要归还。

4～5 岁儿童不私自拿不属于自己的东西。

拓展指标

会使用礼貌用语。

适用年龄范围：3～6 岁。

方式：情境表演、讨论。

时间：25 分钟。

材料：皮球、不同的毛绒玩具若干（数量不少于幼儿数量）。

小游戏一　有借有还

步骤一

请一名 4～5 岁幼儿做情境表演：小兔玩皮球。

小兔一边开心地拍皮球一边说："妈妈给我买的新皮球真好玩！可以拍，可以扔，还可以滚。"

步骤二

问其他孩子提问：小兔的皮球好玩吗？你想玩吗？你有什么好办法可以玩小兔的皮球？

鼓励大家说出不同的办法，请幼儿轮流表演以下做法并讨论。

（1）礼貌地跟小兔借皮球玩，应该怎么说？

（小兔你好，请你把皮球借给我玩一会儿好吗？谢谢你！）

（2）如果小兔舍不得借给你玩，应该怎么办？

（不行！妈妈给我买的新皮球只有一个，我还没玩够呢，借给你玩，我就玩不成了。）

（3）小兔为什么不肯把皮球借给你？怎样才能让你和小兔都能玩到皮球呢？我们应该怎么跟小兔说？

（4）皮球可以两个人玩吗？一个人玩和两个人玩，哪个更好玩？

（5）能不能趁小兔去吃饭，偷偷把皮球拿走自己玩？为什么？

让4~5岁幼儿表演：小兔走开了，另一名幼儿把皮球偷偷拿走，小兔回来发现皮球不见了，伤心地哭起来。

讨论：小兔为什么哭？如果你的玩具被别人拿走了，你会有什么感受？接下来，拿走皮球的孩子应该怎么办？

（6）借小兔的皮球玩完之后应该怎么办？为什么？

让3~4岁幼儿表演：把玩具还给小兔，礼貌地说谢谢你。小兔说不客气。

步骤三

发给其他孩子每人一个不同的毛绒玩具，让这些孩子玩一会儿之后，再问大家，现在有什么新的办法可以玩小兔的皮球吗？

启发：小兔有皮球，你们有毛绒玩具，你们想玩皮球，小兔肯定也想玩你们的毛绒玩具。那我们可以怎么办呢？（引导幼儿交换玩具）

步骤四

组织幼儿一起讨论总结：如果想玩别人的东西，有哪些方法（礼貌地向别人借、跟别人一起玩、用自己的玩具跟别人交换）？

想要别人的东西，应该怎样做？如果你不打招呼就拿走别人的东西，或者借了别人的东西不还，或者弄坏、弄丢了，别人下次还会借给你吗？（"有借有还，再借不难"）

游戏活动 19　爱护公物

活动目标

知道对错，遵守基本的行为规范和社会规则。

主要指标

5～6岁儿童爱惜公物，爱护公共环境。

拓展指标

适用年龄范围：5～6岁。

方式：游戏、讨论。

时间：15分钟。

材料：破旧玩具若干（数量不少于幼儿人数）、新玩具若干。

步骤一

给幼儿提供各种损坏的旧玩具，让幼儿玩一玩，并让其知道玩具被损坏了就不能玩。

（1）让幼儿玩损坏的玩具，观察幼儿对这些玩具的态度。

（2）提问：刚才你玩的是什么玩具？好玩吗？为什么？它是怎么坏的？回答：这些玩具有的是儿童玩的时候不懂得谦让，互相争抢弄坏的，有的是不注意轻拿轻放摔坏的。

步骤二

（1）给幼儿提供新玩具，观察他们玩玩具时候的情况（老师这里还有很多玩具，请你们来玩）。

（2）提问：你玩的是什么玩具？是怎么玩的？你喜欢它吗？为什么？

步骤三

讨论：我们应该怎样玩玩具，才不容易损坏？新玩具怎么玩？

一个玩具如果大家都想玩，应该怎么办（引导幼儿轮流玩玩具，避免争抢）？

步骤四

除了玩具之外，还有什么东西我们应该爱护（保护水源、保护树林、保护公共道路等）？为什么？

游戏活动 20　图书角里的哭声

活动目标

知道对错，遵守基本的行为规范和社会规则。

主要指标

3～4 岁儿童在成人提醒下，爱护玩具和其他物品。

拓展指标

适用年龄范围：3～4 岁。

方式：游戏、讨论。

时间：15 分钟。

材料：新的图画书若干本、破损图画书若干本、修补图书的工具（胶水、透明胶、不干胶、订书机）。

步骤一

展示破旧图书，吸引大家的注意力。

提问："儿童们，这是什么？你们发现这本书怎么啦？"

讨论：它为什么会变得破破烂烂？

步骤二

教师生动地讲述故事：图书角哭声。

一天早上，苗苗高高兴兴来到村里的活动中心，准备找本书借回去。突然，一阵"呜呜呜"的哭声传进苗苗耳中。"咦，这是谁在哭啊？"他顺着哭声来到图书角，只见地上有一本图画书，已经被撕得破破烂烂，哭声是从它身上发出来的。苗苗蹲下来问："你怎么了？"那本书边哭边说："昨……昨天，一个小……小男孩，把我胡乱翻了一通，就把我撕得破破烂烂，还把我摔在地上，我好疼啊，呜呜呜……"苗苗一听，连忙把书捡起来放到桌子上，说："别哭别哭，我来帮你。"苗苗拿出卫生纸，把书上的脏脚印小心地擦掉，然后用胶水、透明胶、订书针把破了的书一页一页粘好，把散掉的书页重新订好。

图画书说："谢谢你，我已经不疼了，太谢谢你啦。"

苗苗说："没关系，我以后会告诉小伙伴，都来爱护你们，再也不许别人欺负你们了。"

步骤三

讨论：图画书为什么哭了？后来苗苗怎么让它变得完整和漂亮的？有哪些不好的行为会损坏图书？

我们应该怎样爱护图书？（翻书时要轻轻地，不在书上乱写乱画，看书时把书放平，看完后要把书放回原来的地方并放整齐）

引入顺口溜。

顺口溜

图画书，要爱护，轻轻翻，细细读。

不弄脏，不损坏，书小弟，乐开怀。

步骤四

分发胶水、透明胶等工具，教幼儿一起修补破旧图书。其间教师巡回指导并及时给予帮助。

当修补完图书后，教师扮演"书小弟"，笑着走到儿童跟前，对儿童说道："谢谢你们把我修补好了，现在我又可以同你们一起玩了。"

教师引导幼儿讨论，巩固看书应该遵守的规则：

一次只拿一本书、要一页一页认真地翻看书、把书放正、要爱护书、不折书不撕书不卷书、不在书上乱写乱画、看完后将书归位。

步骤五

引导幼儿整理图书。

教师："我们把破损的图书修好了，下面该怎么做呢？"

引导幼儿说出要整理图书。把幼儿分成 5 组，图书按不同大小分成 5 堆。指导幼儿按图书的大小来整理图书。

小结：儿童，今天大家把图书角的破损图书修好了，你们高兴吗？

老师表扬和鼓励大家的劳动成果，巩固顺口溜。

游戏活动 21　敢作敢当

活动目标

知道对错，遵守基本的行为规范和社会规则。

主要指标

4～5 岁儿童知道说谎是不对的，做了错事敢于承认，不说谎。

5～6 岁儿童初步学会分辨是非，懂得应向好的榜样学习，能够改正缺点。

拓展指标

适用年龄范围：4～5 岁。

方式：游戏、讨论。

时间：35 分钟。

材料：故事挂图《打碎碗的小红》。

步骤一

引子："大家有没有听过狼来了的故事？谁来给我们讲一讲？"

教师可以进行部分提示："从前有个放羊娃……"

讲完故事后讨论：放羊娃前两次说狼来了是真的还是假的？他为什么要撒谎？最后一次他说狼来了，大家为什么不理他？他撒谎带来了什么结果（羊全部被狼吃掉，自己也差点被吃掉）？

这个故事告诉我们什么道理（不能为了恶作剧撒谎）？

步骤二

展示《打碎碗的小红》挂图，请大家看看每张图片讲的是什么。

（1）小红一个人在家的时候，不小心把一只碗打碎了。

（2）爸爸回来了，问她怎么回事，她怕被爸爸骂，就说不是我，是小狗跑进厨房把碗打碎的。

（3）爸爸知道是小红打碎了碗，可是没有责备她，而是给小红讲了很多有关诚实的故事。晚上，小红躺在床上怎么也睡不着，跑到爸爸的房间承认了错误，爸爸高兴地说："你知错能改，还是一个诚实的孩子。"小红开心地笑了。

提问：（1）你觉得小红是个诚实的孩子吗？为什么？（2）当小红说"不是我"时候，她的心里会有什么样的感觉？（心虚、内疚、害怕）（3）小红向爸爸承认错误后心情怎么样？

小结：我们每个人都会做错事情，有时也会因为害怕而不敢承认错误，其实知道错了能马上改正，别人同样会原谅你，也会认为你是个诚实的孩子。不过儿童可不要故意犯错误。

步骤三

结合生活，谈谈自己的经历。

提问：你们有没有不诚实的时候？当时心里是怎么想的？后来又是怎么做的？怎样才能做一个诚实的孩子呢？

小结：要做一个诚实的孩子就不能说谎，要知错能改，勇敢地承认自己的错误，不要把自己的责任推给别人。

步骤四

让幼儿判断或解决问题，明确诚实是好的品质。

导语：其实在我们的生活周围经常会发生这样的小故事，请你们帮助他们做一个诚实的孩子。

（1）军军很喜欢松松的玩具汽车，刚好松松不小心把玩具汽车掉在草地上了，军军就悄悄地带回家。你们觉得军军做得对吗？应该怎么做？

（2）亮亮和明明踢足球，不小心把邻居家的窗户打破了。他们应该怎样做呢？

（3）平平不小心撕坏了图书角的图书，见没人看见，就把书放回图书架。他这样做对吗？应该怎样做呢？

（4）贝贝画画时发现自己的黑色水彩笔没有了，就悄悄地把别人的黑色水彩笔放到自己的笔盒里，他这样做对吗？应该怎样做呢？

（5）小虎很喜欢爸爸给自己新买的电动手枪，他对电动手枪为什么发出声音感到十分好奇，所以就把它拆开看个究竟。爸爸回来问是怎么回事，你觉得小虎应该怎么说？

游戏活动 22　谁对谁错

活动目标

知道对错，遵守基本的行为规范和社会规则。

主要指标

5～6岁儿童初步学会分辨是非，懂得应向好的榜样学习，能够改正缺点。

拓展指标

适用年龄范围：5～6岁。

方式：游戏、讨论。

时间：35 分钟。

材料：两张大海报纸、两支记号笔。

步骤一

小故事：晶晶的星期天

星期天的上午，妈妈把晶晶打扮得漂漂亮亮的，对她说："今天，我们去外婆家玩。"晶晶高兴地回答："好!"妈妈带着晶晶去坐公共汽车，上车的人很多，晶晶不挤不钻，排着队依次上车。

到了外婆家，外婆抱着晶晶说："我们晶晶真漂亮!"晶晶连忙亲亲外婆说："外婆，您的身体还好吗?"外婆高兴地说："挺好的。晶晶真懂事。"

吃饭了，晶晶看了看桌子上的菜，撇撇嘴走开了。外婆牵着晶晶的手说："来，快来吃饭，今天外婆做了烧鱼，吃了鱼就会长高，变聪明。"晶晶把手使劲抽回来，说："我不爱吃鱼!"妈妈生气地说："晶晶，你怎么能这样!"

讨论：在刚才的小故事里，大家觉得晶晶哪里做得对，哪里做得不对？为什么？我们应该怎么做？

步骤二

请大家来说一说，下面的故事里谁对谁错，为什么？

（1）小黑在路上把明明撞倒了。明明坐在地上哭，小黑赶紧把他扶起来，帮他拍拍身上的灰，说："对不起，我不是故意的。摔疼了吧？我送你回家好不好？"

（2）贝贝在院子里玩爸爸给他新买的玩具小汽车，小明看见了也想玩，贝贝不让他玩，小明就硬抢，结果把玩具小汽车摔坏了。

（3）小花在贝贝家里玩，走的时候把新买的玩具熊落下了。贝贝发现了玩具熊，越看越喜欢，可是他又一想，小花丢了玩具熊一定很伤心，于是就拿着玩具熊送到了小花家。

步骤三

（1）"请儿童们想一想，自己做过哪些正确的事和好的事。请每个儿童想好了起来说一说。"老师把儿童们做的好事写在左边的大海报上（可以是帮助别人，或者是完成自己的任务等任何事情）。

"听了其他儿童做的好事，大家有没有觉得应该向他们学习呢？我们应该怎么学习他们?"

（2）"那么大家有没有发现自己有什么缺点，或者犯过哪些错误？请大家也起来勇敢地说一说。"

每个孩子说完之后，老师把缺点简单地写在右边的大海报上。

小结：对于别人的优点，我们应该怎么办？对于自己的缺点我们又应该怎么办呢？这两张海报，就是用来帮助大家改正自己的缺点、学习别人的优点的。大家可以把自己想要学习的优点和想要改正的缺点告诉自己的父母，让他们监督自己。这样我们每个人都会变得越来越好。

游戏活动 23　我喜欢和大家在一起

活动目标

具有初步的归属感，爱父母、爱老师、爱同伴、爱家乡、爱祖国。

主要指标

3~4岁儿童对群体活动有兴趣，对幼儿园（或小组活动）有好奇心。

4~5岁儿童喜欢自己所在的幼儿园和班级，或者喜欢自己参加的活动小组。

5~6岁儿童愿意为集体做事，为集体的成绩感到高兴。

拓展指标

适用年龄范围：3~6岁。

方式：游戏。

时间：10~15分钟。

材料：铅笔若干、四张大海报纸、彩色蜡笔若干。

步骤一

按生日月份分组，生日在1~3月的为一组，生日在4~6月的为一组，生日在7~9月的为一组，生日在10~12月的为一组。

步骤二

每组自己讨论三个动作，讨论好之后，每组轮流到中间来表演动作，让其他组的孩子猜他们在做什么。每猜对一次，所有人一起鼓掌欢呼。

步骤三

把四张大海报纸和铅笔、彩色蜡笔分发给大家。每个小组的每位成员轮流执笔，每人画 1 分钟，再把笔交给下一位儿童。20 分钟之后，共同完成一幅小组自画像。完成之后请每组推选出一名发言人，带着本组的成员一起向其余小组介绍本组的画。其他成员可以补充。

小结：儿童们喜欢自己的小组吗？喜欢和大家在一起吗？为什么？

"以后你们会去幼儿园，会去学校，在学校里也会有很多这样的小伙伴，你们会像现在一样开心。"

游戏活动 24　家庭画像

活动目标

具有初步的归属感，爱父母、爱老师、爱同伴、爱家乡、爱祖国。

主要指标

3～4 岁儿童知道和自己一起生活的家庭成员及与自己的关系，体会到自己是家庭的一员。

4～5 岁儿童能感受到家庭生活的温暖，爱父母，亲近与信赖长辈。

5～6 岁儿童能感受到家庭的发展变化并为此感到高兴。

拓展指标

适用年龄范围：3～6 岁。

方式：游戏、讨论。

时间：10～15 分钟。

材料：铅笔、纸、彩色蜡笔。

步骤一

分组：4 人一组，根据参与的人数分组。

讨论：让孩子们在小组中讨论他们的家人。他们可以介绍自己的家庭成员、叙述家人的职业以及家长是如何照顾自己的兄弟姐妹的。可以说出自己对家人的任何感受。

例如：你的家里有哪些人？你的爸爸是做什么的？你的妈妈是做什么

的？你喜欢爸爸的哪些地方？你喜欢妈妈的哪些地方？你有兄弟姐妹吗？有几个？他们叫什么名字？谁在家里照顾你和你的兄弟姐妹？

步骤二

让孩子们画一幅家庭画像，可以画上自己的家，以及家庭成员，并写上对每个人物的称呼。画完之后大家可以相互欣赏彼此的画像，有兴趣的话，也可以就画像进行讨论。

步骤三

让孩子们请各自的家长告诉自己，出生之前自己家是什么样子。并且画出过去的家。最后请每个孩子把两幅画放在一起展示，并轮流给大家讲解自己家过去和现在的样子，有什么变化。

讲解：我家有××个人，他们是××，我喜欢爸爸是因为××，我喜欢妈妈是因为××。

小结：儿童们的家里都有亲人，这些亲人爱你们吗？你爱他们吗？从大家的画中可以看到，你们的家都在变得越来越好，你们开心吗？

活动结束后，孩子们可以把画像带回家向家庭成员展示。

游戏活动 25　我居住的地方

活动目标

具有初步的归属感，爱父母、爱老师、爱同伴、爱家乡、爱祖国。

主要指标

3～4 岁儿童能说出自己家所在街道、小区（乡镇、村）的名称。

4～5 岁儿童能说出自己家所在地的省、市、县（区）名称，知道当地有代表性的物产或景观。

5～6 岁儿童能感受到自己家乡的发展变化并为此感到高兴。

拓展指标

具有初步的归属感，能感受家乡的变化。

适用年龄范围：3～6 岁。

方式：绘图说话。

时间：15 分钟。

材料：画纸、画笔（数量不少于幼儿数量）。

步骤一

请大家画出自己最熟悉的家乡的某个地方的景色（可以是山、河流、水井、房屋、田地或者任何地方的景物）并在画上写清楚画的是什么乡什么镇什么村的什么地方（如果不会写字，可以让自己的家长代劳）。

步骤二

请每一名幼儿轮流起来展示自己的画，并告诉大家画的是什么地方。然后让画的景物相邻的幼儿把画放在一起。

步骤三

请4岁以上的幼儿说出自己的家乡属于哪个省哪个市，有什么特产，有什么著名的景物。

步骤四

让幼儿向家长请教，在自己没出生之前，家乡是什么样子，并根据自己对过去景物的想象，把过去的家乡画出来。把所有的画分为"过去"和"现在"两部分挂起来展示。请大家一起讨论家乡的变化。

游戏活动 26　我的祖国

活动目标

具有初步的归属感，爱父母、爱老师、爱同伴、爱家乡、爱祖国。

主要指标

3~4岁儿童认识国旗，知道国歌。

4~5岁儿童知道自己是中国人，知道国家的一些重大成就，有民族自豪感。

5~6岁儿童知道自己的民族，知道中国是一个多民族国家，各民族之间要互相尊重，团结友爱。

拓展指标

知道自己是中国人，爱祖国。

适用年龄范围：3~6岁。

方式：找祖国。

时间：15 分钟。

材料：国歌的录音，国旗、国徽的图片，硬币，中国地图，京剧脸谱，民族服饰挂图，旗杆（在当地找）。

步骤一

讲述：大家知不知道，我们的祖国是中国，全称中华人民共和国。我们都是中国人。那大家知道我们的国旗和国徽是什么样吗（展示五星红旗、展示国徽）？你们在什么地方见过这些图案？

步骤二

下面进行升旗仪式。请大家站齐，放国歌录音，升国旗。

提问：大家听到了什么？看到了什么？有什么感觉？你们还在哪里见过国旗？在哪里听过国歌？

步骤三

展示中国地图。

大家看看，我们的祖国形状像什么？像不像一只雄赳赳的大公鸡？这只大公鸡面向海洋，背靠大陆，它的心脏就是我们的首都北京。

步骤四

我们伟大的祖国地大物博，有许多令人骄傲的中华文化艺术。

（展示京剧脸谱）你们知道这是什么吗？这是我们祖国的传统艺术——京剧脸谱。大家见过吗？在哪里见过？

提问：大家还知道哪些只有我们中国才有的文化成果？（提示：京剧，书法，武术，中医，中国陶瓷，四大发明——造纸术、印刷术、指南针、火药……）

步骤五

我们祖国是一个多民族的国家，56 个民族的兄弟姐妹生活在我们祖国的土地上。大家知道自己是什么民族吗？

展示少数民族人物挂图。

提问：你们都知道哪些民族？你们知道他们都居住在什么地方吗？

教师指着藏族人物的挂图提问：知道这是哪个民族吗？藏族的人们生活在青藏高原上，喜欢喝奶茶，吃牛肉。指着蒙古族人物的挂图提问：

这个民族的人生活在草原上，人们喜欢骑马放牧。这是哪个民族？指着维吾尔族人物的挂图，这个民族住在新疆，女孩子们头上有很多长辫子，男孩子喜欢穿灯笼裤。他们会做葡萄干，喜欢吃羊肉。指着回族人物的挂图提问：这个民族和汉族人生活在一起，他们不吃猪肉，喜欢戴白色的帽子，大家知道这是哪个民族吗？这个民族是回族，如果你的身边有回族的儿童，你应该怎么跟他们相处呢？能不能把猪肉带到他们家？为什么？

小结：56 个民族的兄弟姐妹共同生活在祖国的大地上，民族之间要相互尊重，互相理解，才能让我们的祖国更强大。

第十一章 语言游戏[*]

一 幼儿语言游戏目标

幼儿语言游戏目标是培养幼儿发音清楚、正确，让幼儿学习普通话。丰富幼儿词语，发展幼儿思维和口头语言的表达能力。初步培养其对文学作品的兴趣。少数民族的幼儿，要学会本民族语言。

具体目标如下。

（1）听懂和学说普通话，学习正确发音，培养他们逐步正确发出感到困难的和容易发错的音。

（2）丰富词语，学习运用能理解的常用词，主要是名词、动词、人称代词和形容词等。

（3）学会听成人和同伴讲话，愿意和别人交谈，能用简短的语言表达自己的请求和愿望。

（4）逐步学会用简单句讲出图片的主要内容。

（5）喜欢听老师讲故事和朗诵儿歌，初步懂得作品的主要内容，记住8～10首儿歌。在老师的帮助下，学习复述1～2个简短的故事。

二 语言游戏

幼儿天生爱玩游戏，有游戏的活动总能让幼儿情绪高涨，达到良好的

 ＊ 本章作者赵彬，社会学学士，陕西妇源汇性别发展中心社工师，主要从事青少年游戏辅导与治疗研究。

教学效果。提高幼儿的语言能力是语言教学的重要内容之一。而游戏又是深受幼儿喜爱的，因此，语言游戏是提高幼儿表达能力的重要手段。以下语言游戏供巡回支教志愿者参考（游戏无授课顺序，可在所列游戏中根据幼儿年龄进行筛选）。

游戏活动 1　变色叶

目标

小年龄段幼儿：学会朗诵诗歌。大年龄段幼儿：有感情地朗诵诗歌并尝试仿编诗歌。

时间

30 分钟。

方法/活动

朗诵。

辅助材料

挂图、多媒体。

活动步骤

（1）借助挂图或多媒体，请孩子欣赏四季的景色，并说说看到了什么。

（2）教师示范朗诵诗歌。

（3）问孩子："春天的叶子是什么颜色的？""什么时候叶子会变黄、掉落？"

（4）教师再配乐朗诵诗歌一遍。

请幼儿朗诵诗歌，大年龄段幼儿尝试仿编诗歌。

诗歌

变色叶

春天的叶子是笔记，毛毛虫用嘴巴写日记，

夏天的叶子是歌谱，蝉儿唱了一下午，

秋天的叶子是请帖，风哥哥送给雪姐姐，

冬天的叶子是棉被，小草在棉被里乖乖睡。

游戏活动 2　西游记

目标

小年龄段幼儿：喜欢听故事，能说出故事名称及主要人物。大年龄段幼儿：能复述故事，说出主要词语。

时间

30 分钟。

方法/活动

让孩子了解我国四大名著之一《西游记》的主要情节。

辅助材料

《西游记》动画片。

活动步骤

（1）教师放《西游记》动画片，引起孩子兴趣。

（2）根据孩子的不同年龄段进行提问，使孩子了解故事内容、主要人物和主要词语。

（3）小年龄段幼儿听大年龄段幼儿复述故事。

儿歌

孙悟空打妖怪

唐僧骑马咚那个咚，后面跟着个孙悟空。

孙悟空，跑得快，后面跟着个猪八戒。

猪八戒，鼻子长，后面跟着个沙和尚。

沙和尚，挑着箩，后面跟着个老妖婆。

老妖婆，真正坏，骗过唐僧和八戒。

唐僧、八戒真糊涂，是人是妖分不出。

分不出，上了当，多亏孙悟空眼睛亮。

眼睛亮，冒金光，高高举起金箍棒。

金箍棒，有力量，妖魔鬼怪消灭光。

游戏活动 3　野猫的城市

目标

小年龄段幼儿：知道故事名称及事情发展的前因后果，感受故事的趣味性。大年龄段幼儿：了解故事中野猫的城市与现实生活中城市的差异，增进对城市的认识。

时间

30 分钟。

方法/活动

欣赏、讨论。

辅助材料

教学挂图《野猫的城市》（自制）；课件《我们的城市》。

活动步骤

（1）结合图片，欣赏故事《野猫的城市》。

（2）利用课件或挂图，了解我们真正的城市外貌。

（3）说一说：我们的城市与野猫的城市一样吗？

（4）再次欣赏童话，感受童话中语言的趣味性。

童话

野猫的城市

森林里住着许多动物，它们都没有见过城市，很想知道城市是什么样子的。

有一天，从城市来了一只野猫，动物们见了，一起围着问长问短，想请它说说城市的事情。

野猫可得意了。它摇晃着脑袋，东瞧瞧，西看看，然后皱起眉头说："城市太大了，我怎么能用嘴巴讲清楚呢？"忽然，它拍拍脑门，"有了，让我来比画给你们看吧！"

野猫先让斑马躺在地上。它告诉动物们，城市有许多马路，人们过马路，要踩着斑马线走。接着，它就带领所有的动物从斑马的身上走了过去。斑马躺在地上觉得受不了了，站起来踢踢脚，说："看来城市是一个很疼的地方。"

野猫又叫小鹿驮着它,站到了花奶牛的身旁。它对动物们讲城市很大很大,有一种地图就像花奶牛身上的图案,这一块那一块表示不同的地方。野猫边说边用手指在花奶牛身上画来画去。花奶牛忍不住呵呵地笑着躲开它,说:"看来城市是一个很痒的地方。"

野猫想了一想,又拍拍脑门说:"对了,城市还有一个特别的地方,城市里的爸爸都喜欢坐在抽水马桶上看报纸。"为了说明这一点,它让大河马张开嘴当抽水马桶,自己坐在上面,又拉来小鼹鼠的两手装出读报纸的样子。森林里的动物们看得目瞪口呆,谁也说不出话来。正在这时,大河马闻到了一点不好闻的味道,它打了个喷嚏,把野猫扔了出来。哎哟,野猫刚落地,就听见小鼹鼠轻轻地咕哝:"看来城市是个没羞的地方。"

野猫讲的城市没有人要听了,森林里的动物们都不喜欢野猫的城市。

有一天,一辆城里的汽车开进了森林,车上下来许多儿童。动物们远远望着他们,都在想一件事:"城市真的像野猫讲的那样吗?"

儿童,如果你也从那辆汽车里走下来,你想对森林里的动物们说些什么?你说我们的城市是什么样子的呢?

游戏活动 4 小黄鸡去看戏

目标

幼儿能根据动作说出看的什么戏。

时间

30 分钟。

方法/活动

角色扮演。

辅助材料

母鸡与小黄鸡头饰。

活动步骤

(1) 教师扮母鸡,手拿几个小黄鸡头饰走到一位幼儿面前,问:"我的小黄鸡在哪里?"这位幼儿就发出"叽叽叽"的叫声。教师说:"你是我的小黄鸡。"并将头饰给幼儿戴上。以后用同样的方法给每个幼儿戴上小黄鸡头饰。

（2）小黄鸡要去看戏了，边念儿歌边做动作。

（3）让孩子根据动作说出看的是什么戏（如：《孙悟空打妖怪》等）。

儿歌

小黄鸡去看戏

小黄鸡，叽叽叽，骑着小车去看戏，骑到东，骑到西，猜猜看的什么戏？

游戏活动 5　小动物找食物

目标

能注意倾听对方说话，喜欢参加的游戏活动。

时间

30 分钟。

方法／活动

角色扮演。

辅助材料

（1）小花猫、小鸡、小鸭子、小黄狗头饰若干，筐若干。

（2）小鱼、虫子、小虾、骨头卡片若干（放在场地周围）。

活动步骤

（1）教师与幼儿分别选一种头饰戴上说："我是小花猫""我是小鸭子"……教师带领幼儿跑一跑、跳一跳。

（2）幼儿边唱儿歌边找食物，找到后做吃的动作并将食物放入小筐，鼓励幼儿找到越来越多的食物。游戏反复进行。

儿歌

小动物怎么叫

小花猫，喵喵喵，捉到老鼠喵喵喵。

小小鸡，叽叽叽，找到虫子叽叽叽。

小鸭子，呷呷呷，吃到鱼虾呷呷呷。

小黄狗，汪汪汪，啃着骨头汪汪汪。

游戏活动 6　抱娃娃

目标

学用"娃娃的××……可以……"的句式，了解五官的功能。

时间

30 分钟。

方法/活动

角色扮演。

辅助材料

每人一个娃娃。

活动步骤

每位幼儿抱一个自己喜欢的娃娃玩一玩，大胆地在集体面前用"娃娃的××……可以……"句式说说自己娃娃五官的功能。

游戏活动 7　奇妙的口袋

目标

能正确运用抱、开、摇、吹等动词，学说完整的短句。

时间

30 分钟。

方法/活动

每次只能摸出一样玩具。

辅助材料

神秘袋一只。

活动步骤

（1）教师拿出口袋念儿歌："奇妙的口袋东西多，让我先来摸一摸。摸一摸，摸出看看是什么？"教师摸出皮球，问："这是什么？"儿童接着回答这是皮球。教师再拍皮球问："老师在做什么？"儿童接着回答老师在拍皮球。

（2）教师念儿歌："奇妙的口袋东西多，儿童都来摸一摸。"当幼儿摸出玩具后，要求幼儿说出玩具名称以及玩法。

游戏活动 8　见面歌

目标

（1）学习用"××见面，××××"的句型创编儿歌。

（2）能够边唱儿歌边表演。

时间

30 分钟。

方法/活动

模仿、角色扮演。

辅助材料

无。

活动步骤

（1）教师和幼儿练习小鸡、小猫、小狗的叫声，学习"××见面，×××"的句型。

（2）教师和幼儿边唱儿歌边进行角色表演。

（3）随后共同创编儿歌继续表演。

儿歌

见面歌

小鸡见面，叽叽叽，叽叽叽；

小猫见面，喵喵喵，喵喵喵；

小狗见面，汪汪汪，汪汪汪；

儿童见面，你好！你好！

游戏活动 9　听指挥

目标

（1）在游戏中体验听指令开展活动的快乐。

（2）培养幼儿注意倾听的态度和习惯。

时间

30 分钟。

方法/活动

室内听指令动作，室外听指令动作。

辅助材料

（1）场景布置：草地、路（山洞、蚂蚁洞）。

（2）录制"小鸟的叫声"、"树叶发出的声音"、有关沙袋的声音等。

活动步骤

（1）室内听指令动作

·引发倾听兴趣

放录音："小鸟的叫声"。

设问：听听是什么声音，你是用什么来听的？

（2）听指令动作

·脸部动作

A. 翘起嘴巴，做只小猪。

B. 捏下鼻子，做只狐狸。

C. 一眼睁，一眼闭，做只调皮的小猴子。

·手指动作

A. 变把手枪"嗒嗒嗒"。

B. 变个相机"咔嚓，咔嚓"。

C. 变把小榔头，修修小椅子，"叮咚，叮咚"。

·身体动作

A. 站起来，转个圈。

B. 做只母鸡，拍拍翅膀，下个蛋。

C. 做只青蛙，呱呱跳，去抓花蝴蝶。

D. 打鼓，敲锣，吹喇叭，放鞭炮。

（3）室外听指令动作

·小兔子捡树叶：小兔子，蹦蹦跳，跳到树下捡树叶，一只小兔捡一片，许多小兔捡许多。

·小蚂蚁搬豆：小蚂蚁，快快爬；小蚂蚁，慢慢爬；小蚂蚁，去搬豆，一只蚂蚁搬一粒，搬进洞里放好。

游戏活动 10　你有什么？

目标

（1）学习"我有……"和"你有……"句式。

（2）能够用完整的句子表达。

时间

30 分钟。

方法/活动

孩子答对了，则由孩子先发问。若没答对，则仍由教师先发问。

辅助材料

玩具若干。

活动步骤

（1）游戏开始时，教师把玩具或实物分成两份，教师和幼儿各持一份。

（2）教师先拿出一件玩具问幼儿："我有一个娃娃，你有什么？"

（3）孩子拿出自己的一件玩具说："我有一辆汽车。"有时教师问孩子，孩子也可不拿出玩具，并说："你有玩具，我没有玩具。"

游戏活动 11　看动作说词语

目标

学习看动作说动词，培养孩子的发散性思维。

时间

30 分钟。

方法/活动

我做你说。

辅助材料

无。

活动步骤

教师做一个动作，孩子说出相应的动词，并做连续应答。

例如：教师做"抱"的动作，孩子说"抱娃娃。"教师接着说："抱西瓜。"孩子再接着说："抱被子。"词组说得越多越好。

游戏活动 12　捉迷藏

目标

（1）学习正确运用方位词：里外、上下。

（2）能大胆地讲述，提高口语表达能力。

时间

30 分钟。

方法/活动

情景表演。

辅助材料

创设情境：兔妈妈家（房子、树、小桥、草地）；各种玩具小动物；一幼儿扮演兔妈妈。

活动步骤

（1）教师带领幼儿去兔妈妈家做客，运用方位词找找小动物在哪里？找到后说："我在（××）（替换成方位词）找到了谁（××）。"

（2）幼儿藏，教师和兔妈妈找。兔妈妈说：我一个也没有找到，你们能告诉我刚才你们藏在哪儿了吗？（幼儿介绍：我藏在了……）

（3）一半幼儿藏，一半幼儿找。幼儿介绍：我在××地方找到了谁或我藏在了××地方。

游戏活动 13　捉蜻蜓（听说游戏）

目标

（1）能正确发出"天、灵、捉、蜻蜓"等字音。

（2）锻炼快速反应能力。

时间

30 分钟。

方法/活动

捉蜻蜓

辅助材料

飞舞的蜻蜓教具一个。

活动步骤

一幼儿扮"网"手掌伸平，掌心向下。其余幼儿扮"蜻蜓"食指碰"渔网"。

教师边唱儿歌边抖动飞舞的蜻蜓教具。

儿歌唱完，扮"网"的幼儿手掌迅速握紧，扮"蜻蜓"的幼儿手指迅速缩回，被捉住的幼儿扮"网"继续做游戏。

注意事项如下。

（1）扮蜻蜓的幼儿必须将食指碰到渔网（即手掌）。

（2）若同时捉住几位幼儿，可请一幼儿作为代表；若一位幼儿也没捉住，游戏继续进行。

（3）提醒幼儿唱准儿歌的字音。

儿歌

捉蜻蜓

天灵灵，地灵灵，满天满地捉蜻蜓。捉蜻蜓，捉蜻蜓，捉到一只小蜻蜓。

游戏活动 14　摘苹果

目标

（1）复习词语：爷爷、奶奶、爸爸、妈妈、姐姐、哥哥、宝宝、吹泡泡、幼儿园、洗手、皮球、跳舞、唱歌、布娃娃。

（2）能用两个以上的词语说一句完整的话。

时间

30 分钟。

方法/活动

看图说话。

辅助材料

一棵树、有字的苹果、多于幼儿两倍的双数个苹果、与人数相等的小筐。

活动步骤

（1）幼儿认读树上的苹果，并摘下两个（或三个）。

（2）由自己摘下来苹果上的字的宝宝说一句完整的话（如：小字点喜欢拍皮球）。

（3）幼儿说出后可以把苹果放入自己的筐中，树上的苹果摘光后，摘得苹果最多的幼儿获胜。

游戏活动 15 正反话

目标

（1）通过游戏，让幼儿巩固对五官的认识。

（2）通过游戏培养幼儿的灵敏反应能力。

时间

30 分钟。

方法/活动

老师说学生指。

辅助材料

（1）一张人脸的画（五官要具体的）。

（2）幼儿要对五官有所认识，可以说出五官名称以及指出正确的位置。

活动步骤

（1）先选能力比较强的，而且控制一下时间，三四轮后可以换人，争取让更多的幼儿参与。

（2）在课前，可以利用示范画向幼儿再介绍一下五官以及作用，帮助幼儿巩固。

（3）如果是两个幼儿互相玩的话，则可以让他们边玩边说，比如（甲说，我指我的眼睛，乙说，我指我的眉毛）让他们可以与实物对应。

图书在版编目（CIP）数据

学前巡回支教的理论与实践 / 张俊主编. －－北京：
社会科学文献出版社，2019.9
ISBN 978 - 7 - 5201 - 5019 - 4

Ⅰ.①学…　Ⅱ.①张…　Ⅲ.①不发达地区 - 学前教育
- 教育工作 - 中国　Ⅳ.①G61

中国版本图书馆 CIP 数据核字（2019）第 115530 号

学前巡回支教的理论与实践

主　　编 / 张　俊

出　版　人 / 谢寿光
责任编辑 / 王晓卿
文稿编辑 / 王春梅

出　　版 / 社会科学文献出版社·当代世界出版分社（010）59367004
地址：北京市北三环中路甲 29 号院华龙大厦　邮编：100029
网址：www.ssap.com.cn
发　　行 / 市场营销中心（010）59367081　59367083
印　　装 / 三河市尚艺印装有限公司

规　　格 / 开　本：787mm × 1092mm　1/16
印　张：21.25　字　数：320 千字
版　　次 / 2019 年 9 月第 1 版　2019 年 9 月第 1 次印刷
书　　号 / ISBN 978 - 7 - 5201 - 5019 - 4
定　　价 / 98.00 元